Steuer Check-up 2017

Die Ausführungen zum Gesetz zur Umsetzung der Änderungen der EU-Amtshilferichtlinie und von weiteren Maßnahmen gegen Gewinnkürzungen und -verlagerungen (nachfolgend: CbCR-Umsetzungsgesetz) und zum Gesetz zur Weiterentwicklung der steuerlichen Verlustverrechnung bei Körperschaften betreffen den Stand des Gesetzesbeschlusses durch den Bundestag v. 1.12.2016. Die erforderliche Zustimmung des Bundesrats ist für den 16.12.2016 geplant. Diese sowie die ebenfalls zum Inkrafttreten noch erforderliche Veröffentlichung im Bundesgesetzblatt lagen zum Zeitpunkt des Redaktionsschlusses noch nicht vor.

Steuer Check-up 2017

Autoren

Martina Ortmann-Babel
Steuerberaterin, Partner

Dr. Andreas S. Bolik
Steuerberater

Verona Franke
Rechtsanwältin, Steuerberaterin

Dr. Cornelia Kindler
Steuerberaterin

Haufe Gruppe
Freiburg · München

Vorwort

Nach einem langen Tauziehen zwischen dem Bundesrat und den Regierungskoalitionen konnte der Gesetzgeber nach der Runde im Vermittlungsausschuss das Paket zur Änderung des Erbschaftsteuergesetzes in 2016 abschließend schnüren. Die Reform war aufgrund der Entscheidung des Bundesverfassungsgerichts, das die Verschonungsregelungen für Unternehmensvermögen für verfassungswidrig erklärt hatte, notwendig geworden. Die neuen Begünstigungsregelungen für Unternehmensvermögen sind rückwirkend zum 1. Juli 2016 in Kraft getreten und werden die Unternehmen und Berater bei der Planung der Unternehmensnachfolge vor neue Herausforderungen stellen.

Auf die sog. BEPS-Aktivitäten gehen wesentliche Teile des CbCR-Umsetzungsgesetzes zurück, das am 1. Dezember 2016 vom Bundestag beschlossen wurde. Darin setzt der deutsche Gesetzgeber u. a. die Verpflichtung für multinationale Unternehmen um, ihre Verrechnungspreisdokumentation auszubauen und den Finanzbehörden ihre Unternehmenszahlen länderspezifisch aufzuschlüsseln (Country by Country Reporting). Dieses Umsetzungsgesetz hat der Gesetzgeber auch genutzt, um auf eine Reihe von teilweise für den Steuerpflichtigen positive BFH-Rechtsprechung zu reagieren. Exemplarisch seien hier die gewerbesteuerliche Behandlung der AStG-Hinzurechnungsbeträge und von im Organkreis bezogenen ausländischen Schachteldividenden genannt.

Ebenfalls in 2016 in Kraft getreten sind umfangreiche Änderungen im Besteuerungsverfahren, auf die sich die Steuerpflichtigen und ihre Berater ab 2018 einzustellen haben. Einhergehend mit einer gesetzlichen Verlängerung der Abgabefristen für Steuererklärungen wurden andererseits die Anforderungen an Fristverlängerungen verschärft. Die verspätete Abgabe von Steuererklärungen wird künftig einen per Gesetz eingeführten automatischen Verspätungszuschlag nach sich ziehen. Mit Spannung bleibt abzuwarten, wie die Finanzverwaltung ihr neues Konzept des risikoorientierten Ansatzes unter Einsatz moderner IT-Verfahren bei der Bearbeitung der Steuererklärungen leben wird.

Bei der Berichtigung von Fehlern in der Steuererklärung stellt sich in der Praxis häufig die Frage nach der Abgrenzung zwischen einer „normalen" Berichtigungsanzeige und einer strafbefreienden Selbstanzeige, an die jedoch hohe Anforderungen gestellt werden. Hier gibt die Finanzverwaltung in ihrem Anwendungsschreiben zu § 153 AO Hilfestellung und stellt gleichzeitig Vorgaben für ein Tax-Compliance-System vor.

Wie auch in den Vorjahren ist die Aufbereitung des Steuer Check-ups eine Teamleistung, allen direkt und indirekt Mitwirkenden möchten wir auf diesem Weg recht herzlich danken.

Auch wenn der vorliegende Steuer Check-up 2017 keinen Anspruch auf Vollständigkeit erheben kann und auch die Prüfung im Einzelfall nicht ersetzt, hoffen wir, mit dem vorliegenden Werk dazu beitragen zu können, einen für die Praxis wichtigen Überblick über steuerliche Änderungen zu erhalten. Den Änderungen, die Auswirkungen auf den Veranlagungszeitraum 2016 haben, folgt ein Ausblick auf Änderungen, die Einfluss auf den anstehenden Veranlagungszeitraum 2017 sowie folgende Jahre haben werden. Das Steuerrecht bleibt spannend.

Zum Schluss noch ein Wort in eigener Sache: Auch in diesem Jahr wird der Steuer Check-up um ein Online-Quiz ergänzt. Damit können Sie im Vorfeld prüfen, ob Ihnen bereits wesentliche Neuerungen des letzten Jahres geläufig sind. Das Quiz steht Ihnen unter www.haufe.de/experten-quiz zur Verfügung.

Behalten Sie den Überblick mit dem Steuer Check-up 2017!

Stuttgart, Eschborn, Berlin   Die Autoren

Inhalt

Vorwort		**4**
Steuerrückblick		**14**
1	**Das betrifft alle Steuerpflichtigen**	**14**
1.1	Grundfreibetrag 2016	14
1.2	Kinderfreibetrag 2016	14
1.3	Zweijährige Gültigkeit der Lohnsteuerfreibeträge	15
1.4	Sonderausgabenabzug von Unterhaltsleistungen	15
1.5	Keine Kürzung des Sonderausgabenabzugs durch Bonus einer Krankenkasse	16
1.6	Neues bei haushaltsnahen Dienstleistungen / Handwerkerleistungen	17
1.6.1	Notrufsystem im Rahmen des „Betreuten Wohnens"	17
1.6.2	Keine Steuerbegünstigung für Polsterarbeiten außerhalb des Haushalts	18
1.6.3	Überarbeitetes Anwendungsschreiben zu § 35a EStG	19
1.7	Häusliches Arbeitszimmer	20
1.7.1	Kein Abzug der Arbeitsecke als häusliches Arbeitszimmer	20
1.7.2	Kein Werbungskostenabzug bei gemischt genutzten Räumen	21
1.7.3	Kein Betriebsausgabenabzug bei gemischt genutzten Räumen	21
1.8	Nachgelagerte Besteuerung der Alterseinkünfte	22
1.9	Keine Aufhebung der Vollziehung des Solidaritätszuschlags	23
1.10	Basiszins für das vereinfachte Ertragswertverfahren	24
1.11	Erteilung einer einheitlichen verbindlichen Auskunft	24
1.12	Kürzere Aufbewahrungsfristen, weniger Belege	25
1.13	Auskunftsersuchen an Dritte	25
1.14	Änderungen beim Kapitalertragsteuereinbehalt	26
1.15	Widerrufsvorbehalt bei Billigkeitsmaßnahmen	27
1.16	Neue Doppelbesteuerungsabkommen	27
1.16.1	DBA Niederlande	27
1.16.2	Ergänzungsprotokoll zum DBA mit dem Vereinigten Königreich	28
1.16.3	Zusatzabkommen zum DBA Frankreich	29
1.17	Weitere Änderungen mit grenzüberschreitendem Bezug	29
1.17.1	Treaty Override verfassungsgemäß	29
1.17.2	Bedingungen für Einkünftefreistellung nach § 50d Abs. 9 EStG	30
1.17.3	Kapitalertragsteuerentlastung nach § 50d Abs. 3 EStG bei EuGH	31

1.17.4	Nennkapitalrückzahlungen von EU-Gesellschaften	32
1.17.5	Besteuerung der Einlagenrückgewähr einer Drittstaatengesellschaft unionsrechtswidrig	33
2	**Änderungen für Unternehmen**	**34**
2.1	Zweifel an der Verfassungsmäßigkeit der Zinsschranke	34
2.2	Abgrenzung Berichtigungsanzeige von Selbstanzeige	35
2.3	Bilanzsteuerrecht	36
2.3.1	Aktualisierte E-Bilanz-Taxonomie	36
2.3.2	Aktualisierter Teilwerterlass	36
2.3.3	Handelsrechtliche Bewertung von Pensionsverpflichtungen	37
2.3.4	Gewinnerhöhende Auflösung von Pensionsrückstellungen	38
2.3.5	Verpflichtungsübernahmen, Schuldbeitritte und Erfüllungsübernahmen	39
2.3.6	Herstellungskostenuntergrenze in der Steuerbilanz	40
2.3.7	Steuerliche Bilanzierung einer Zinsrückstellung aus progressiver Darlehensverzinsung	41
2.3.8	Öffentliche Zuschüsse für geleaste Fahrzeuge	42
2.3.9	Darstellung von Arbeitszeitkonten	43
2.3.10	Aufhebung des Schreibens zur Gewinnrealisierung bei Abschlagszahlungen	44
2.3.11	Gebäude auf fremdem Grund und Boden	44
2.3.12	Bebauungsrecht eines Grundstücks ist kein Wirtschaftsgut	45
2.3.13	Förderanspruch als abnutzbares immaterielles Wirtschaftsgut	46
2.3.14	Keine Sperrung der Bilanzberichtigung durch Realteilung	46
2.3.15	Aufstockung des Investitionsabzugsbetrags	47
2.3.16	Buchführungspflicht ausländischer (Immobilien-)Kapitalgesellschaften	48
2.4	Gewerbesteuer	49
2.4.1	Beginn der Gewerbesteuerpflicht	49
2.4.2	Vermietung eines Einkaufszentrums	50
2.4.3	Unzulässige Vorlage zur gewerbesteuerlichen Hinzurechnung	50
2.4.4	Negative gewerbesteuerliche Hinzurechnung	51
2.4.5	Schachteldividenden im gewerbesteuerlichen Organkreis	52
2.4.6	Gewerbesteuerliche Behandlung der AStG-Hinzurechnungsbeträge	53
2.4.7	Auslegung des Begriffs der Betriebsstätte	54
2.4.8	Negative Einlagezinsen	55
2.4.9	Auslegung des eigenen Grundbesitzes bei der erweiterten Grundstückskürzung	55
2.4.10	Nichtabziehbarkeit der Gewerbesteuer als Betriebsausgaben	57

2.5	Umwandlungssteuer	58
2.5.1	Auswirkungen einer Drittstaatenverschmelzung auf den Anteilseigner	58
2.5.2	Keine Sperrfristverletzung bei Aufwärtsverschmelzung	59
2.5.3	Gewerbesteuer bei Umwandlung einer Kapitalgesellschaft in eine Personengesellschaft	60
2.5.4	Badwill bei Einbringungen	61
2.5.5	Buchwertansatz bei qualifiziertem Anteilstausch	61
2.6	Einkommensteuer	62
2.6.1	Gewerbesteueranrechnung auf die Einkommensteuer	62
2.6.2	Anrechnung ausländischer Quellensteuer	64
2.6.3	Verlustnutzungsbeschränkung bei Termingeschäften	65
2.6.4	Begriff des Termingeschäfts	65
2.6.5	Nutzungsausfallentschädigung als Betriebseinnahme	66
2.6.6	Verpächterwahlrecht bei teilentgeltlicher Veräußerung	67
2.6.7	Grenzüberschreitende Verlustberücksichtigung bei Freistellungsbetriebsstätten	67
2.6.8	Regelungen zur Betriebsstättengewinnermittlung	68
2.7	Lohnsteuer	69
2.7.1	Befristete Steuerreize für Elektroautos	69
2.7.2	Pauschalierung bei Sachzuwendungen ist widerruflich	70
2.7.3	Voller Betriebsausgabenabzug bei Betriebsveranstaltungen?	71
2.7.4	Arbeitstägliche Zuschüsse zu Mahlzeiten	72
2.7.5	Keine negative pauschale Lohnsteuer bei gekündigter Direktversicherung	73
2.8	Umsatzsteuer	74
2.8.1	Geschäftsveräußerung im Ganzen bei teilweiser Fortführung	74
2.8.2	Geschäftsveräußerung im Ganzen bei Veräußerungen durch Bauträger	74
2.8.3	Zeitpunkt für Optionsausübung	75
2.8.4	Ausfuhr- und innergemeinschaftliche Lieferungen	76
2.8.5	Fehlende Umsatzsteuer-Identifikationsnummer	76
2.8.6	Umsatzsteuerfreiheit bei sog. gebrochenen Beförderungen oder Versendungen	77
2.8.7	Anforderungen an Spediteurbescheinigungen	78
2.8.8	Umsatzsteuerfreiheit von Versicherungsvermittlungsleistungen	78
2.8.9	Voraussetzungen für Umsatzsteuerfreiheit von Vermietung und Verpachtung	79
2.8.10	Nebenleistungen bei Vermietung und Verpachtung	80
2.8.11	Verbilligte Überlassung von Parkplätzen an Arbeitnehmer	81
2.8.12	Umsatzsteuerbefreiung auch für private Krankenhäuser	81

2.8.13	Behandlung des Bestelleintritts in Leasingfällen	82
2.8.14	Behandlung zahlungsgestörter Forderungen	83
2.8.15	Veräußerung eines Miteigentumsanteils als Lieferung	84
2.8.16	Sale-and-lease-back in neuem Licht	85
2.8.17	Umgekehrte Steuerschuldnerschaft bei Bautätigkeiten an Betriebsvorrichtungen	85
2.8.18	Ernstliche Zweifel an der Rechtmäßigkeit von geänderten Umsatzsteuerbescheiden	86
2.8.19	Anforderungen an ordnungsmäßige Rechnungen für den Vorsteuerabzug	87
2.8.20	Rückwirkung einer Rechnungskorrektur	87
2.8.21	Kein Vorsteuerabzug für Betreiber eines Zolllagers	89
2.8.22	Vorsteueraufteilung bei gemischt genutzten Gebäuden	90
2.8.23	Personengesellschaft als Organgesellschaft	91
2.8.24	Vorsteuerabzug einer geschäftsleitenden Holding	92
2.8.25	Zwangsrabatte der Pharmahersteller	93
2.8.26	Kein ermäßigter Steuersatz auf Hotelparkplätze	94
2.8.27	Vorzeitige Veröffentlichung der Umsatzsteuerformulare für 2017	95
2.9	Grunderwerbsteuer	95
2.9.1	Abtretung eines Gesellschaftsanteils	95
2.9.2	Mittelbare Änderung des Gesellschafterbestands bei Treuhandverträgen	96
2.10	Energie- und Stromsteuer	97
2.10.1	Antragsfristen bei energiesteuerlichen Entlastungsansprüchen	97
2.10.2	Veröffentlichungs-, Informations- und Transparenzpflichten	98
2.11	Hinzurechnungsbesteuerung	98
2.11.1	Grenzüberschreitende Patronatserklärungen	98
2.11.2	Grenzüberschreitendes Darlehen im Dreiecksverhältnis	99
2.11.3	Nichtanwendung der Sperrwirkungsrechtsprechung	100
2.11.4	Hinzurechnungsbesteuerung im Verhältnis zu Drittstaaten	101
2.11.5	Substanzanforderungen nach „Cadbury Schweppes"	101
3	**Änderungen für Personengesellschaften**	**102**
3.1	Erleichterung bei gewinnneutraler Realteilung	102
3.2	Buchwertprivileg bei gleitender Generationennachfolge	103
3.3	Einbringung von Wirtschaftsgütern in eine Personengesellschaft	104
3.4	Teilentgeltliche Übertragung einzelner Wirtschaftsgüter	105
3.5	Behandlung der Anteile an einer Komplementär-GmbH	106
3.6	Keine Abzugsbeschränkung für Zinseszinsen	107

	3.7	Nichtberücksichtigung von Währungsverlusten	108
	3.8	Verlustausgleichbeschränkung bei Kommanditisten	108
	3.9	Gewerbesteuer bei unterjährigem Gesellschafterwechsel	109
	3.10	Keine gewerbliche Prägung einer GbR bei Beteiligung einer natürlichen Person	110
	3.11	Einschränkung des Anwendungsbereichs des § 50i EStG	111
4	**Änderungen für Kapitalgesellschaften**		**112**
	4.1	Neue Körperschaftsteuer-Richtlinien 2015	112
	4.2	Verlustrücktrag bei schädlichem Beteiligungserwerb	113
	4.3	Neuer fortführungsgebundener Verlustvortrag	114
	4.4	Sanierungsklausel unionsrechtswidrige Beihilfe	115
	4.5	Jahresabschluss 2016: Änderungen durch das BilRUG	116
	4.6	Kürzung eines steuerfreien Veräußerungsgewinns um laufende Gemeinkosten	117
	4.7	Verdeckte Gewinnausschüttung bei Teilwertabschreibung auf Zinsforderung	118
	4.8	Verdeckte Gewinnausschüttung im Zusammenhang mit Risikogeschäften	119
	4.9	Zeitwertkonto eines Gesellschafter-Geschäftsführers als vGA	120
	4.10	Kein Arbeitslohn bei Schuldnerwechsel einer Pensionszusage	121
	4.11	Zinsschranke – Gesellschafter-Fremdfinanzierung	122
	4.12	Nachversteuerung des alten EK 02-Bestands	123
	4.13	Erleichterungen beim Kirchensteuerabzugsverfahren	124
5	**Änderungen für Arbeitnehmer**		**124**
	5.1	Beruflich veranlasster Umzug bei Zeitersparnis von weniger als einer Stunde	124
	5.2	Kosten für ein Dienstjubiläum als Werbungskosten absetzbar	125
	5.3	Kosten für eine Geburtstagsfeier als Werbungskosten absetzbar?	126
6	**Änderungen für Kapitalanleger und Vermieter**		**127**
	6.1	Berücksichtigung von Verlusten aus verfallenen Optionen	127
	6.2	Negative Einlagezinsen	128
	6.3	Keine anteilige Zuordnung der Veräußerungskosten	129
	6.4	Finanzkonten-Informationsaustauschgesetz	130
	6.5	Anschaffungsnahe Herstellungskosten / Schönheitsreparaturen	131
7	**Änderungen beim Erben und Schenken**		**132**
	7.1	Änderungen durch das Erbschaftsteueranpassungsgesetz	132
	7.1.1	Allgemeines	132
	7.1.2	Begünstigtes Vermögen	133

7.1.3	Begrenzung der Verschonungsregeln für große Betriebsvermögen	137
7.1.4	Anspruch auf Steuerstundung	141
7.1.5	Änderungen bei der Lohnsummenregelung	141
7.1.6	Änderung des Bewertungsgesetzes	142
7.1.7	Anwendungsregelung	143
7.2	Schenkung unter Gebietsfremden	143
7.3	Steuerermäßigung bei mehrfachem Erwerb desselben Vermögens	144
7.4	Verdeckte Einlage eines Gesellschaftsanteils	145
7.5	Grunderwerbsteuer bei Erbauseinandersetzung um Gesellschaftsanteile	146
8	**Änderungen für die Öffentliche Hand**	**147**
8.1	Wahlmöglichkeit zur Umsatzbesteuerung öffentlicher Einrichtungen bis 31.12.2016	147
8.2	Umsatzsteuerliche Behandlung von Zytostatika	147

Steuerausblick 149

1	**Das betrifft alle Steuerpflichtigen**	**149**
1.1	Anhebung des Grundfreibetrags	149
1.2	Erhöhung des Kinderfreibetrags	149
1.3	Änderungen im Besteuerungsverfahren	150
1.3.1	Einsatz automationsgestützter Risikomanagementsysteme	150
1.3.2	Abgabefristen für Steuererklärungen	151
1.3.3	Vorabanforderung	152
1.3.4	Kontingentierung	152
1.3.5	Verschärfungen für Fristverlängerungen	153
1.3.6	Automatisierter Verspätungszuschlag	153
1.3.7	Elektronische Bekanntgabe von Steuerbescheiden	154
1.3.8	Automatische Übernahme vorhandener Daten	155
1.3.9	Wandlung von Vorlagepflichten in Vorhaltepflichten	156
1.3.10	Änderungsmöglichkeit bei Rechen- und Schreibfehlern	156
1.3.11	Bearbeitungsfrist für die Erteilung verbindlicher Auskünfte	157
1.4	Geplante Verschärfung von Anzeigepflichten	158
1.5	Geplante Änderungen bei der betrieblichen Altersversorgung	159
1.6	Neue Doppelbesteuerungsabkommen	160
1.6.1	Neues DBA mit Australien	160
1.6.2	Neues DBA mit China	161
1.6.3	Neues DBA mit Israel	162

1.6.4	Neues DBA mit Japan		162
1.6.5	Änderungsprotokoll zum DBA mit den Niederlanden		163
1.7	Auswirkungen des Brexit		163
1.8	Reform der Grundsteuer		164
2	**Änderungen für Unternehmen**		**165**
2.1	Gewerbesteuer		165
2.1.1	Wegfall der 100 %igen Schachtelprivilegierung im gewerbesteuerlichen Organkreis		165
2.1.2	Gewerbesteuerliche Behandlung der AStG-Hinzurechnungsbeträge		166
2.2	Ausweitung der Rückfallregelung des § 50d Abs. 9 EStG		167
2.3	Neue Entwicklungen beim „Base Erosion and Profit Shifting" („BEPS")		168
2.3.1	Dreistufige Verrechnungspreisdokumentation und Country by Country Reporting		168
2.3.2	ATAD-Richtlinie der EU		171
2.3.3	Unternehmensteuer-Reformpaket der EU		172
2.3.4	Multilaterales Instrument der OECD		174
2.4	EU-Initiativen für ein öffentliches Country by Country Reporting		174
2.4.1	Richtlinienentwurf der EU-Kommission v. 12.4.2016		175
2.4.2	Initiative des EU-Parlaments		175
2.5	Automatischer Informationsaustausch über „Tax Rulings" zwischen den EU-Mitgliedstaaten (EU-Transparenzpaket)		176
2.6	Austausch länderbezogener Berichte		177
2.7	Gesetz gegen Manipulation an Kassensystemen		178
2.7.1	Zertifizierte technische Sicherheitseinrichtung in einem elektronischen Aufzeichnungssystem		179
2.7.2	Kassen-Nachschau		180
2.7.3	Sanktionierung von Verstößen		180
2.8	Anhebung der umsatzsteuerlichen Pauschalierungsgrenzen für Rechnungen über Kleinbeträge		181
2.9	Anhebung der Grenzbeträge zur Abgabe der Lohnsteuer-Anmeldung		181
2.10	Änderungen bei der Besonderen Ausgleichsregelung nach EEG 2017		182
2.11	Schrittweise Anhebung der Steuersätze von Erd- und Flüssiggasen zur Nutzung als Kraftstoff		182
3	**Änderungen für Personengesellschaften**		**183**
3.1	Hybride Gestaltungen / § 4i EStG		183

	3.2	Präzisierung des Bankenprivilegs nach § 3 Nr. 40 Satz 3 EStG	184
4		**Änderungen für Kapitalgesellschaften**	**184**
	4.1	Präzisierung des Bankenprivilegs nach § 8b Abs. 7 KStG	184
5		**Änderungen für Arbeitnehmer**	**186**
	5.1	Grenzüberschreitende Abfindungszahlungen	186
6		**Änderungen für Kapitalanleger**	**186**
	6.1	Systemwechsel bei der Fondsbesteuerung	186
	6.1.1	Behandlung von Publikums-Investmentfonds	187
	6.1.2	Behandlung von Spezial-Investmentfonds	188
	6.1.3	Kappungsgrenze für sog. Alt-Fondsanteile	188

Stichwortverzeichnis   **189**

Steuerrückblick

1 Das betrifft alle Steuerpflichtigen

1.1 Grundfreibetrag 2016

Durch das Gesetz zur Anhebung des Grundfreibetrags, des Kinderfreibetrags, des Kindergelds und des Kinderzuschlags v. 16.7.2015 (BGBl 2015 I S. 1202) wurde u. a. der Grundfreibetrag in der Einkommensteuer erhöht. Im **VZ 2016** beträgt er **8.652 EUR** (statt 8.354 EUR bis VZ 2015).

> **Hinweis**
>
> Gleichzeitig wurde zum Abbau der sog. kalten Progression eine Rechtsverschiebung aller übrigen Eckwerte des ESt-Tarifs ab 2016 um 1,48 % vorgenommen.
>
> Mit dem Gesetz zur Umsetzung der Änderungen der EU-Amtshilferichtlinie und von weiteren Maßnahmen gegen Gewinnkürzungen und -verlagerungen (CbCR-Umsetzungsgesetz) wurden vom Bundestag weitere Entlastungen für 2017 und 2018 beschlossen (vgl. Kapitel Ausblick Tz. 1.1).

1.2 Kinderfreibetrag 2016

Ebenfalls durch das Gesetz zur Anhebung des Grundfreibetrags, des Kinderfreibetrags, des Kindergelds und des Kinderzuschlags v. 16.7.2015 (BGBl 2015 I S. 1202) wurde das **Kindergeld** erhöht. Es beträgt seit 1.1.2016 monatlich für erste und zweite Kinder jeweils 190 EUR, für dritte Kinder 196 EUR und für das vierte und jedes weitere Kind jeweils 221 EUR (§ 66 Abs. 1 EStG). Gleichzeitig erhöhte sich der **Kinderfreibetrag** i. S. des § 32 Abs. 6 EStG. Er beträgt im VZ 2016 **2.304 EUR** (statt 2.256 EUR bis VZ 2015).

> **Hinweis**
>
> Mit dem CbCR-Umsetzungsgesetz hat der Bundestag weitere Erhöhungen des Kindergelds für 2017 und 2018 beschlossen (vgl. Kapitel Ausblick Tz. 1.2). Mit Schreiben v. 8.2.2016 (BStBl 2016 I S. 226) äußerte sich die Finanzverwaltung zu den Voraussetzungen der steuerlichen Berücksichtigung volljähriger Kinder im Familienleistungsausgleich (§ 32a Abs. 4 Sätze 2 und 3 EStG).

1.3 Zweijährige Gültigkeit der Lohnsteuerfreibeträge

Bereits durch das AmtshilfeRLUmsG v. 26.6.2013 (BGBl 2013 I S. 1809) hatte der Gesetzgeber die Vorschriften zur Berücksichtigung und Änderung von Arbeitnehmerfreibeträgen bei der Bildung der elektronischen Lohnsteuer-Abzugsmerkmale (ELStAM) um eine zweijährige Geltungsdauer ergänzt (§ 39a Abs. 1 Sätze 2 bis 5 EStG). Das BMF hat den Starttermin für die gesetzliche Umsetzung der längeren Gültigkeitsdauer gem. § 52 Abs. 37 EStG auf den 1.10.2015 festgelegt (BMF, Schreiben v. 21.5.2015, BStBl 2015 I S. 488).

Damit können Arbeitnehmer seit dem 1.10.2015 bei ihrem Wohnsitzfinanzamt die Bildung eines Freibetrags nach § 39a EStG für einen Zeitraum von längstens zwei Kalenderjahren mit Wirkung ab dem 1.1.2016 beantragen.

Sollte sich der Freibetrag innerhalb der 2 Jahre erhöhen, kann beim zuständigen Finanzamt ein Antrag auf Anpassung des Freibetrags gestellt werden (§ 39a Abs. 1 Satz 4 EStG). Sinken dagegen die Aufwendungen, muss der Steuerpflichtige das Finanzamt umgehend informieren (§ 39a Abs. 1 Satz 5 EStG).

Hinweis

Aus der Nutzung der Freibeträge beim Lohnsteuerabzug folgt grundsätzlich die **Pflicht zur Abgabe einer Einkommensteuererklärung.**

1.4 Sonderausgabenabzug von Unterhaltsleistungen

Unterhaltszahlungen an geschiedene oder dauernd getrennt lebende Ehegatten bzw. Ehepartner können bis zu einem Betrag von 13.805 EUR im Kalenderjahr als Sonderausgaben steuermindernd geltend gemacht werden (§ 10 Abs. 1a EStG). Gleichzeitig muss der Unterhaltsempfänger die Unterhaltszahlungen als sonstige Einkünfte versteuern (sog. Korrespondenzprinzip; § 22 Nr. 1a EStG). Für den steuerlichen Abzug beim Unterhaltsleistenden ist erstmals für den VZ 2016 die **Angabe der steuerlichen Identifikationsnummer** (ID-Nummer, § 139b AO) **der unterhaltenen Person** erforderlich. Bei Nichtherausgabe der ID-Nummer durch den Unterhaltsempfänger kann der Unterhaltsleistende diese beim Bundeszentralamt für Steuern abfragen.

> **Hinweis**
>
> Die Neuregelung wurde mit dem StÄndG 2015 v. 2.11.2015 (BGBl 2015 I S. 1834) eingeführt. Sie soll die Besteuerung der erhaltenen Unterhaltsleistungen beim Unterhaltsempfänger sicherstellen. Zur Geltendmachung von Unterhaltsleistungen als außergewöhnliche Belastungen ist eine solche Angabepflicht zur Wahrung des Korrespondenzprinzips schon länger gesetzlich verankert (s. § 33a Abs. 1a EStG).

1.5 Keine Kürzung des Sonderausgabenabzugs durch Bonus einer Krankenkasse

Die Finanzverwaltung kürzte bisher regelmäßig den Sonderausgabenabzug für die Basisabsicherung zur privaten und gesetzlichen Krankenversicherung nach § 10 Abs. 1 Nr. 3 Satz 1 Buchst. a EStG um Bonusleistungen für Maßnahmen zur Gesundheitsprävention (vgl. BMF, Schreiben v. 19.8.2013, BStBl 2013 I S. 1087 Rz. 72).

Dem widerspricht der BFH im Urteil v. 1.6.2016 (X R 17/15, BFH/NV 2016 S. 1611). Im konkreten Fall erhielt eine gesetzlich krankenversicherte Arbeitnehmerin im Rahmen des von ihrer Krankenkasse angebotenen Bonusmodells „Vorsorge-Plus" einen Bonus von 150 EUR als Zuschuss für selbstgezahlte Vorsorge- und Gesundheitsmaßnahmen. Im Gegensatz zum Finanzamt verneinte der BFH die Zulässigkeit einer Verrechnung, da es an der hierfür erforderlichen **Gleichartigkeit der Bonusleistungen** mit den Krankenversicherungsbeiträgen fehlt. Für den BFH war im Urteilsfall entscheidend, dass die klagende Versicherte neben ihren eigentlichen Krankenversicherungsbeiträgen für den Bonus weitere Aufwendungen für Gesundheitsmaßnahmen tätigte. Im Streitfall unerheblich war die Beurteilung der Krankenkasse, die den Bonus als erstatteten Beitrag angesehen und ihn als Minderungsbetrag elektronisch an das Finanzamt gemeldet hatte.

> **Hinweis**
>
> Im Fall eines vereinbarten **Selbstbehalts**, bei dem Versicherte im Gegenzug zu niedrigeren Beiträgen einen Teil der Krankheitskosten selbst tragen, hat der BFH bestätigt, dass die vom Versicherten deswegen zu tragenden Krankheitskosten keine Krankenversicherungsbeiträge i. S. von § 10 Abs. 1 Nr. 3a EStG und damit keine abziehbaren Sonderausgaben sind (BFH, Urteil v. 1.6.2016, X R 43/14, BFH/NV 2016 S. 1787). Bei Überschreiten der Zumutbarkeitsgrenze kommt allerdings ein Abzug als außergewöhnliche Belastungen gem. § 33 EStG in Betracht.

1.6 Neues bei haushaltsnahen Dienstleistungen / Handwerkerleistungen

1.6.1 Notrufsystem im Rahmen des „Betreuten Wohnens"

Die Inanspruchnahme von Pflege- und Betreuungsleistungen sowie Aufwendungen, die einem Steuerpflichtigen wegen der Unterbringung in einem Heim oder zur dauernden Pflege erwachsen, stellen haushaltsnahe Dienstleistungen nach § 35a EStG dar, soweit darin Kosten für Dienstleistungen enthalten sind, die mit denen einer Hilfe im Haushalt vergleichbar sind und sofern weiterhin ein Haushalt geführt wird. Solche Kosten können auf Antrag zu einer Ermäßigung der tariflichen Einkommensteuer um 20 % der Aufwendungen (höchstens 4.000 EUR) führen.

Entgegen der bisherigen Auffassung der Finanzverwaltung ließ der BFH Aufwendungen für ein Notrufsystem im Rahmen des „Betreuten Wohnens" in einer Seniorenresidenz zum Abzug als haushaltsnahe Dienstleistung zu (BFH, Urteil v. 3.9.2015, VI R 18/14, BStBl 2016 II S. 272).

> **Hinweis**
>
> Im Rahmen ihres überarbeiteten Anwendungsschreibens zu § 35a EStG v. 9.11.2016 (BStBl 2016 I S. 1213; vgl. Kapitel Rückblick Tz. 1.6.3) lässt nun auch die Finanzverwaltung Kosten für ein Notrufsystem innerhalb des sog. „Betreuten Wohnens" in einer Seniorenwohneinrichtung zum Abzug zu (vgl. Tz. 11 des Anwendungsschreibens v. 9.11.2016).
>
> Steuerpflichtige, bei denen die Finanzverwaltung bisher den Abzug verwehrt hat, sollten – sofern verfahrensrechtlich möglich – gegen anders lautende Steuerbescheide vorgehen oder die Aufwendungen noch nachreichen.

1.6.2 Keine Steuerbegünstigung für Polsterarbeiten außerhalb des Haushalts

In einem vom FG Rheinland-Pfalz entschiedenen Fall hatte ein Ehepaar für die Kosten für Polsterarbeiten an einer Sitzgarnitur im Rahmen ihrer Einkommensteuererklärung einen Abzug nach § 35a Abs. 3 EStG (Handwerkerleistungen) begehrt.

Das FG versagte eine steuerliche Berücksichtigung mit Hinweis auf die fehlende räumliche Nähe zum Haushalt (FG Rheinland-Pfalz, Urteil v. 6.7.2016, 1 K 1252/16). Laut FG ist eine steuerliche Berücksichtigung nur möglich, wenn die Leistungen im räumlichen Bereich des Haushalts erbracht werden. Zwar seien die Grenzen des Haushalts nicht zwingend auf die Grundstücksgrenzen beschränkt, weshalb auch der BFH den Haushalt nicht nur als Räumlichkeit, sondern als „räumlichen Bezugspunkt" verstanden habe. Dies ändere aber nichts an der grundsätzlichen Voraussetzung des **unmittelbaren räumlichen Zusammenhangs zum Haushalt**. Im Streitfall war die Handwerkerleistung jedoch in der 4 km entfernten Werkstatt des Handwerkers und damit in deutlichem Abstand zum Grundstück des Steuerpflichtigen durchgeführt worden, weshalb ein Sonderausgabenabzug nicht zulässig sei. Der vom Handwerker durchgeführte Transport ändere die Beurteilung nicht.

> **Hinweis**
>
> Um die Anerkennung als Handwerkerleistung i. S. des § 35a EStG sicherzustellen, sollten Steuerpflichtige vor Auftragsvergabe mit dem Handwerker eine Leistungserbringung im eigenen Haushalt vereinbaren. Dieser Grundsatz gilt auch für die Betreuung von Haustieren: Während Aufwendungen für die Unterbringung in einer Tierpension (außerhalb des Haushalts) nicht steuerbegünstigt sind, können Kosten für Hunde- oder Katzensitter, die das Tier im Haushalt des Steuerpflichtigen betreuen, nach § 35a EStG steuermindernd berücksichtigt werden (vgl. BFH, Urteil v. 3.9.2015, VI R 13/15, BStBl 2016 II S. 47 und BMF, Schreiben v. 9.11.2016, BStBl 2016 I S. 1213).

1.6.3 Überarbeitetes Anwendungsschreiben zu § 35a EStG

Das BMF hat sein **Anwendungsschreiben zu § 35a EStG** aus dem Jahr 2014 überarbeitet und neugefasst (BMF, Schreiben v. 9.11.2016, BStBl 2016 I S. 1213).

Überarbeitet wurden u. a. die Ausführungen zu dem für die Steuerbegünstigung nach § 35a EStG erforderlichen Bezug zum Haushalt des Steuerpflichtigen. Danach sind auch Leistungen begünstigt, die jenseits der Grundstücksgrenzen auf fremdem (z. B. öffentlichem) Grund erbracht werden, wenn sie im unmittelbaren räumlichen Zusammenhang zum Haushalt durchgeführt werden und diesem dienen. Die Finanzverwaltung fordert, dass beide Grundstücke eine gemeinsame Grenze haben oder der unmittelbare räumliche Zusammenhang durch eine Grunddienstbarkeit vermittelt wird. Das betrifft z. B. die **Straßenreinigung, Laubentfernung** oder den **Winterdienst** auf vor dem Haushalt gelegenen öffentlichen Gehwegen.

Auch die Ausführungen zum Umfang der begünstigten Handwerkerleistungen wurden neu gefasst. Vom begünstigten Umfang umfasst sind u. a. die Prüfung der ordnungsgemäßen Funktion einer Anlage. So sind u. a. technische Prüfdienste oder die Legionellenprüfungen als begünstigte Leistung aufgeführt.

> **Hinweis**
>
> Grundsätzlich können auch Dienstleistungen oder Handwerkerleistungen begünstigt sein, die über ein Online-Portal vermittelt werden. Das Anwendungsschreiben enthält für solche Fälle u. a. Vorgaben für die erforderliche Rechnung für die Anerkennung als Nachweis i. S. des § 35a Abs. 5 Satz 3 EStG und die unbare Zahlung.

1.7 Häusliches Arbeitszimmer

Die Abzugsfähigkeit für Aufwendungen für ein häusliches Arbeitszimmer als Werbungskosten bzw. Betriebsausgaben ist beschränkt (§ 4 Abs. 5 Satz 1 Nr. 6b EStG). Steht kein anderer Arbeitsplatz für die berufliche bzw. betriebliche Betätigung zur Verfügung, können Werbungskosten bis zu einem Höchstbetrag von 1.250 EUR abgezogen werden. Ein unbeschränkter Werbungskosten- bzw. Betriebsausgabenabzug ist nur möglich, wenn das Arbeitszimmer den Mittelpunkt der gesamten Berufstätigkeit bzw. betrieblichen Tätigkeit bildet.

1.7.1 Kein Abzug der Arbeitsecke als häusliches Arbeitszimmer

Der Große Senat des BFH verneint die Abzugsfähigkeit eines gemischt genutzten Arbeitszimmers. Nach seiner Auffassung setzt der Begriff des häuslichen Arbeitszimmers voraus, dass der jeweilige Raum ausschließlich oder **nahezu ausschließlich** für betriebliche bzw. **berufliche Zwecke** genutzt wird (BFH, Beschluss v. 27.7.2015, GrS 1/14, BStBl 2016 II S. 265). Er lässt damit Aufwendungen für eine sog. Arbeitsecke nicht zum Abzug zu.

> **Hinweis**
>
> Seine 2009 aufgestellten Grundsätze zur Aufteilungsmöglichkeit gemischt veranlasster Aufwendungen (z. B. bei Reisekosten, GrS 1/06) hält der Große Senat für die Frage der Nutzung des Arbeitszimmers nicht für anwendbar. Die Abzugsfähigkeit eines Arbeitszimmers bestimme sich abschließend nach der vorrangig anzuwendenden Regelung des § 4 Abs. 5 Satz 1 Nr. 6b Satz 1 EStG.

1.7.2 Kein Werbungskostenabzug bei gemischt genutzten Räumen

In zwei Urteilen v. 22.3.2016 (VIII R 24/12, VIII R 10/12) zur Abzugsfähigkeit von Aufwendungen für beruflich genutzte Bereiche in privaten Wohnungen hat sich der VIII. Senat des BFH der Rechtsprechung des Großen Senats v. 27.7.2015 (GrS 1/14, BStBl 2016 II S. 265) angeschlossen.

Nach Auffassung des BFH sind **Mietaufwendungen** nicht als Werbungskosten abzugsfähig, wenn sie für einen büromäßig eingerichteten Arbeitsbereich bezahlt werden, der lediglich durch einen **Raumteiler** vom privat genutzten Wohn- und Essbereich abgegrenzt ist (BFH, Urteil v. 22.3.2016, VIII R 10/12, BFH/NV 2016 S. 1605). Generell kommt ein Abzug von Aufwendungen für ein häusliches Arbeitszimmer laut BFH nur in Frage, wenn ein Raum durch entsprechende **Möblierung mit Büroausstattung** dem Typus eines häuslichen Arbeitszimmers entspricht und er überdies **(nahezu) ausschließlich der Einkünfteerzielung dient**. Vor dem Hintergrund dieser erforderlichen raumbezogenen Betrachtungsweise mangelte es bei dem im Streitfall lediglich durch ein Sideboard vom Wohnbereich getrennten Arbeitsbereich nach Meinung des BFH bereits an den Kriterien für ein häusliches Arbeitszimmer.

> **Hinweis**
>
> Ein Arbeitsbereich, der auf einer Empore oder Galerie eingerichtet ist, ist nach der raumbezogenen Betrachtungsweise laut BFH ebenfalls kein häusliches Arbeitszimmer.

1.7.3 Kein Betriebsausgabenabzug bei gemischt genutzten Räumen

Im anderen Urteil des BFH v. 22.3.2016 (VIII R 24/12, BFH/NV 2016 S. 1607) war entscheidend, dass der Raum **nicht nur unerheblich privat mitgenutzt** wurde und es insofern an der erforderlichen nahezu ausschließlichen betrieblichen Nutzung fehlte. Der BFH versagte im Streitfall den Betriebsausgabenabzug von Mietkosten in der Gewinnermittlung einer Selbstständigen. Auch wenn der Raum ein häusliches Arbeitszimmer i. S. des § 4 Abs. 5 Satz 1 Nr. 6b EStG darstellt, ist ein Betriebsausgabenabzug nach Meinung des BFH bei einer nicht unerheblichen privaten Nutzung des Raumes ausgeschlossen und zwar auch dann, wenn der Raum wie im Streitfall den Mittelpunkt der gesamten betrieblichen Tätigkeit bildet.

> **Hinweis**
>
> Die vollständige Versagung des Betriebsausgabenabzugs bei privater Mitnutzung eines Arbeitszimmers, das den Mittelpunkt einer betrieblichen Betätigung bildet, ist nach Auffassung des BFH verfassungsgemäß.

Auch der X. BFH-Senat folgt der Auffassung des Großen Senats und lässt Aufwendungen für einen in die häusliche Sphäre eingebundenen Raum, der mit einem nicht unerheblichen Teil seiner Fläche auch privat genutzt wird (sog. „Arbeitsecke"), nicht als Betriebsausgaben/Werbungskosten zum Abzug zu (BFH, Urteil v. 17.2.2016, X R 32/11, BStBl 2016 II S. 708).

> **Hinweis**
>
> Beim BFH sind weitere für die Steuerpflichtigen relevante Verfahren zur Abzugsfähigkeit von Aufwendungen für ein häusliches Arbeitszimmer anhängig. So hat der BFH u. a. zu klären, ob der Abzugsbetrag von 1.250 EUR für ein häusliches Arbeitszimmer beiden Ehegatten in voller Höhe bei **gemeinsamer Nutzung** eines Arbeitszimmers zusteht (s. anh. Verfahren VI R 53/12). Auch die Verdoppelung des Betrags bei Nutzung von **Arbeitszimmern in zwei Haushalten** steht zur Klärung (s. anh. Verfahren VIII R 15/15).

1.8 Nachgelagerte Besteuerung der Alterseinkünfte

Die durch das Alterseinkünftegesetz (AltEinkG) eingeführte Übergangsregelung bei der Systemumstellung von der vorgelagerten zur **nachgelagerten Besteuerung von Leibrenten** aus der Basisversorgung (§ 22 Nr. 1 Satz 3 Buchst. a Doppelbuchst. aa EStG) ist nach Auffassung des BFH grundsätzlich verfassungsgemäß. Allerdings darf es laut BFH nicht zu einer verfassungswidrigen doppelten Besteuerung der Altersvorsorgeaufwendungen und Altersbezüge kommen. Wenn der betroffene Steuerpflichtige eine doppelte Besteuerung hinreichend substantiiert darlegt, ist laut BFH eine einzelfallbezogene Betrachtung vorzunehmen. Die gerichtliche Überprüfung des Verbots der Doppelbesteuerung habe bereits zu Beginn des Rentenbezugs zu erfolgen. Dabei kann laut BFH nicht unterstellt werden, dass zu Beginn des Rentenbezugs zunächst nur solche Rentenzahlungen geleistet werden, die sich aus steuerentlasteten Beiträgen speisen (BFH, Urteil v. 21.6.2016, X R 44/14, BFH/NV 2016 S. 1791).

Der konkrete Fall betraf einen während seiner Erwerbslaufbahn größtenteils freiberuflich Tätigen, der freiwillig Beiträge zur gesetzlichen Rentenversicherung geleistet hatte. Anders als einem Angestellten kam ihm kein hälftiger steuerfreier Arbeitgeberzuschuss zum Sozialversicherungsbeitrag zugute. Die in Abhängigkeit zum Rentenbeginn von § 22 Satz 3 Buchst. a) Doppelbuchst. aa) EStG gewährte Steuerbefreiung (maximal 50 %) neutralisiert eine steuerliche Doppelbelastung bei Freiberuflern und anderen freiwillig Versicherten – anders als bei Angestellten – daher möglicherweise nicht voll.

Hinweis

Die Klärung der Frage, ob es im Streitfall zu einer doppelten Besteuerung gekommen ist, hat nun das FG im zweiten Rechtsgang unter Beachtung der Vorgaben des BFH zu prüfen.

1.9 Keine Aufhebung der Vollziehung des Solidaritätszuschlags

In einem Verfahren des vorläufigen Rechtsschutzes hat der BFH die vom Finanzgericht zunächst gewährte Aufhebung der Vollziehung eines Bescheids über den Solidaritätszuschlag 2012 nicht gewährt (BFH, Beschluss v. 15.6.2016, II B 91/15, BStBl 2016 II S. 846). Das öffentliche Interesse an der Sicherung einer geordneten Haushaltsführung des Staates ist laut BFH gegenüber dem Interesse der Antragsteller an einer Aufhebung der Vollziehung vorrangig.

Hinweis

Darüber hinaus kam hinzu, dass dem BFH angesichts der niedrigen Steuerschuld eine Aufhebung nicht zur Abwendung wesentlicher Nachteile der Antragsteller nötig erschien. Daran änderte es laut BFH auch nichts, dass das Niedersächsische FG die Verfassungsmäßigkeit des Solidaritätszuschlags auf den Prüfstand des BVerfG gestellt hatte (weiter anhängig unter 2 BvL 6/14).

1.10 Basiszins für das vereinfachte Ertragswertverfahren

Für Unternehmensbewertungen nach dem vereinfachten Ertragswertverfahren, das sowohl für erbschaftsteuerliche als auch für ertragsteuerliche Zwecke zur Anwendung kommen kann, hat das BMF den Basiszinssatz für alle Bewertungen des Jahres 2016 auf 1,10 % festgelegt (BMF, Schreiben v. 4.1.2016, BStBl 2016 I S. 5). Der anzuwendende Kapitalisierungszinssatz beträgt somit 5,60 %.

Hinweis

Daraus ergibt sich ein Kapitalisierungsfaktor für das Jahr 2016 von 17,86. Für 2015 lag der Kapitalisierungsfaktor bei 18,21.

1.11 Erteilung einer einheitlichen verbindlichen Auskunft

Wird eine verbindliche Auskunft gegenüber mehreren Antragstellern einheitlich erteilt (z. B. in Organschaftsfällen), ist nach der durch das Gesetz zur Modernisierung des Besteuerungsverfahrens (StModG) v. 18.7.2016 (BGBl 2016 I S. 1679) neu eingeführten Regelung des § 89 Abs. 3 Satz 4 AO nur **eine** Gebühr zu erheben. Die Antragsteller sind in einem solchen Fall **Gesamtschuldner** der Gebühr. Der ebenfalls mit dem StModG neu eingeführte § 89 Abs. 2 Satz 6 AO enthält eine Ermächtigung, wonach in einer Rechtsverordnung bestimmt werden kann, unter welchen Voraussetzungen eine verbindliche Auskunft gegenüber mehreren Beteiligten einheitlich zu erteilen ist und welche Finanzbehörde für die Erteilung zuständig ist.

Hinweis

Die nur einmalige Erhebung einer Gebühr ist erstmals auf Anträge anzuwenden, die nach dem 22.7.2016 (Tag nach der Verkündung des StModG) bei der zuständigen Finanzbehörde eingehen (Art. 97 § 25 Abs. 2 Satz 2 EGAO).

1.12 Kürzere Aufbewahrungsfristen, weniger Belege

Die Bundesregierung hat am 3.8.2016 das Zweite Bürokratieentlastungsgesetz auf den Weg gebracht. Damit sollen u. a. die steuerlichen Aufbewahrungsfristen für **Lieferscheine** verkürzt werden. Lieferscheine, die keine Buchungsbelege sind, müssen laut Regierungsentwurf nach Erhalt bzw. Versand der Rechnung nicht mehr aufbewahrt werden. Außerdem ist geplant, die umsatzsteuerliche Grenze für Kleinstbetragsrechnungen von 150 EUR auf 200 EUR anzuheben.

> **Hinweis**
>
> Mit dem Abschluss des Gesetzgebungsverfahrens ist im ersten Kalendervierteljahr 2017 zu rechnen. Die Änderungen sollen grundsätzlich am 1.1.2017 in Kraft treten. Die verkürzte Aufbewahrungspflicht soll dabei für alle Lieferscheine gelten, deren „alte" Aufbewahrungsfrist noch nicht abgelaufen ist.

1.13 Auskunftsersuchen an Dritte

Finanzämter dürfen Auskünfte von Dritten einholen, wenn sie im Rahmen ihrer Tätigkeit (aufgrund konkreter Umstände oder allgemeiner Erfahrung) zum Ergebnis gelangen, die Auskünfte könnten zur **Aufdeckung steuererheblicher Tatsachen** führen. Allerdings sollen Dritte erst dann zur Auskunft angehalten werden, wenn die Sachverhaltsaufklärung durch die Beteiligten nicht zum Ziel führt oder keinen Erfolg verspricht (§ 93 Abs. 1 Satz 3 AO). Nach Auffassung des BFH darf die Finanzverwaltung nur in atypischen Fällen davon abweichen, z. B. wenn der Beteiligte unbekannt ist oder dieser nicht mitwirkt (BFH, Urteil v. 29.7.2015, X R 4/14, BStBl 2016 II S. 135).

> **Hinweis**
>
> Ein weiterer atypischer Fall könnte laut BFH vorliegen, wenn von vornherein feststeht, dass der Steuerpflichtige nicht mitwirken wird oder die Erfolglosigkeit seiner Mitwirkung offenkundig ist. Auf letzteres könne die Finanzbehörde aber nur schließen, wenn die Erfolglosigkeit der Mitwirkung im Rahmen der vorweggenommenen Beweiswürdigung aufgrund konkreter Tatsachen als zwingend anzusehen ist.

1.14 Änderungen beim Kapitalertragsteuereinbehalt

Mit dem Gesetz zur Reform der Investmentbesteuerung v. 19.7.2016 (BGBl 2016 I S. 1730) wurden mit § 36a EStG weitere Voraussetzungen für die Anrechenbarkeit der Kapitalertragsteuer normiert, die sog. **Cum/Cum-Geschäfte** verhindern soll.

Voraussetzung für die Anrechenbarkeit der Kapitalertragsteuer ist danach künftig eine **Mindesthaltedauer** der den Dividenden zugrunde liegenden Anteile von **45 Tagen** in einem Zeitraum von 45 Tagen vor und 45 Tagen nach dem Fälligkeitstag der Kapitalerträge (§ 36a Abs. 2 EStG). Steuerpflichtige müssen zur Sicherstellung der Anrechenbarkeit der Kapitalertragsteuer während der Mindesthaltedauer **wirtschaftlicher Eigentümer** der Anteile sein (§ 36a Abs. 1 Satz 1 Nr. 1 EStG). Bedingung für eine Anrechenbarkeit der Kapitalertragsteuer ist weiterhin, dass Steuerpflichtige während der Mindesthaltedauer von 45 Tagen ununterbrochen das sog. Mindestwertänderungsrisiko tragen (§ 36a Abs. 1 Satz 1 Nr. 2 EStG). Steuerpflichtige müssen unter Berücksichtigung von gegenläufigen Ansprüchen und Ansprüchen nahestehender Personen das Risiko aus einem sinkenden Wert der Anteile oder Genussscheine im Umfang von mindestens 70 % tragen (§ 36a Abs. 3 EStG). Schädlich für die Anrechenbarkeit der Kapitalertragsteuer ist es weiterhin, wenn der Anleger sich zu einer Vergütung der Kapitalerträge an andere Personen verpflichtet hat (§ 36a Abs. 1 Satz 1 Nr. 3 EStG).

Sind die Voraussetzungen nicht erfüllt, werden dem Anleger 3/5 der Kapitalertragsteuer (entspricht 15 % der Kapitalerträge) nicht auf seine Einkommensteuer angerechnet (§ 36a Abs. 1 Satz 2 EStG). Auf Antrag ist die nicht angerechnete Kapitalertragsteuer bei der Ermittlung der Einkünfte abzuziehen (§ 36a Abs. 1 Satz 3 EStG).

Hinweis

Um Geschäfte zur Umgehung der Dividendenbesteuerung schon in der Dividendensaison 2016 zu unterbinden, sind die neuen Haltepflichten bereits rückwirkend auf Kapitalerträge anzuwenden, die ab dem 1.1.2016 zufließen.

Durch das CbCR-Umsetzungsgesetz wird eine parallele Vorschrift in § 50j EStG eingeführt, die auf die Verhinderung einer Entlastung von Kapitalertragsteuer nach § 50d Abs. 1 EStG abzielt.

1.15 Widerrufsvorbehalt bei Billigkeitsmaßnahmen

Durch das StModG v. 18.7.2016 (BGBl 2016 I S. 1679) wurde die Regelung des § 163 AO zur abweichenden Festsetzung von Steuern aus Billigkeitsgründen um einen gesetzlichen Widerrufsvorbehalt ergänzt.

Danach steht eine mit der Steuerfestsetzung verbundene Billigkeitsmaßnahme stets unter Vorbehalt des Widerrufs, wenn sie

1. von der Finanzbehörde nicht ausdrücklich als eigenständige Billigkeitsentscheidung ausgesprochen worden ist,

2. mit einer Steuerfestsetzung unter Vorbehalt der Nachprüfung nach § 164 verbunden ist oder

3. mit einer vorläufigen Steuerfestsetzung nach § 165 verbunden ist und der Grund der Vorläufigkeit auch für die Entscheidung nach Abs. 1 von Bedeutung ist (§ 163 Abs. 3 i.V.m. Abs. 2 AO n. F.).

Eine unter Widerrufsvorbehalt stehende Billigkeitsmaßnahme ist mit Wirkung für die Vergangenheit zurückzunehmen, wenn sie rechtswidrig ist, wobei § 130 Abs. 3 Satz 1 AO (Jahresfrist) in diesem Fall nicht gilt (§ 163 Abs. 4 AO n. F.).

Hinweis

Die Neufassung des § 163 der AO ist für nach dem 31.12.2016 getroffene Billigkeitsmaßnahmen auch dann anzuwenden, wenn sie Besteuerungszeiträume oder Besteuerungszeitpunkte betreffen, die vor dem 1.1.2017 abgelaufen oder eingetreten sind (Art. 97 § 29 EGAO).

1.16 Neue Doppelbesteuerungsabkommen

1.16.1 DBA Niederlande

Das bereits am 12.4.2012 zwischen Deutschland und den Niederlanden unterzeichnete DBA sollte ursprünglich ab 1.1.2014 zur Anwendung kommen. Nach mehrfacher Verzögerung konnte der Ratifikationsprozess im Jahr 2015 abgeschlossen werden, sodass das DBA am 1.12.2015 in Kraft trat und damit grundsätzlich seit dem 1.1.2016 anzuwenden ist. Für den Fall, dass das alte Abkommen weitergehende Vergünstigungen als das neue Abkommen gewährt, kann für den Zeitraum von einem Jahr nach erstmaliger Anwendung das alte Abkommen weiterhin angewendet werden. Hervorzuheben ist, dass das neue DBA bereits zum 31.12.2016 in Teilen durch ein Ergänzungsprotokoll überschrieben wird (s. Kapitel Ausblick Tz. 1.6.5).

Bei der grenzüberschreitenden Gewinnabgrenzung zwischen Stammhaus und Betriebsstätte folgt das neue DBA der **uneingeschränkten Selbstständigkeitsfiktion der Betriebsstätte** entsprechend der Neufassung des Art. 7 OECD-Musterabkommen 2010 (sog. „Authorised OECD Approach"). Neu enthalten ist eine sog. **Geschäftsführer-Klausel**, nach der das Besteuerungsrecht für die Einkünfte aus der Tätigkeit als Geschäftsführer ausschließlich dem Staat zugewiesen wird, in dem die Gesellschaft ansässig ist.

Nach der sog. subject to tax-Klausel werden nach dem neuen DBA nur die niederländischen Einkünfte in Deutschland freigestellt, die in den Niederlanden auch tatsächlich besteuert werden. Wie das bisherige DBA von 1959 sieht das neue DBA Niederlande **keine Quellensteuer auf Zinsen und Lizenzzahlungen** sowie einen Quellensteuersatz auf Dividenden von höchstens 15 % vor.

> **Hinweis**
>
> Der Quellensteuersatz auf Dividenden reduziert sich nach dem neuen DBA auf 5 % im Falle einer zu mindestens 10 % unmittelbar an der ausschüttenden Gesellschaft beteiligten Kapitalgesellschaft.

1.16.2 Ergänzungsprotokoll zum DBA mit dem Vereinigten Königreich

Obwohl die letzte Neufassung des DBA mit dem Vereinigten Königreich erst im März 2010 erfolgte, wurde bereits am 17.3.2015 ein Ergänzungsprotokoll unterzeichnet. Nach der Ratifikation trat es zum 29.12.2015 in Kraft und ist in Deutschland seit dem 1.1.2016 und im Vereinigten Königreich seit dem 1. bzw. 6.4.2016 anwendbar.

> **Hinweis**
>
> Mit dem Protokoll wurde insbesondere der sog. **Authorised OECD Approach** zur Abgrenzung des **Betriebsstättengewinns** übernommen und die Zuordnung des Besteuerungsrechts für sog. Ortskräfte geändert.

1.16.3 Zusatzabkommen zum DBA Frankreich

Mit Frankreich wurde am 31.3.2015 ein Zusatzabkommen zum seit 1959 bestehenden DBA abgeschlossen. Geregelt werden darin eine Neufassung des Art. 7 zur Besteuerung von **Veräußerungsgewinnen**, eine Einschränkung der reduzierten **Quellensteuersätze** für Dividenden aus bestimmten Investmentvermögen (Art. 9) sowie Änderungen bei der **Grenzgängerregelung** und der **Rentenbesteuerung**, jeweils mit einem Fiskalausgleich zwischen den Staaten. Das erneuerte DBA trat am 24.12.2015 in Kraft.

> **Hinweis**
>
> In beiden Staaten ist das DBA in seiner neuen Fassung seit dem 1.1.2016 anwendbar.

1.17 Weitere Änderungen mit grenzüberschreitendem Bezug

1.17.1 Treaty Override verfassungsgemäß

Das BVerfG hält das Überschreiben von Regelungen eines Doppelbesteuerungsabkommens (DBA) durch innerstaatliches Gesetz (sog. Treaty Override) für verfassungsgemäß (BVerfG, Beschluss v. 15.12.2015, 2 BvL 1/12). Danach können völkerrechtliche Verträge – und damit auch DBA – durch spätere, ihnen widersprechende Bundesgesetze verdrängt werden. Das BVerfG widersprach damit der Auffassung des BFH, der ein solches Treaty Override (konkret § 50d Abs. 8 EStG) als verfassungswidrig ansah (BFH, Beschluss v. 10.1.2012, I R 66/09, BFH/NV 2012 S. 1056).

Nach der konkret in Streit gestandenen Norm des § 50d Abs. 8 EStG wird bei Einkünften eines unbeschränkt Steuerpflichtigen aus **nichtselbstständiger Arbeit** die nach einem DBA zu gewährende **Freistellung** tatsächlich nur gewährt, soweit der Steuerpflichtige nachweist, dass der andere DBA-Vertragsstaat auf sein Besteuerungsrecht verzichtet hat oder aber die von dem anderen Staat festgesetzten Steuern entrichtet wurden. Das konkret betroffene alte, zwischenzeitlich gekündigte, DBA Türkei von 1985 forderte diese Nachweispflichten nicht für eine Freistellung der Einkünfte. Anders als der BFH sah das BVerfG auch keinen Verstoß gegen Art. 3 GG. Die bestehende Ungleichbehandlung der Einkünfte aus nichtselbstständiger Arbeit mit anderen Einkünften, für die die Nachweispflichten des § 50d Abs. 8 EStG nicht gelten, ist laut BVerfG sachlich gerechtfertigt.

Die Auffassung des BVerfG, die eine Richterin in einem Sondervotum nicht geteilt hat, dürfte auch Auswirkungen auf die Beurteilung anderer Treaty Override-Vorschriften haben, die in weiteren Verfahren auf dem Prüfstand stehen. So sind z. B. beim BVerfG Verfahren zu § 50d Abs. 10 EStG (2 BvL 15/14; BFH, Vorlagebeschluss v. 11.12.2013, I R 4/13) und § 50d Abs. 9 EStG (2 BvL 21/14; BFH, Vorlagebeschluss v. 20.08.2014, I R 86/13) anhängig.

> **Hinweis**
>
> Nach einem zeitlich nach dem BVerfG-Urteil ergangenen BFH-Urteil vertritt der BFH die Auffassung, dass die Vorschrift des § 50d Abs. 8 EStG auch in Fällen anwendbar ist, in denen das einschlägige DBA erst nach dem Inkrafttreten des § 50d Abs. 8 EStG abgeschlossen wurde (BFH, Urteil v. 25.5.2016, I R 64/13, BFH/NV 2016 S. 1512). Die Anwendbarkeit des § 50d Abs. 8 EStG gilt nach Auffassung des BFH trotz der allgemeinen Auslegungsregel des Vorrangs des späteren Gesetzes (lex posterior).

1.17.2 Bedingungen für Einkünftefreistellung nach § 50d Abs. 9 EStG

Die im internationalen Steuerrecht enthaltene Freistellungsmethode greift in Deutschland nicht, wenn die Einkünfte aufgrund der (unterschiedlichen) Anwendung eines DBA durch den anderen Staat von einer dortigen Besteuerung ausgenommen oder nur zu einem durch das Abkommen begrenzten Steuersatz besteuert werden können (§ 50d Abs. 9 Satz 1 Nr. 1 EStG), oder wenn der Steuerpflichtige im anderen Staat mit den Einkünften aufgrund einer dort nur beschränkten Steuerpflicht nicht besteuert wird (§ 50d Abs. 9 Satz 1 Nr. 2 EStG). Laut BFH ist die Freistellungsmethode nach § 50d Abs. 9 Satz 1 Nr. 1 EStG jedoch nicht ausgeschlossen, wenn der andere Vertragsstaat das ihm abkommensrechtlich zugewiesene Besteuerungsrecht nur für einen Teil der betroffenen Einkünfte in vollem Umfang wahrnimmt (BFH, Urteil v. 21.1.2016, I R 49/14, BFH/NV 2016 S. 1088).

> **Hinweis**
>
> Damit bestätigt der BFH seine bereits zu § 50d Abs. 9 Satz 1 Nr. 2 EStG ergangenen Urteile v. 20.5.2015 (I R 68/14, BStBl 2016 II S. 90 und I R 69/14, BFH/NV 2015 S. 1395). Der Gesetzgeber ändert den Wortlaut des § 50d Abs. 9 Satz 1 EStG durch das CbCR-Umsetzungsgesetz nun dahingehend, dass die **Rückfallregelung** auch dann greift, wenn nur ein Teil der Einkünfte nicht besteuert wird oder einer geringeren Besteuerung unterliegt, vgl. Kapitel Ausblick Tz. 2.2.

1.17.3 Kapitalertragsteuerentlastung nach § 50d Abs. 3 EStG bei EuGH

Das FG Köln hat Zweifel, ob die **Missbrauchsvermeidungsvorschrift** des § 50d Abs. 3 EStG 2007 mit der europäischen Niederlassungsfreiheit und mit der Mutter-Tochter-Richtlinie vereinbar ist und hat die Frage daher dem EuGH zur Klärung vorgelegt (Beschluss des FG Köln v. 8.7.2016, 2 K 2995/12).

Im Streitfall war eine natürliche Person alleinige Gesellschafterin einer niederländischen Kapitalgesellschaft, die u. a. an einer deutschen Kapitalgesellschaft zu 26,5 % beteiligt war. Die deutsche Kapitalgesellschaft hatte auf Dividendenzahlungen Kapitalertragsteuer einbehalten, deren Erstattung das Bundeszentralamt für Steuern (BZSt) der niederländischen Kapitalgesellschaft unter Verweis auf die im Streitjahr 2007 geltende Fassung des § 50d Abs. 3 EStG versagte. Begründet wurde dies im Wesentlichen damit, dass die in den Niederlanden ansässige Kapitalgesellschaft als reine Holdinggesellschaft tätig war und damit keine eigene Wirtschaftstätigkeit ausübte.

Das FG Köln hält zwar die Entscheidung des BZSt nach deutschem Recht grundsätzlich für zutreffend, hat aber im Entscheidungsfall Zweifel daran, ob die durch § 50d Abs. 3 EStG (2007) bewirkte Ungleichbehandlung von inländischen und ausländischen Gesellschaftern und die damit einhergehende Beschränkung der Niederlassungsfreiheit durch die Bekämpfung missbräuchlicher Steuerumgehung gerechtfertigt werden kann. Es sieht den Tatbestand der Regelung als zu weit gefasst an und beanstandet zudem, dass dem ausländischen Gesellschafter nicht die Möglichkeit eingeräumt wird, den Missbrauchsvorwurf zu entkräften.

Hinweis

Die Regelung des § 50d Abs. 3 EStG (2007) war bereits Gegenstand eines von der Kommission eingeleiteten Vertragsverletzungsverfahrens gegen Deutschland, das aufgrund der ab dem VZ 2012 geltenden Neufassung eingestellt wurde. Nun hat der EuGH Gelegenheit, sich zur der Vorschrift aus europarechtlicher Sicht zu äußern. Da die Grundgedanken der fraglichen Vorschrift auch nach der Gesetzesänderung in der Vorschrift verblieben sind, dürfte die EuGH-Entscheidung auch für Fälle unter Anwendung der derzeit bestehenden Fassung von Bedeutung sein. Vgl. auch den weiteren Vorlagebeschluss des FG Köln v. 31.8.2016, 2 K 721/13.

1.17.4 Nennkapitalrückzahlungen von EU-Gesellschaften

Die Steuerfreiheit von Einlagenrückzahlungen an den deutschen Gesellschafter einer EU-Kapitalgesellschaft erfordert einen Antrag der Tochtergesellschaft auf Feststellung der Einlagenrückgewähr (§ 27 Abs. 8 KStG). Darin muss nachgewiesen werden, dass es sich tatsächlich um frühere Einlagen handelt. Die Finanzverwaltung gewährt die Steuerfreiheit häufig nur, wenn – nach deutschen Regeln – ein fiktives steuerliches Einlagekonto fortentwickelt wird.

Das BMF stellt nun klar, dass bei EU-Gesellschaften auch die Nennkapitalrückzahlungen in das Feststellungsverfahren einbezogen werden müssen, um eine Besteuerung auszuschließen (BMF, Schreiben v. 4.4.2016, BStBl 2016 I S. 468). Die Regelung geht hier weiter als bei Inlandsbeteiligungen.

Hinweis

Nennkapitalrückzahlungen, die vor dem 1.1.2014 erfolgten, werden weiterhin auch dann als steuerfrei behandelt, wenn der erforderliche Antrag abgelehnt, zurückgenommen oder nicht gestellt worden ist und das für den Anteilseigner zuständige Finanzamt die Qualifizierung der Leistung als nicht steuerbare Nennkapitalrückzahlung vornimmt bzw. vorgenommen hat.

Für alle ab dem 1.1.2014 erfolgten Nennkapitalrückzahlungen gelten die neuen Anforderungen der Finanzverwaltung zwingend. Bei Nichtbeachtung wird die Finanzverwaltung Nennkapitalrückzahlungen als steuerpflichtige Dividenden behandeln. Wie bei der Einlagenrückgewähr sind dabei die besonderen (nicht verlängerbaren) Antragsfristen gem. § 27 Abs. 8 Satz 4 KStG zu beachten. Danach ist der Antrag bis zum Ende des Jahres zu stellen, das dem Kalenderjahr der Leistung nachfolgt.

Hinweis

Ob diese vom BMF festgeschriebene Vorgehensweise auch mit dem Europarecht vereinbar ist, wird wohl künftig den BFH oder möglicherweise auch den EuGH beschäftigen.

1.17.5 Besteuerung der Einlagenrückgewähr einer Drittstaatengesellschaft unionsrechtswidrig

Eine Einlagenrückgewähr kann nach Auffassung des BFH auch von einer Gesellschaft getätigt werden, die in einem Drittstaat ansässig ist und für die kein steuerliches Einlagekonto geführt wird.

Der BFH bestätigt seine von der Finanzverwaltung abweichende Auffassung in zwei Urteilen v. 13.7.2016. Gem. § 20 Abs. 1 Nr. 1 Satz 3 EStG gehören Bezüge nicht zu den steuerpflichtigen Kapitaleinnahmen, soweit sie aus **Ausschüttungen** einer Körperschaft stammen, für die Beträge aus dem **steuerlichen Einlagekonto** i. S. des § 27 KStG als verwendet gelten. Der Gesetzeswortlaut schließt dabei laut BFH jedoch eine Einlagenrückgewähr bei einer in einem Drittstaat ansässigen Körperschaft nicht ausdrücklich aus. Ansonsten käme es in diesen Fällen zu einer systemwidrigen Besteuerung von Einlagen, welche dem verfassungsrechtlichen Gleichheitsgrundsatz und der auch für Drittstaaten geltenden unionsrechtlichen Kapitalverkehrsfreiheit widerspricht (BFH, Urteil v. 13.7.2016, VIII R 47/13).

> **Hinweis**
>
> Für die Beurteilung, ob es sich bei der Übertragung von Aktien im Rahmen eines sog. „**Spin-off**" (Abspaltung einer Beteiligung) um eine nicht steuerbare Einlagenrückgewähr oder um eine im Inland zu besteuernde Sachausschüttung i. S. des § 20 EStG handelt, ist auch die bilanzielle Erfassung bei der abspaltenden Gesellschaft ausschlaggebend (BFH, Urteil v. 13.7.2016, VIII R 73/13). Die Beweislast für das Vorliegen einer Einlagenrückzahlung liegt allerdings beim bevorteilten Steuerpflichtigen, denn grundsätzlich führt eine solche Aktienübertragung zu Kapitaleinkünften.

2 Änderungen für Unternehmen

2.1 Zweifel an der Verfassungsmäßigkeit der Zinsschranke

Die Zinsschranke (§ 4h EStG, § 8a KStG) ist nach Auffassung des BFH verfassungswidrig. Der I. Senat des BFH hat dem BVerfG die Frage zur Klärung vorgelegt, ob die Regelungen der Zinsschranke gegen den allgemeinen Gleichheitsgrundsatz des Art. 3 Abs. 1 GG verstoßen und damit verfassungswidrig sind (Beschluss v. 14.10.2015, I R 20/15, BFH/NV 2016 S. 475).

Bereits Ende 2013 hatte der BFH ernstliche Zweifel an der Verfassungsmäßigkeit der Zinsschranke geäußert und die Vollziehung eines Körperschaftsteuerbescheids ausgesetzt (Beschluss v. 18.12.2013, I B 85/13, BStBl 2014 II S. 947). Darauf hat die Finanzverwaltung mit einem Nichtanwendungserlass reagiert (BMF, Schreiben v. 13.11.2014, BStBl 2014 I S. 1516). Sie teilt die vom BFH geäußerten Zweifel an der Verfassungskonformität der Zinsschranke wegen ihrer veranlagungszeitraumübergreifenden Ausgestaltung nicht und sieht auch kein besonderes Aussetzungsinteresse. Das sieht der BFH anders. Seiner Meinung nach hat der Gesetzgeber mit der Zinsschranke – anders als bei der Mindestgewinnbesteuerung – keine veranlagungszeitraumübergreifende Grundentscheidung zur Abzugsfähigkeit von Betriebsaufwand getroffen. Vielmehr werde (nur) ein betriebsindividuell zu ermittelnder Teil des grundsätzlich abzugsfähigen Finanzierungsaufwands im Abzug beschränkt. Diese Beschränkung vermag laut BFH der Zins- und EBITDA-Vortrag nur im Einzelfall abzumildern.

Das Verfahren ist beim BVerfG unter dem Az. 2 BvL 1/16 anhängig.

> **Hinweis**
>
> Zwar gewährt die Finanzverwaltung grundsätzlich wegen der verfassungsrechtlichen Zweifel keine Aussetzung der Vollziehung (BMF, Schreiben v. 13.11.2014, BStBl 2014 I S. 1516). Davon unberührt bleibt aber der **Aussetzungsgrund** der **unbilligen Härte**, wenn im Einzelfall die Anwendung der Zinsschranke für den Steuerpflichtigen eine unbillige, nicht durch überwiegend öffentliche Interessen gebotene Härte zur Folge hat. Allerdings sind bei der Frage, ob eine Aussetzung der Vollziehung beantragt wird, die im Fall des Unterliegens zu zahlenden Aussetzungszinsen von jährlich 6 % zu beachten.

2.2 Abgrenzung Berichtigungsanzeige von Selbstanzeige

Steuerpflichtige sind gesetzlich zur rechtzeitigen Abgabe von vollständigen und richtigen Steuererklärungen verpflichtet. Bei der Berichtigung von Fehlern in der Steuererklärung kommt der Abgrenzung einer einfachen Berichtigungsanzeige (§ 153 AO) von einer Selbstanzeige (§§ 371, 378 Abs. 3 AO) Bedeutung zu, insbesondere vor dem Hintergrund der verschärften Anforderungen an die Selbstanzeige.

Zur Abgrenzung der Berichtigungsanzeige von der Selbstanzeige hat sich das BMF in einem Anwendungsschreiben zu § 153 AO geäußert und dabei erstmals den Begriff eines „**innerbetrieblichen Kontrollsystems**" für steuerliche Zwecke aufgegriffen (BMF, Schreiben v. 23.5.2016, BStBl 2016 I S. 490). Danach kann die Einrichtung eines innerbetrieblichen Kontrollsystems, das der Erfüllung der steuerlichen Pflichten dient, ggf. ein Indiz darstellen, das gegen das Vorliegen eines Vorsatzes oder der Leichtfertigkeit sprechen kann. Das befreit jedoch nicht von einer Prüfung des jeweiligen Einzelfalls (s. Tz. 2.6 des BMF-Schreibens).

> **Hinweis**
>
> Der Steuerfachausschuss (StFA) des IDW hat einen Entwurf eines IDW Praxishinweises 1/2016 zur Ausgestaltung und Prüfung eines **Tax Compliance Management Systems** gemäß IDW PS 980 veröffentlicht (Stand 22.6.2016). Die Einrichtung eines solchen Systems dürfte in der Praxis für Unternehmen ein wirksames Mittel darstellen, um sich vor steuerstrafrechtlichen Risiken schützen zu können.

2.3 Bilanzsteuerrecht

2.3.1 Aktualisierte E-Bilanz-Taxonomie

Die neuen vom BMF aktualisierten Taxonomien für die E-Bilanz (Version 6.0) sind grundsätzlich auf die Übermittlung von Jahresabschlüssen für Wirtschaftsjahre anzuwenden, die nach dem 31.12.2016 beginnen. Es wird nicht beanstandet, wenn sie auch für das Wirtschaftsjahr 2016 oder 2016/2017 verwendet werden.

Die inhaltlichen Anpassungen der Version 6.0 basieren u. a. auf handelsrechtlichen Änderungen aufgrund des Inkrafttretens des Bilanzrichtlinie-Umsetzungsgesetzes (BilRUG). Diese führten auch zu Anpassungen bei der E-Bilanz-Taxonomie, insbesondere im Bereich der Gliederung der **Gewinn- und Verlustrechnung**. Sofern Unternehmen ihre Handelsbilanz bereits für das Wirtschaftsjahr 2016 oder 2016/2017 unter Berücksichtigung der Gliederung nach dem BilRUG aufstellen und diese auch für steuerliche Zwecke übermitteln möchten, kann nur die Taxonomie 6.0, aber keine frühere Taxonomie-Version, verwendet werden (BMF, Schreiben v. 24.5.2016, BStBl 2016 I S. 500).

Hinweis

Die aktualisierten Taxonomien sind unter www.esteuer.de einsehbar. Eine Übermittlung mit dieser Version wird laut BMF erst ab November 2016 für Testfälle und ab Mai 2017 für Echtfälle möglich sein.

2.3.2 Aktualisierter Teilwerterlass

Die Finanzverwaltung hat sich erneut zu den **Voraussetzungen einer Teilwertabschreibung** nach § 6 Abs. 1 Nr. 1 und 2 EStG geäußert und dabei den bisherigen Teilwerterlass aktualisiert (BMF, Scheiben v. 2.9.2016, BStBl 2016 I S. 995).

In dem **aktualisierten Teilwerterlass** hat die Finanzverwaltung insbesondere die Ausführungen zu börsennotierten, börsengehandelten und aktienindexbasierten Wertpapieren des Anlage- und Umlaufvermögens und zu festverzinslichen Wertpapieren, die eine Forderung in Höhe des Nominalwerts der Forderung verbriefen, überarbeitet. Für die Anwendung der Bagatellgrenze von 5 % sieht das neue BMF-Schreiben in diesem Zusammenhang eine besondere Anwendungsregelung vor.

Neben den Teilwertabschreibungen werden auch die Voraussetzungen für das Vorliegen einer voraussichtlich dauernden Wertminderung und das Wertaufholungsgebot behandelt.

> **Hinweis**
>
> Das aktuelle Schreiben hebt das bisherige BMF-Schreiben v. 16.7.2014 (BStBl 2014 I S. 1162) auf.

2.3.3 Handelsrechtliche Bewertung von Pensionsverpflichtungen

Vor dem Hintergrund des langanhaltenden Niedrigzinsumfelds und den daraus resultierenden Konsequenzen beim handelsrechtlichen Wertansatz langfristiger **Pensionsrückstellungen** wurde mit dem Gesetz zur Umsetzung der Wohnimmobilienkreditrichtlinie und zur Änderung handelsrechtlicher Vorschriften v. 11.3.2016 (BGBl 2016 I S. 396) eine handelsrechtlich bedeutsame Änderung bei der Abzinsung von Pensionsrückstellungen (§ 253 HGB) eingeführt. Danach sind Altersversorgungsverpflichtungen spätestens ab dem Jahr 2016 mit einem **zehnjährigen** (statt bisher: siebenjährigen) **Durchschnittszinssatz** der Deutschen Bundesbank **abzuzinsen**.

Ein neu eingeführter Abs. 6 der Vorschrift führt für den zugehörigen Umstellungsgewinn eine **Ausschüttungssperre** ein. Der Umfang der Ausschüttungssperre ist zu jedem Stichtag auf Basis des Vergleichs mit der bisherigen Regelung neu zu errechnen.

> **Hinweis**
>
> Das Gesetz enthält jedoch keine ergänzende Regelung im Aktiengesetz, nach der dieser Ertrag – bei Existenz eines **Gewinnabführungsvertrags** (GAV) – auch abführungsgesperrt ist. Das Vorliegen einer Ausschüttungssperre in § 253 Abs. 6 Satz 2 HGB soll ohne ausdrückliche Regelung keine Auswirkungen auf die Höhe des abzuführenden Gewinns haben. Über die konkreten Rechtsfolgen dieser Konstellation besteht aber weiterhin Rechtsunsicherheit, ein klärendes BMF-Schreiben ist bislang nicht ergangen.

Die Neuregelung ist grundsätzlich erstmals auf Jahresabschlüsse für das nach dem 31.12.2015 endende Geschäftsjahr anzuwenden.

> **Hinweis**
>
> Es besteht ein **Wahlrecht** zur rückwirkenden Anwendung auf Jahresabschlüsse, die sich auf ein Geschäftsjahr beziehen, das nach dem 31.12.2014 beginnt und vor dem 1.1.2016 endet.

2.3.4 Gewinnerhöhende Auflösung von Pensionsrückstellungen

Pensionszusagen müssen gemäß § 6a Abs. 1 Nr. 3 EStG konkrete Angaben zu Art, Form, Voraussetzungen und Höhe der in Aussicht gestellten künftigen Leistungen enthalten, um steuerlich anerkannt zu werden. Zu den inhaltlichen Anforderungen an Pensionszusagen hat sich das FG Düsseldorf geäußert (Urteil v. 10.11.2015, 6 K 4456/13 K, BB 2016 S. 624).

Im Streitfall ging es um zwei **endgehaltsabhängige Pensionszusagen**, welche für die Bestimmung der monatlichen Rentenhöhe eine retrograde Ermittlung aus den Rückstellungsbeträgen vorsahen. Die Angabe eines Rechnungszinses fehlte in der Pensionsvereinbarung, ebenso wie die zu berücksichtigende Lebenserwartung. Für das FG stand fest, dass die monatlichen Versorgungsleistungen anhand dieser Angaben nicht eindeutig ermittelbar sind. Die Annahme, es könnte für die Rentenermittlung ersatzweise der für die steuerliche Rückstellungsberechnung festgeschriebene Zinssatz von 6 % verwendet werden, akzeptierte das FG Düsseldorf nicht. Mangels konkreter Bestimmungen zur Umrechnung der Rückstellungsbeträge in lebenslange Versorgungsleistungen war die Pensionsrückstellung in der Steuerbilanz erfolgswirksam aufzulösen.

> **Hinweis**
>
> Streitig war im Entscheidungsfall auch die Frage, wie sich eine Reduzierung der Arbeitsentgelte auf eine mögliche Überversorgung auswirkt. Das FG Düsseldorf entschied hier mit Verweis auf ständige BFH-Rechtsprechung, dass für die Ermittlung einer Überversorgung die Arbeitsentgelte eines ganzen Wirtschaftsjahres maßgeblich sind und nicht die – im Streitfall wegen verschlech-

terter wirtschaftlicher Lage stark reduzierten – Arbeitsentgelte der letzten beiden Monate eines Jahres. In diesem Fall bestand insofern keine Überversorgung und es war keine Rückstellungsauflösung vorzunehmen. Gegen das Urteil ist unter dem Aktenzeichen I R 91/15 Revision beim BFH anhängig.

2.3.5 Verpflichtungsübernahmen, Schuldbeitritte und Erfüllungsübernahmen

Das BMF hat am 22.11.2016 einen Entwurf für ein BMF-Schreiben zur Anwendung der §§ 4f, 5 Abs. 7 EStG (**Hebung stiller Lasten**) veröffentlicht.

Nach der im Entwurf geäußerten Auffassung des BMF hat bei Übergang einer Schuld auf einen Dritten der Übernehmer nach § 5 Abs. 7 EStG die gleichen Bilanzierungsvorschriften zu beachten, die auch für den ursprünglich Verpflichteten am Bilanzstichtag gegolten hätten. Dabei sind laut Entwurf ausschließlich HGB- und EStG-Bilanzierungsvorschriften maßgeblich und zwar selbst dann, wenn der ursprünglich Verpflichtete nicht dem Anwendungsbereich des deutschen Handels- und Steuerrechts unterlag. Auch bei mehrfacher Übertragung von Verpflichtungen soll im Rahmen des § 5 Abs. 7 Satz 1 EStG auf die Bilanzierung bei demjenigen Steuerpflichtigen abzustellen sein, der die Schuld erstmalig begründet hat.

Nach einer **Verpflichtungsübernahme** soll der Rechtsnachfolger bilanzsteuerrechtliche Wahlrechte, wie z. B. Teilwert- oder Pauschalwertverfahren bei Jubiläumsrückstellungen, unabhängig von der Wahl des Rechtsvorgängers in Anspruch nehmen können. Auch das sog. Nachholverbot bei Pensionsverpflichtungen nach § 6a Abs. 4 EStG soll für beim Rechtsvorgänger entstandene Fehlbeträge nicht gelten.

Hinweis

Laut dem Entwurf sollen Fälle des Betriebsübergangs nach § 613a BGB nicht in den Anwendungsbereich der Sondervorschriften des § 4f Abs. 1 Satz 3 EStG bzw. § 5 Abs. 7 Satz 4 EStG fallen. Eine Anwendung des § 5 Abs. 7 Satz 4 EStG wäre jedoch bei Arbeitgeberwechsel einzelner Arbeitnehmer unabhängig von der Anzahl der übernommenen Pensionsverpflichtungen möglich.

Ein Aufwand, der sich für den ursprünglichen Verpflichteten aus einem Übertragungsvorgang ergibt, kann nach § 4f Abs. 1 EStG grundsätzlich nur auf das Jahr der Schuldübernahme und die folgenden 14 Wirtschaftsjahre gleichmäßig als Betriebsausgabe verteilt und abgezogen werden. Für die Ermittlung des Aufwands ist laut BMF immer auf den am vorangegangenen Bilanzstichtag angesetzten Passivposten abzustellen. Weicht dagegen der Übertragungszeitpunkt vom Bilanzstichtag ab, ist laut Entwurf trotzdem der Bilanzstichtag maßgeblich und nicht der tatsächliche Übertragungsstichtag.

> **Hinweis**
>
> Laut Entwurf soll diese Verwaltungsauffassung für alle offenen Fälle zur Anwendung kommen. Die bisher in diesem Zusammenhang ergangenen BMF-Schreiben v. 16.12.2005 (BStBl 2005 I S. 1052) und v. 24.6.2011 (BStBl 2011 I S. 627) sollen dagegen aufgehoben werden. Zum Redaktionsschluss (2.12.2016) lag das finale BMF-Schreiben noch nicht vor.

2.3.6 Herstellungskostenuntergrenze in der Steuerbilanz

Mit der durch das Gesetz zur Modernisierung des Besteuerungsverfahrens (StModG) v. 18.7.2016 (BGBl 2016 I S. 1679) neu aufgenommenen Regelung des § 6 Abs. 1 Nr. 1b EStG wurde ein Aktivierungswahlrecht für Herstellungskosten in der Steuerbilanz aufgenommen. Danach müssen angemessene Teile der Kosten der allgemeinen Verwaltung sowie angemessene Aufwendungen für soziale Einrichtungen des Betriebs, für freiwillige soziale Leistungen und für die betriebliche Altersversorgung i. S. des § 255 Abs. 2 Satz 3 HGB nicht in die Berechnung der steuerlichen Herstellungskosten einbezogen werden.

> **Hinweis**
>
> Das steuerliche Wahlrecht ist in Übereinstimmung mit der Handelsbilanz auszuüben.

Die Neuregelung beendet damit eine Diskussion, die nach Einführung der Einkommensteuer-Änderungsrichtlinien 2012 (EStÄR 2012) geführt wurde. Die EStÄR 2012 hatten einen verpflichtenden Einbezug handelsrechtlicher Wahlbestandteile i. S. des § 255 Abs. 2 Satz 3 HGB in die steuerliche Herstellungskostenermittlung vorgesehen. Durch ein flankierendes BMF-Schreiben v. 25.3.2013 hatte die Finanzverwaltung jedoch den ursprünglichen Status quo bewahrt und die in den EStÄR 2012 vorgesehene Änderung neutralisiert. Mit der Neuregelung ist nun ein **verpflichtender Einbezug handelsrechtlicher Wahlbestandteile** i. S. des § 255 Abs. 2 Satz 3 HGB in die steuerliche Herstellungskostenermittlung **obsolet**. Das nun gesetzlich verankerte Wahlrecht stellt damit die Beibehaltung der bisherigen Bilanzierungspraxis sicher.

> **Hinweis**
>
> Die Neuregelung des § 6 Abs. 1 Nr. 1b EStG kann auch bereits für Wirtschaftsjahre angewendet werden, die vor dem 23.7.2016 enden (§ 52 Abs. 12 EStG n.F.).

2.3.7 Steuerliche Bilanzierung einer Zinsrückstellung aus progressiver Darlehensverzinsung

Der BFH hat seine Rechtsprechung zur zeitraumbezogenen Abgrenzung von Zinszahlungsverpflichtungen ergänzt. Ihm lag dabei ein Fall zur Entscheidung vor, in dem die Beteiligten mit der Laufzeit ansteigende Zinssätze für eine Kapitalüberlassung mit fester Vertragslaufzeit und ohne ordentliche Kündigungsmöglichkeit vereinbart hatten. Der BFH nahm dabei für die zeitliche Zuordnung der Zinsaufwendungen eine wirtschaftliche **Gesamtbetrachtung des Vertrags** vor (BFH, Urteil v. 25.5.2016, I R 17/15). So begründet eine im Vergleich zur Durchschnittsverzinsung anfänglich niedrigere nominelle Verzinsung einen **Erfüllungsrückstand** für eine Zinsverpflichtung, die steuerbilanziell zu **passivieren** ist. Das für (gewisse und ungewisse) Verbindlichkeiten aus schwebenden Geschäften bestehende Passivierungsverbot ist insoweit durchbrochen, weil das Gleichgewicht der Vertragsbeziehungen durch den Erfüllungsrückstand eines Vertragspartners „gestört" ist. Dem steht auch nicht entgegen, dass die später höheren Zinsverpflichtungen aus der Hochzinsphase am Bilanzstichtag noch nicht fällig waren.

> **Hinweis**
>
> Die Zinsverpflichtung tritt zivil- und steuerrechtlich selbstständig neben die Rückzahlungsverpflichtung des überlassenen Kapitals. Sie ist nach allgemeinen Grundsätzen abzuzinsen, weil sie weder kurzfristig noch selbst verzinslich ist.

2.3.8 Öffentliche Zuschüsse für geleaste Fahrzeuge

Als Zuschuss werden Zahlungen von fremden Dritten angesehen, die zur Förderung eines in seinem Interesse liegenden Zwecks an ein Unternehmen gewährt werden und denen keine Gegenleistung des Empfängers gegenübersteht (vgl. R 6.5 Abs. 1 EStR). Steuerlich wird zwischen Investitionszuschüssen und Ertrags- oder Aufwandszuschüssen unterschieden.

Das FG Münster hatte in seinem Urteil vom 15.12.2015 (10 K 516/14) zu entscheiden, ob **öffentliche Zuschüsse für das Leasing eines Wirtschaftsguts** ertragsteuerlich als Investitionszuschuss oder als Ertrags- oder Aufwandszuschuss zu behandeln sind. Konkret wurde ein öffentlicher, nicht rückzahlbarer Investitionszuschuss für die Anschaffung oder die Gebrauchsüberlassung von mehreren emissionsarmen Fahrzeugen gewährt. Für die Fahrzeuge wurde ein Leasingvertrag abgeschlossen, bei dem das wirtschaftliche Eigentum unstreitig beim Leasinggeber lag.

Laut FG Münster war die Bildung eines **passiven Rechnungsabgrenzungspostens** zulässig, da der Zuschuss nicht für die Anschaffung oder Herstellung eines Wirtschaftsguts gewährt wurde, sondern für das Gebrauchsüberlassungsverhältnis. Leasing sei ein Dauerschuldverhältnis, welches gerade nicht auf die einmalige Verschaffung des Eigentums gerichtet ist, sondern in einer zeitraumbezogenen Gebrauchsüberlassung an den Wirtschaftsgütern gegen Zahlung der entsprechenden Leasingraten besteht.

> **Hinweis**
>
> Außerdem entschied das FG Münster, dass der passive Rechnungsabgrenzungsposten nicht über die betriebsgewöhnliche Nutzungsdauer des Wirtschaftsguts oder die Laufzeit des Leasingvertrags verteilt aufzulösen sei, sondern über die im Förderbescheid geregelte **Dauer des Zweckbindungszeitraums**.

2.3.9 Darstellung von Arbeitszeitkonten

Für Arbeitszeitkonten – ebenso wie für Zusagen der betrieblichen Altersvorsorge – kann sich eine **Absicherung durch Fonds- oder Wertpapieranteile** anbieten. Die OFD Frankfurt am Main hat sich aktuell zur bilanziellen Zuordnung der (ausgelagerten) Wertpapiere geäußert, wenn ein externer Vermögensverwalter zum Einsatz kommt (OFD Frankfurt am Main, Verfügung v. 9.3.2016, S 2137 A – 57 – St 210).

Schließt der Arbeitgeber über das (Wertpapier-)Vermögen eine Treuhandvereinbarung mit einem externen Vermögensverwalter ab, hat grundsätzlich der Arbeitgeber als Treugeber die ausgelagerten Vermögenswerte weiterhin zu bilanzieren (§ 39 Abs. 2 Nr. 1 Satz 2 AO). Die OFD Frankfurt am Main hat die allgemeinen Kriterien für die **Zuordnung zum Treugeber** nun anhand der Besonderheiten von ausgelagerten Vermögenswerten zur Sicherung von Arbeitskontenmodellen oder Zusagen der betrieblichen Altersvorsorge ausgelegt. Bedingung für eine Aktivierung beim Arbeitgeber (Treugeber) soll u. a. sein, dass die Geldanlage beim Vermögensverwalter nach den Richtlinien und auf Rechnung des Arbeitgebers erfolgt und die wirtschaftlichen Entwicklungen der Vermögensanlage den Arbeitgeber endgültig treffen.

Hinweis

Ein entsprechendes BMF-Schreiben mit diesen Grundsätzen will die Finanzverwaltung nach Abschluss der Erörterungen auf Bund-/Länderebene veröffentlichen. Zum Zeitpunkt des Redaktionsschlusses lag ein BMF-Schreiben noch nicht vor.

Hinsichtlich der Bewertung von **Rückstellungen für Zeitwertkonten** gibt die OFD Frankfurt am Main bekannt, dass nach Beschluss der obersten Finanzbehörden des Bundes und der Länder eine Abzinsung unterbleibt, sofern die Zeitwertkonten unter Ausschluss der Rückführung durch einen Dritten geführt werden.

Des Weiteren haben sich die obersten Finanzbehörden laut der OFD-Verfügung darauf verständigt, dass für wertpapiergebundene Zeitwertkonten steuerrechtlich keine Bewertungseinheit gebildet werden kann. Eine handelsrechtliche Saldierung nach § 246 Abs. 2 HGB begründet nach Verwaltungsauffassung für sich genommen keine Bewertungseinheit. Zudem ist die steuerliche Berücksichtigung einer Bewertungseinheit an die zwingende Erfüllung der gesetzlichen Voraussetzungen des § 5 Abs. 1a EStG gekoppelt, was in diesen Fällen nicht gegeben sein dürfte.

> **Hinweis**
>
> Bereits in einer Antwort auf eine Verbandsanfrage hat das BMF die Auffassung geäußert, dass Rückstellungen wegen der Verpflichtung aus Zeitwertkonten nicht abzuzinsen sind, wenn die Zeitwertkonten unter Ausschluss der Rückführung durch einen Dritten geführt werden (Schreiben des BMF v. 12.1.2016).

2.3.10 Aufhebung des Schreibens zur Gewinnrealisierung bei Abschlagszahlungen

Mit Schreiben v. 15.3.2016 (BStBl 2016 I S. 279) hat die Finanzverwaltung ihr BMF-Schreiben v. 29.6.2015 (BStBl 2015 I S. 542) zur Gewinnrealisierung bei Abschlagszahlungen für **Werkleistungen** offiziell aufgehoben. Der Anwendungsbereich der Gewinnrealisierungsgrundsätze aus dem BFH-Urteil v. 14.5.2014 (VIII R 25/11) wird auf Abschlagszahlungen nach § 8 Abs. 2 HOAI a. F. begrenzt. Eine Gewinnrealisierung bei Abschlagszahlungen ist demnach nur noch vorzunehmen bei Leistungen, die bis zum 17.8.2009 vertraglich vereinbart wurden.

> **Hinweis**
>
> Das bedeutet, dass Abschlagszahlungen für Werkverträge nach § 632a BGB und HOAI n. F. nicht mehr betroffen sind, was insbesondere für viele Anlagenbauer und Bauunternehmen eine Erleichterung darstellt.

2.3.11 Gebäude auf fremdem Grund und Boden

Errichtet ein Unternehmer ein Gebäude zu betrieblichen Zwecken, zeigt er die dafür aufgewendeten Herstellungskosten als materielles Wirtschaftsgut in seiner Bilanz und nimmt Abschreibungen über die betriebsgewöhnliche Nutzungsdauer vor. Für Abgrenzungsschwierigkeiten sorgen jedoch Fälle, in denen das zur Bebauung verwendete Grundstück nicht oder nur teilweise dem Unternehmer gehört.

Bei der Beurteilung von auf fremden Grund und Boden errichteten Gebäuden änderte der BFH seine Sichtweise. Konkret errichtete ein Unternehmer (V) ein betrieblich genutztes Gebäude auf einem auch im Miteigentum seiner Ehefrau (M) stehenden Grundstück. Das Grundstück wurde unentgeltlich auf den Sohn (S) übertragen, der das Unternehmen des V (mit Grundstück und Gebäude) fortführte. Laut BFH wurde M dem Zivilrecht folgend auch für steuerliche Zwecke Miteigentümerin am errichteten Gebäude, deren Anteil daher ihrem **Privatvermögen** zuzuordnen war. Bei V war zur Verteilung des betrieblich bedingten Aufwands ein Bilanzposten eigener Art zu bilden. Damit konnte S die Einlage des der M gehörenden Gebäudeteils mit dem **höheren Teilwert** (und nicht dem fast gänzlich abgeschriebenen Buchwert) ansetzen, auf den S in der Folge („doppelte") AfA vornehmen konnte (BFH, Urteil v. 9.3.2016, X R 46/14, BFH/NV 2016 S. 970).

Hinweis

Die neue Sichtweise des BFH führt u. a. dazu, dass in dem **Bilanzposten eigener Art** keine stillen Reserven entstehen bzw. gezielt gebildet werden können (§ 6b EStG; Sonderabschreibungen; verkürzte Abschreibungsdauer).

2.3.12 Bebauungsrecht eines Grundstücks ist kein Wirtschaftsgut

Der Begriff des Wirtschaftsguts ist im Steuerrecht weit gefasst. Ein Grundstück im zivilrechtlichen Sinne kann dabei mehrere steuerliche Wirtschaftsgüter umfassen (z. B. Grund und Boden, Gebäude, bestimmte Bodenschätze). Nach Auffassung des BFH ist ein standortbezogener Verwaltungsakt, der die Nutzungsmöglichkeit eines Grundstücks verbessert, nicht als eigenständiges (immaterielles) Wirtschaftsgut anzusehen (BFH, Urteil v. 10.3.2016, IV R 41/13). Der BFH hatte deshalb die baurechtliche Erlaubnis, ein Grundstück mit einem Windpark zu bebauen, als wertbildenden Faktor des Grundstücks eingestuft, der untrennbar mit dem Grund und Boden verbunden ist.

Hinweis

Der BFH hat eine aus dem Eintritt einer aufschiebenden Bedingung herrührende Kaufpreiserhöhung daher dem Grundstück zugerechnet, so dass eine rückwirkende Bildung einer Rücklage nach § 6c i. V. m. § 6b EStG zulässig war.

2.3.13 Förderanspruch als abnutzbares immaterielles Wirtschaftsgut

Nach Auffassung des BFH können entgeltlich erworbene Zahlungsansprüche abnutzbare immaterielle Wirtschaftsgüter sein. In der steuerlichen Folge können daher AfA-Beträge in Abhängigkeit von der betriebsgewöhnlichen Nutzungsdauer des betreffenden Wirtschaftsguts in Anspruch genommen werden. Der steuerliche Begriff des Wirtschaftsguts umfasse allgemein auch **entgeltlich erworbene Vorteile** für den Betrieb, die für einen potenziellen Betriebserwerber einen eigenständigen Wert haben (BFH, Urteil v. 21.10.2015, IV R 6/12, BFH/NV 2016 S. 802).

Im konkreten Fall handelte es sich um landwirtschaftliche Zahlungsansprüche aus der auf EU-Ebene beschlossenen Reform der Gemeinsamen Agrarpolitik (GAP-Reform 2003). Aufgrund der fehlenden zeitlichen Befristung der EU-Verordnung zu den prämienrechtlichen Regelungen lehnt die Finanzverwaltung eine Abschreibung nach § 7 Abs. 1 EStG auf entgeltlich erworbene Zahlungsansprüche ab.

Der BFH widerspricht damit der Auffassung der Finanzverwaltung im BMF-Schreiben v. 25.6.2008 (BStBl 2008 I S. 682). Die Finanzverwaltung hatte darin unter Verweis auf das BFH-Urteil v. 4.12.1991 (I R 148/90, BStBl 1992 II S. 383) zu Güterverkehrsgenehmigungen eine lineare Abschreibung abgelehnt.

Hinweis

Bei entsprechender Sachverhaltslage dürften die Ausführungen des BFH auch auf andere entgeltlich erworbene Ansprüche aus Fördermaßnahmen (z. B. EU-Mittel), Zuschüssen oder Subventionen übertragbar sein.

2.3.14 Keine Sperrung der Bilanzberichtigung durch Realteilung

Nach Auffassung des BFH darf eine fehlerhafte Ergänzungsbilanz auch noch berichtigt werden, nachdem das darin erfasste Wirtschaftsgut per Realteilung auf eine neue Personengesellschaft übergegangen ist (BFH, Urteil v. 20.10.2015, VIII R 33/13, BStBl 2016 II S. 596).

Konkret ging es um den **Mandantenstamm einer GbR**, der anlässlich des Eintritts eines weiteren Gesellschafters in der Gesamthandsbilanz auf den Teilwert aufgestockt worden war. Die Altgesellschafter hatten eine gemeinsame negative Ergänzungsbilanz gebildet, um die Wertveränderung auf der Ebene ihrer persönlichen

Gewinnermittlung zu neutralisieren. In der Gesamthandsbilanz wurde dieser Mandantenstamm schrittweise abgeschrieben (abnutzbares immaterielles Wirtschaftsgut), eine gegenläufige Zuschreibung in der Ergänzungsbilanz unterblieb jedoch teilweise. Den Altgesellschaftern wurde somit im Ergebnis überhöhtes Abschreibungspotenzial zugewiesen. Dieser Fehler wurde erst nach Ablauf des Abschreibungszeitraums bemerkt, nachdem die GbR im Wege der Realteilung unter Fortführung der negativen Ergänzungsbilanz auf zwei neue Gesellschaften übergegangen war und ein Gesellschafter seinen Geschäftsanteil veräußerte.

Laut BFH war die gewinnerhöhende Auflösung der negativen Ergänzungsbilanz in der ersten offenen Veranlagung der Realteiler vorzunehmen. Der daraus resultierende Ertrag war als Teil des laufenden Gewinns und nicht wie vom Kläger gefordert als Veräußerungsgewinn zu erfassen. Laut BFH gelten auch im Fall einer Realteilung die Grundsätze des formellen Bilanzzusammenhangs.

> **Hinweis**
>
> Offen ließ der BFH, ob es einen Unterschied gemacht hätte, wenn die Realteiler nicht wie im Urteilsfall Personengesellschaften, sondern Einzelunternehmen gewesen wären.

2.3.15 Aufstockung des Investitionsabzugsbetrags

Steuerpflichtige können für eine künftige Anschaffung oder Herstellung eines abnutzbaren beweglichen Wirtschaftsguts des Anlagevermögens bei Vorliegen der entsprechenden Voraussetzungen bis zu 40 % der voraussichtlichen Anschaffungs- oder Herstellungskosten gewinnmindernd geltend machen (§ 7g EStG).

Bislang war die **gestreckte Bildung eines Investitionsabzugsbetrags** für ein Wirtschaftsgut nach Auffassung der Finanzverwaltung nicht möglich. Eine nachträgliche Korrektur wurde nur in Fällen zugelassen, in denen sich die Anschaffungskosten des anzuschaffenden Wirtschaftsguts nachträglich erhöhten. Allerdings war auch in diesen Fällen eine Änderung im Jahr der ursprünglichen Bildung des Investitionsabzugsbetrags nötig und setzte deshalb die verfahrensrechtliche Änderbarkeit dieses Jahres voraus. Gerade bei kleinen Betrieben ist dies nicht immer gewährleistet, insbesondere wenn die Steuerveranlagung nicht unter Vorbehalt der Nachprüfung stand. Eine Aufstockung war darüber hinaus nicht möglich, wenn die

Höchstgrenze für den Investitionsabzugsbetrag im Jahr der erstmaligen Bildung bereits ausgeschöpft war (BMF, Schreiben v. 20.11.2013, BStBl 2013 I S. 1493).

Dieser restriktiven Auslegung der Regelungen des § 7g Abs. 1 bis 4 EStG i. d. F. des UntStRefG 2008 widersprach der BFH im Urteil v. 12.11.2014 (X R 4/13, BStBl 2016 II S. 38). Die Finanzverwaltung hat sich nun den Ausführungen des BFH angeschlossen und ihre Auffassung geändert (BMF, Schreiben v. 15.1.2016, BStBl 2016 I S. 83).

Hinweis

Das BMF weist dabei u. a. darauf hin, dass sich die dreijährige Investitionsfrist nicht durch **nachträgliche sukzessive Aufstockungen** des Investitionsabzugsbetrags erhöht. Durch das StÄndG 2015 wurden die Voraussetzungen des § 7g EStG neu gefasst.

2.3.16 Buchführungspflicht ausländischer (Immobilien-)Kapitalgesellschaften

Per Gesetzesfiktion gelten in Deutschland erzielte Vermietungseinkünfte einer ausländischen Kapitalgesellschaft als gewerbliche Einkünfte (§ 49 Abs. 1 Nr. 2 Buchst. f Satz 2 EStG). Daraus leitet die Finanzverwaltung regelmäßig eine Buchführungspflicht nach § 141 AO für diese beschränkt steuerpflichtigen inländischen Einkünfte ab (s. BMF, Schreiben v. 16.5.2011, BStBl 2011 I S. 530).

Für den BFH ist es dagegen in einem Verfahren des vorläufigen Rechtsschutzes ernstlich zweifelhaft, ob eine ausländische Immobilien-Kapitalgesellschaft (im Streitfall eine Aktiengesellschaft liechtensteinischen Rechts) zu den gewerblichen Unternehmen i. S. v. § 141 AO gehört und in der Folge buchführungspflichtig ist, da diese Vorschrift an das Vorliegen eines tatsächlichen (Gewerbe-)Betriebs und an eine Einkunftserzielung durch ein gewerbliches Unternehmen anknüpft (BFH, Beschluss v. 15.10.2015, I B 93/15, BStBl 2016 II S. 66).

Hinweis

Der BFH setzte den Verwaltungsakt mit der Mitteilung des Finanzamts über den Beginn der Buchführungspflicht bis zum Abschluss des finanzgerichtlichen Hauptsacheverfahrens aus. Es müsse zuerst geklärt werden, ob sich die für die Besteuerung erforderliche Pflicht zur Führung von Büchern und Aufzeichnungen bereits aus liechtensteinischem Recht ergebe.

2.4 Gewerbesteuer

2.4.1 Beginn der Gewerbesteuerpflicht

Jeder für den Beginn der sachlichen Gewerbesteuerpflicht maßgebende stehende Gewerbebetrieb erfordert die **Aufnahme einer werbenden Tätigkeit** (§ 2 Abs. 1 Satz 1 GewStG). Hinsichtlich der weiteren Voraussetzungen differenziert der BFH zwischen originärer (§ 15 Abs. 2 EStG) und fiktiver (§ 15 Abs. 3 Nr. 2 EStG) Gewerblichkeit (BFH, Urteil v. 12.5.2016, IV R 1/13, BFH/NV 2016 S. 1779). Bei einer fiktiven Gewerblichkeit aufgrund der **gewerblichen Prägung** genügt die Aufnahme der vermögensverwaltenden Tätigkeit für den Beginn der Gewerbesteuerpflicht. Wird ein Betrieb hingegen originär gewerblich tätig, muss zusätzlich eine **Teilnahme am** allgemeinen **wirtschaftlichen Verkehr** gegeben sein.

Im zu entscheidenden Fall hatte ein Dachfonds in der Form einer Ober-KG Anlegergelder eingeworben, um sie anschließend in mehreren Unter-KGs anzulegen, die jeweils ein Schiff erwerben und verchartern sollten. Einige Gründungskommanditisten vermittelten der Ober-KG weitere Investoren und erhielten dafür eine Provision. Bereits erhaltene Kommanditeinlagen legte die Ober-KG überbrückungsweise als Termingeld an und erzielte daraus Zinseinnahmen.

Die Gewerbesteuerpflicht der Ober-KG, welche entsprechend ihrem Gesellschaftszweck originär gewerbliche Einkünfte erzielte, wird in diesem Fall erst in dem Moment begründet, in dem die erste der Untergesellschaften ihren Gewerbebetrieb aufnimmt, mithin durch Auslieferung ihres Schiffs seitens der Werft. Die Anlage von Termingeldern blieb hingegen als bloße Vorbereitungsmaßnahme ohne rechtliche Folgen für die Frage der Gewerbesteuerpflicht.

> **Hinweis**
>
> Die Klägerin war im vorliegenden Fall an einem möglichst späten Beginn der Gewerbesteuerpflicht interessiert. Die Interessenlage kann sich aber auch umgekehrt darstellen, z. B. in Fällen, in denen die Nutzung von Anlaufverlusten einen möglichst frühen Beginn der Gewerbesteuerpflicht wünschenswert macht.

2.4.2 Vermietung eines Einkaufszentrums

Die **Abgrenzung privater Vermögensverwaltung von einem Gewerbebetrieb** ist nach der BFH-Rechtsprechung anhand einer Würdigung des Gesamtbilds der Verhältnisse unter Berücksichtigung der Verkehrsanschauung zu treffen. Ob eine **Nebenleistung** des Vermieters die Vermietungseinkünfte **gewerblich infiziert**, hängt dabei regelmäßig auch vom Vermietungsobjekt ab.

In seinem Urteil vom 14.7.2016 (IV R 34/13) hatte der BFH Leistungen im Zusammenhang mit der Vermietung eines Einkaufszentrums zu beurteilen. Für das durch eine GmbH & Co. KG vermietete Einkaufszentrum (Vermietungsfläche 30.000 qm) sah der BFH die Bereitstellung der für ein Einkaufszentrum üblichen **Infrastruktureinrichtungen** (inkl. Instandhaltung, Reinigung und Bewachung des Einkaufszentrums nebst Parkhauses sowie Center Manager) durch eine **Verwaltungs-GmbH** für die Annahme einer Vermögensverwaltung als unschädlich an. Neben diesen typischen Infrastruktureinrichtungen gehörten laut BFH aber auch Werbe- und verkaufsfördernde Maßnahmen zu den für die Vermietung eines Einkaufszentrums üblichen Sonderleistungen.

Hinweis

Entscheidend war für den BFH, dass das gesamte Einkaufszentrum **händlerübergreifend beworben** wurde. Die Werbeleistungen lagen damit im überwiegenden Interesse des Vermieters. Sie fielen neben der Vermietung nicht so stark ins Gewicht, um der Vermietungstätigkeit ein anderes Gepräge geben zu können. Die Tätigkeit der Vermietungs-KG war im konkreten Fall nicht gewerblich geprägt. Auch verneinte der BFH bereits mangels personeller Verflechtung eine Betriebsaufspaltung zu der die Nebenleistungen erbringenden Verwaltungs-GmbH.

2.4.3 Unzulässige Vorlage zur gewerbesteuerlichen Hinzurechnung

Das BVerfG hat die Vorlage des FG Hamburg aus dem Jahr 2012 zur Prüfung der Verfassungsmäßigkeit der gewerbesteuerlichen Hinzurechnung von Zinsen, Mieten und Pachten (§ 8 Nr. 1 Buchst. a, d, und e GewStG) als unzulässig zurückgewiesen (BVerfG, Beschluss v. 15.2.2016, 1 BvL 8/12). Nach Meinung des BVerfG hat das FG Hamburg seine Vorlage nicht hinreichend begründet. Ebenfalls nicht zur Entscheidung angenommen wurde eine gegen das BFH-Urteil v. 4.6.2014 (I R 70/12) eingelegte Verfassungsbeschwerde hinsichtlich Mieten und Pachten für Immobilien (BVerfG, Beschluss v. 26.2.2016, 1 BvR 2836/14).

> **Hinweis**
>
> Abzuwarten bleibt, ob das BVerfG eine weitere Möglichkeit zur Prüfung der Verfassungsmäßigkeit der Normen des § 8 Nr. 1 GewStG erhält, z. B. durch eine neue Vorlage durch Finanzgerichte oder den BFH. Anders als der I. BFH-Senat hat der IV. BFH-Senat die Vorlage des FG Hamburg zumindest nicht für aussichtslos gehalten und bei ihm anhängige Revisionsverfahren unter Verweis auf das BVerfG-Verfahren 1 BvL 8/12 ausgesetzt (BFH, Beschlüsse v. 1.8.2012, IV R 55/11, v. 12.7.2012, IV R 55/10, und v. 26.8.2013, IV R 24/11).

Die Finanzverwaltung versieht die Festsetzungen des Gewerbesteuermessbetrags gem. § 165 Abs. 1 Satz 2 Nr. 3 AO hinsichtlich der Verfassungsmäßigkeit der Hinzurechnungen zum Gewerbeertrag nach § 8 Nr. 1 Buchst. a, d, e und f GewStG vorläufig (Gemeinsamer Ländererlass v. 28.10.2016), vgl. Kapitel Rückblick Tz. 2.4.10.

> **Hinweis**
>
> Im Vergleich zum bisherigen – jetzt durch den neuen Erlass ersetzten – Ländererlass v. 25.4.2013 wurde zusätzlich die Hinzurechnungsvorschrift nach § 8 Nr. 1 f GewStG unter Vorläufigkeit gestellt.

2.4.4 Negative gewerbesteuerliche Hinzurechnung

Der BFH führt seine Rechtsprechung aus dem Jahr 2015 fort, nach der ein **Hinzurechnungsbetrag** i. S. des § 8 Nr. 1 GewStG auch **negativ** sein kann und grundsätzlich auch negativ hinzuzurechnen ist. Er hat nun geklärt, dass der Freibetrag des § 8 Nr. 1 GewStG i. H. v. 100.000 EUR nicht spiegelbildlich auf negative Hinzurechnungsfälle zu übertragen ist (BFH, Urteil v. 28.1.2016, I R 15/15, BFH/NV 2016 S. 1110).

Beträgt daher die negative Summe der Einzelhinzurechnungsbeträge zwischen 1 EUR und 100.000 EUR (im konkreten Fall war die Summe neben Mieten und Zinsen aufgrund der **Verlustübernahme** eines stillen Gesellschafters negativ geworden), sind 25 % dieser Summe dem Gewinn aus Gewerbebetrieb (negativ) hinzuzurechnen, so dass sich der Gewerbesteuermessbetrag verringert.

> **Hinweis**
>
> Bereits in 2015 hatte der BFH entschieden, dass ein Hinzurechnungsbetrag i. S. des § 8 Nr. 1 GewStG auch negativ sein kann und grundsätzlich auch negativ hinzuzurechnen ist (BFH, Urteil v. 1.10.2015, I R 4/14). Im damaligen Urteil war offen geblieben, ob der Freibetrag des § 8 Nr. 1 GewStG i. H. v. 100.000 EUR spiegelbildlich auf negative Hinzurechnungsfälle zu übertragen ist. Nun hat der BFH auch diese Frage entschieden.

2.4.5 Schachteldividenden im gewerbesteuerlichen Organkreis

Die Finanzverwaltung hat das BFH-Urteil aus dem Jahr 2014, wonach von einer Organgesellschaft bezogene Schachteldividenden i. S. des § 9 Nr. 7 Satz 1 GewStG nicht nur in Höhe von 95 %, sondern in voller Höhe gewerbesteuerfrei vereinnahmt werden können, im Bundessteuerblatt veröffentlicht (s. BStBl 2015 II S. 1052) und wendet es damit über den entschiedenen Einzelfall hinaus auf alle noch offenen Fälle an.

Entgegen der bis dato geltenden Auffassung der Finanzverwaltung ist nach Meinung des BFH für gewerbesteuerliche Zwecke weder bei der Organgesellschaft noch beim Organträger eine Hinzurechnung 5 % fiktiver nicht abzugsfähiger Betriebsausgaben (§ 8b Abs. 5 KStG) vorzunehmen (BFH, Urteil v. 17.12.2014, I R 39/14, BStBl 2015 II S. 1052).

Um die gewerbesteuerliche Besserstellung der Schachteldividenden gegenüber Nicht-Organschaftsfällen künftig zu vermeiden, wird mit dem CbCR-Umsetzungsgesetz eine Sonderregelung in § 7a GewStG aufgenommen. Vgl. dazu Kapitel Ausblick Tz. 2.1.1.

> **Hinweis**
>
> In einer Verfügung v. 17.2.2016 hat die OFD Karlsruhe ihre Auffassung über die Vorgehensweise für den Fall dargelegt, dass bei der Organgesellschaft Aufwendungen in unmittelbarem Zusammenhang mit den Beteiligungserträgen vorliegen, so etwa bei **Aufnahme eines Darlehens** für den **Erwerb der Beteiligung**. Hiernach mindern die Finanzierungsaufwendungen auf Ebene der Organgesellschaft den gewerbesteuerlichen Kürzungsbetrag (§ 9 Nr. 2a Satz 3 bzw. Nr. 7 Satz 2 GewStG). Nach Auffassung der OFD Karlsruhe ist in Höhe dieser Minderung die Gewinnausschüttung noch im Gewerbeertrag der Organgesellschaft auf Ebene des Organträgers enthalten. Demzufolge wendet die OFD auf Ebene des Organträgers insoweit § 8b Abs. 1 i. V. m. Abs. 5 KStG an, d. h. sie nimmt eine entsprechende Kürzung auf Ebene des Organträgers unter gleichzeitiger Hinzurechnung von 5 % nicht abziehbarer Betriebsausgaben vor. Im Ergebnis bleibt die Gewinnausschüttung danach, je nach Höhe der Finanzierungsaufwendungen der Organgesellschaft, zwischen 95 % und 100 % gewerbesteuerfrei.

2.4.6 Gewerbesteuerliche Behandlung der AStG-Hinzurechnungsbeträge

Passive Einkünfte, die einem inländischen Unternehmen als Gesellschafter einer ausländischen Zwischengesellschaft nach § 10 Abs. 1 Satz 1 AStG hinzuzurechnen sind, sind zunächst Bestandteil des Gewerbetrags nach § 7 GewStG. Nach Auffassung des BFH greift für diese Hinzurechnungsbeträge die Kürzungsnorm des § 9 Nr. 3 Satz 1 GewStG (Kürzung um die auf eine nicht im Inland belegene Betriebsstätte entfallenden Gewerbeerträge). Im Ergebnis bleiben nach Auffassung des BFH diese Hinzurechnungsbeträge damit gewerbesteuerfrei (BFH, Urteil v. 11.3.2015, I R 10/14, BStBl 2015 II S. 1049).

Die Finanzverwaltung reagierte auf das für den Steuerpflichtigen positive BFH-Urteil mit einem **Nichtanwendungserlass** und wendet die Grundsätze des Urteils damit nicht über den entschiedenen Einzelfall hinaus an (s. gleich lautende Erlasse der Obersten Finanzbehörden der Länder v. 14.12.2015). Sie bleibt bei ihrer Auffassung, dass in solchen Fällen der Anwendungsbereich der **Kürzungsnorm** des § 9 Nr. 3 Satz 1 GewStG **nicht eröffnet** ist.

> **Hinweis**
>
> Mit dem **CbCR-Umsetzungsgesetz** reagiert der Gesetzgeber ebenfalls auf das BFH-Urteil; s. hierzu Kapitel Ausblick Tz. 2.1.2.

2.4.7 Auslegung des Begriffs der Betriebsstätte

Der Gewerbeertrag ist zu kürzen, soweit er auf eine **nicht im Inland belegene Betriebsstätte** entfällt. D. h. die Inanspruchnahme der gewerbesteuerlichen Kürzung nach § 9 Nr. 3 GewStG setzt das Bestehen einer nicht im Inland belegenen Betriebsstätte voraus. Wie der Begriff „Betriebsstätte" bestimmt wird – nach Art. 5 OECD-MA oder nach § 12 AO – ist immer wieder strittig.

Nach Auffassung des BFH bestimmt sich der Betriebsstättenbegriff bei § 9 Nr. 3 GewStG nach deutschem Steuerrecht und die **abkommensrechtliche Auslegung tritt** insoweit **zurück** (BFH, Urteil v. 20.7.2016, I R 50/15, BFH/NV 2016 S. 1769). Hierzu führt der BFH aus, dass der Betriebsstättenbegriff im DBA nicht den nationalen Betriebsstättenbegriff nach § 12 AO – sei es als lex specialis oder als möglicherweise vorrangige völkerrechtliche Vereinbarung i. S. des § 2 Abs. 1 AO – verdrängt. Nach ständiger BFH-Rechtsprechung legen die Abkommen zur Vermeidung der Doppelbesteuerung lediglich fest, in welchem Umfang die nach innerstaatlichem Recht bestehende Steuerpflicht entfallen kann. Die Betriebsstättendefinition lt. DBA ist daher nur im Rahmen des DBA anwendbar.

Es kann somit zu einer **gewerbesteuerlichen Kürzung** nach § 9 Nr. 3 GewStG kommen, wenn die Voraussetzungen für eine ausländische Betriebsstätte i. S. des § 12 AO gegeben sind, ohne jedoch unter die abkommensrechtliche Betriebsstättendefinition eines konkreten DBA zu fallen. Im Streitfall ist das im deutschen DBA mit der Türkei u. a. bei Ein- und Verkaufsstellen, Warenlager, Informationsbeschaffungsstellen und Bauausführungen oder Montagen mit einer Dauer von mehr als 6 und weniger als 12 Monaten der Fall.

> **Hinweis**
>
> Der BFH widerspricht mit seinem Urteil der Verwaltungsauffassung, wonach eine abkommensrechtliche Betriebsstättenauslegung der Abgrenzung nach § 12 AO vorgehen sollte (s. § 12 Tz. 4 AEAO). Für den Vorrang der Betriebsstättenabgrenzung nach innerstaatlichem Recht, ungeachtet einer abkommensrechtlichen Betriebsstättenabgrenzung, hatte sich bereits eine Verfügung der OFD Karlsruhe v. 16.9.2014 ausgesprochen. Darin ging es um die Nicht-Anerkennung einer ausländischen (Dienstleistungs-)Betriebsstätte nach dem – im Vergleich zu § 12 AO – weiteren Betriebsstättenbegriff im OECD Musterabkommen.

2.4.8 Negative Einlagezinsen

Gewerbesteuerlich kommt nach Auffassung der Finanzverwaltung keine **Hinzurechnung** der von einem gewerblichen Unternehmen an ein Geld- oder Kreditinstitut entrichteten negativen Einlagezinsen in Betracht. Bei den negativen Einlagezinsen handelt es sich vielmehr um eine Art Verwahr- oder Einlagegebühr. Sie erfüllen nicht die Voraussetzungen des § 8 Nr. 1 Buchst. a GewStG (Gleichlautende Ländererlasse v. 17.11.2015, BStBl 2015 I S. 896).

> **Hinweis**
>
> Bei den Einkünften aus Kapitalvermögen sind die negativen Einlagezinsen nach Auffassung der Finanzverwaltung als Werbungskosten vom Sparer-Pauschbetrag erfasst. Sie stellen keine Zinsen i. S. des § 20 Abs. 1 Nr. 7 EStG dar (BMF, Schreiben v. 27.5.2015, V C 1 – S 2210/15/10001 :002/IV C 1 – S 2252/10/10006 :007), vgl. Kapitel Rückblick Tz. 6.2.

2.4.9 Auslegung des eigenen Grundbesitzes bei der erweiterten Grundstückskürzung

Bei Unternehmen, die ausschließlich eigenen Grundbesitz verwalten, ist der Gewinn aus Gewerbebetrieb um den Teil des Gewerbeertrags zu kürzen, der auf die Verwaltung und Nutzung des eigenen Grundbesitzes entfällt (§ 9 Nr. 1 Satz 2 GewStG).

> **Hinweis**
>
> Mit der **erweiterten Grundstückskürzung des Gewerbeertrags** soll erreicht werden, dass auch Immobiliengesellschaften, die nur kraft ihrer Rechtsform (Kapitalgesellschaften, gewerblich geprägte Personengesellschaften) gewerbesteuerpflichtig sind, bei Vorliegen der Voraussetzungen mit ihren Immobilienerträgen von der Gewerbesteuer befreit sind.

Derzeit ungeklärt und zwischen den BFH-Senaten nicht einheitlich beantwortet ist die Frage, ob eine grundstücksverwaltende und gewerblich geprägte Gesellschaft Anspruch auf die erweiterte Grundstückskürzung nach § 9 Nr. 1 Satz 2 GewStG hat, wenn diese an einer grundstücksverwaltenden, nicht gewerblich geprägten Personengesellschaft beteiligt ist. Dabei ist insbesondere die Auslegung des Tatbestandsmerkmals „eigener Grundbesitz" und die Frage strittig, in wie weit das Halten einer Beteiligung an einer grundstücksverwaltenden Personengesellschaft als „eigener Grundbesitz" angesehen werden kann.

Der IV. Senat des BFH ist der Ansicht, dass es bei der Frage, ob „eigener Grundbesitz" i. S. des § 9 Nr. 1 Satz 2 GewStG vorliegt, nicht auf das zivilrechtliche Eigentum ankommt. Vielmehr sei der Rechtsbegriff nach den ertragsteuerlichen Grundsätzen zu bestimmen (§ 39 Abs. 2 AO). Nach seiner Ansicht ist das **Halten einer Beteiligung keine schädliche Nebentätigkeit** der beteiligten Gesellschaft, die die erweiterte Grundstückskürzung ausschließt. Soweit die Beteiligung im Einzelfall nicht über die Verwaltung des vermittelten anteiligen eigenen Grundbesitzes hinausgeht, kann diese keine schädliche Tätigkeit im Sinne des Gewerbesteuergesetzes sein. Vielmehr verkörpert die gesellschaftsrechtliche Beteiligung aus steuerlicher Sicht die quotale Berechtigung des Gesellschafters an den Wirtschaftsgütern.

Um die Klärung der unterschiedlichen Auffassungen herbeizuführen, hat der IV. BFH-Senat die Frage dem Großen Senat vorgelegt (Vorlagebeschluss v. 21.7.2016, IV R 26/14).

> **Hinweis**
>
> Eine andere Rechtsauffassung vertritt dagegen der I. BFH-Senat (Beschluss v. 19.10.2009, I R 67/09). Ein „eigener Grundbesitz" ist nach dessen Auffassung nur dann gegeben, wenn das Grundstücksunternehmen (auch) zivilrechtlich Eigentümer des Grundbesitzes ist. Ist dies nicht der Fall, soll kein eigener Grundbesitz vorliegen, so dass die gewerbesteuerliche Kürzung nicht greift. Auch das Halten einer Beteiligung, sei es auch an einer grundstücksverwaltenden Gesellschaft, kann als kürzungsschädliche Tätigkeit i. S. der erweiterten Grundstückskürzung angesehen werden, wenn sie – wie im damaligen Streitfall einer Zebragesellschaft – zu gewerblichen Einkünften geführt hat. Nun obliegt dem Großen Senat die insbesondere für die Immobilienbranche wichtige Frage zu klären, ob das Halten von grundstückverwaltenden Gesellschaften als kürzungsschädliche Tätigkeit anzusehen ist.

2.4.10 Nichtabziehbarkeit der Gewerbesteuer als Betriebsausgaben

Mit Beschluss v. 12.7.2016 hat das BVerfG die Verfassungsbeschwerde zur Frage der Rechtmäßigkeit des Verbots, die Gewerbesteuer als Betriebsausgabe abziehen zu können, nicht zur Entscheidung angenommen (BVerfG, Beschluss v. 12.7.2016, 2 BvR 1559/14).

Die obersten Finanzbehörden der Länder haben nun den bisher den Festsetzungen des Gewerbesteuermessbetrags beigefügten **Vorläufigkeitsvermerk** hinsichtlich der Nichtabziehbarkeit der Gewerbesteuer und der darauf entfallenden Nebenleistungen als Betriebsausgaben **aufgehoben**. Zukünftig erfolgt daher hinsichtlich der Nichtabziehbarkeit der Gewerbesteuer die Festsetzung des Gewerbesteuermessbetrags für Erhebungszeiträume ab 2008 endgültig und die diesbezüglich bislang erteilten Vorläufigkeitsvermerke können aufgehoben werden (s. gleichlautende Ländererlasse v. 28.10.2016).

> **Hinweis**
>
> Die für Kapitalgesellschaften bedeutende Frage, ob es mangels Anrechnungsmöglichkeit zu einer Doppelbelastung des Gewinns mit Körperschaft- und Gewerbesteuer kommt, ist weiterhin nicht abschließend geklärt. Wegen des Wegfalls des Vorläufigkeitsvermerks kann die Prüfung der Rechtmäßigkeit des Betriebsausgabenabzugsverbots künftig nur durch **Einspruch** bzw. **Klage** erfolgen.
>
> Der Vorläufigkeitsvermerk hinsichtlich der Hinzurechnungen zum Gewerbeertrag nach § 8 Nr. 1 a, d und e GewStG bleibt dagegen weiter bestehen. Neu aufgenommen wurde eine Vorläufigkeit hinsichtlich § 8 Nr. 1 f GewStG (gleichlautende Ländererlasse v. 28.10.2016). Vgl. Kapitel Rückblick Tz. 2.4.3.

2.5 Umwandlungssteuer

2.5.1 Auswirkungen einer Drittstaatenverschmelzung auf den Anteilseigner

Die Finanzverwaltung änderte die Tz. 13.04 in ihrem UmwStE v. 11.11.2011, die für die Frage von Bedeutung ist, unter welchen Voraussetzungen eine Drittstaatenverschmelzung für einen deutschen Anteilseigner steuerneutral möglich ist.

Dabei stellt sich die Frage, ob die Steuerneutralität der Drittstaatenverschmelzung auf Ebene des Anteilseigners eine beschränkte Steuerpflicht des übertragenden Rechtsträgers voraussetzt. Die bisherige Aussage der Finanzverwaltung in Tz. 13.04 des UmwStE wurde in diesem Zusammenhang unterschiedlich beurteilt. Nach Tz. 13.04 gilt § 13 UmwStG (Möglichkeit des Buchwertansatzes) für die Besteuerung der Anteilseigner entsprechend, wenn das Vermögen eines beschränkt steuerpflichtigen Rechtsträgers durch einen Verschmelzungsvorgang i. S. des § 12 Abs. 2 Satz 1 KStG nach ausländischem Recht auf eine andere Körperschaft übertragen wird. In dieser Textziffer ersetzte die Finanzverwaltung nun die Bezeichnung „beschränkt steuerpflichtigen" durch „nicht unbeschränkt steuerpflichtigen" Rechtsträger (BMF, Schreiben v. 10.11.2016, BStBl 2016 I S. 1252). Die geänderte Textziffer mit der Folge der entsprechenden Anwendung des § 13 UmwStG greift damit nach seinem Wortlaut jetzt auch, wenn der übertragende Rechtsträger nicht beschränkt steuerpflichtig ist.

> **Hinweis**
>
> Die Änderung, die in allen offenen Fällen anzuwenden ist, dürfte auch im Kontext mit der von der Finanzverwaltung ursprünglich diskutierten, aber dann verworfenen Verschärfung der KStR 2015 (R 12 KStR-E) stehen. Zunächst wollte das BMF in R 12 KStR-E die Voraussetzung der beschränkten Steuerpflicht des übertragenden Rechtsträgers für eine steuerneutrale Drittstaatenverschmelzung aufnehmen. In den final veröffentlichten KStR 2015 (vgl. Kapitel Rückblick Tz. 4.1) war diese Verschärfung nicht mehr enthalten.

2.5.2 Keine Sperrfristverletzung bei Aufwärtsverschmelzung

Die nach einer steuerneutralen **Einbringung von Anteilen** in eine Kapitalgesellschaft (Anteilstausch, § 21 UmwStG) erhaltenen Anteile sind sperrfristbehaftet, wenn beim Einbringenden der Gewinn aus der Veräußerung der Anteile nicht nach § 8b Abs. 2 KStG steuerbefreit ist. Eine Veräußerung innerhalb der siebenjährigen Sperrfrist hat die (nachträgliche) Besteuerung des sog. **Einbringungsgewinns II** zur Folge (§ 22 Abs. 2 Satz 1 UmwStG).

Das FG Hamburg sieht in der Aufwärtsverschmelzung auf die alleinige Anteilseignerin keine Veräußerung i. S. des § 22 Abs. 2 UmwStG. Zwar können Umwandlungsvorgänge **tauschähnliche Vorgänge** sein, die auch grundsätzlich zu einer **Sperrfristverletzung** führen können. Bei einer Aufwärtsverschmelzung auf die alleinige Anteilseignerin sind aber laut FG Hamburg nicht alle Merkmale des Veräußerungsbegriffs erfüllt (FG Hamburg, Urteil v. 21.5.2015, 2 K 12/13).

In dem konkreten Fall brachte eine natürliche Person Anteile an der B-GmbH in eine C-GmbH zu Buchwerten ein, in deren Folge die C-GmbH alleinige Gesellschafterin der B-GmbH wurde. Kurze Zeit später wurde die B-GmbH ebenfalls zu Buchwerten auf die C-GmbH verschmolzen (Aufwärtsverschmelzung).

> **Hinweis**
>
> Das FG widerspricht damit der Auffassung der Finanzverwaltung, die sämtliche Umwandlungs- und Einbringungsvorgänge grundsätzlich als schädlichen Veräußerungsvorgang ansieht und bei der Aufwärtsverschmelzung auch keine Billigkeitsregelung zulässt (Tz. 22.23 i. V. m. Tz. 00.03 UmwStE v. 11.11.2011).
>
> Gegen das Urteil ist unter dem Aktenzeichen I R 48/15 Revision vor dem BFH anhängig, so dass nun der BFH die Möglichkeit hat, zu dem für die Umwandlungspraxis wichtigen Begriff der Veräußerung in Sperrfristfällen Stellung zu nehmen.

2.5.3 Gewerbesteuer bei Umwandlung einer Kapitalgesellschaft in eine Personengesellschaft

Der BFH äußerte sich erneut zur **Missbrauchsvermeidungsvorschrift** des § 18 Abs. 4 UmwStG 1995 in Fällen, in denen innerhalb der Fünfjahresfrist nach der Umwandlung einer Kapitalgesellschaft in eine Personengesellschaft die Mitunternehmeranteile unmittelbar in eine neubegründete Personengesellschaft eingebracht und die Anteile an der neuen Personengesellschaft innerhalb der Sperrfrist veräußert werden.

Laut BFH ist der Veräußerungsgewinn, den die Gesellschafter durch die Anteilsverkäufe an der neuen Personengesellschaft erzielt haben, nach § 18 Abs. 4 UmwStG 1995 gewerbesteuerpflichtig, soweit hierin stille Reserven enthalten sind, die dem von der Kapitalgesellschaft zur Personengesellschaft übergegangenen Betriebsvermögen zuzuordnen sind. Gleiches gelte für Gewinne aus der Veräußerung bzw. Aufgabe eines Teilbetriebs oder eines Anteils an einer Personengesellschaft (BFH, Urteil v. 28.4.2016, IV R 6/13, BStBl 2016 II S. 725).

> **Hinweis**
>
> Konkret stand die Fassung des § 18 Abs. 4 UmwStG 1995 zur Diskussion. Die Ausführungen des BFH dürften aber auch für aktuelle Fälle von Bedeutung sein, da sich die **Missbrauchsvermeidungsvorschrift** inhaltsgleich in der aktuellen Fassung des § 18 Abs. 3 UmwStG wiederfindet.

2.5.4 Badwill bei Einbringungen

Ein negativer Geschäftswert (Badwill) bei Einbringungen i. S. des § 20 UmwStG 1995 kann laut BFH eine Aufstockung des eingebrachten Betriebsvermögens verhindern. Im konkreten Fall (Streitjahre 2000 bis 2002) wurde ein **Teilbetrieb** in eine Kapitalgesellschaft als **Sacheinlage** eingebracht. Aufgrund schlechter Ertragsaussichten war der Geschäftswert des Teilbetriebs negativ. Der Gesamtwert des Teilbetriebs als wirtschaftliche Einheit war daher geringer als die Summe der Teilwerte seiner einzelnen Wirtschaftsgüter. Da die einzelnen Wirtschaftsgüter aber isoliert betrachtet einen über dem jeweiligen Buchwert liegenden Teilwert aufwiesen, setzte die aufnehmende Kapitalgesellschaft die Wirtschaftsgüter ohne Berücksichtigung des Badwill mit Zwischenwerten an. Dem widersprach der BFH (Urteil v. 28.4.2016, I R 33/14, BFH/NV 2016 S. 1418).

Neben der Höchstgrenze des § 20 Abs. 2 Satz 6 UmwStG 1995, wonach beim Ansatz des eingebrachten Betriebsvermögens die Teilwerte der einzelnen Wirtschaftsgüter nicht überschritten werden dürfen, ist laut BFH bei Einbringung eines Betriebs oder Teilbetriebs auch dessen **Gesamtwert von Bedeutung**. Übersteigt der Gesamtwert aufgrund eines Badwill nicht dessen Buchwert, darf die übernehmende Kapitalgesellschaft die einzelnen Wirtschaftsgüter nicht auf die höheren Zwischenwerte aufstocken.

> **Hinweis**
>
> Die auch nach aktuellem Umwandlungssteuerrecht wichtige Frage, ob ein negativer Geschäftswert sogar zu einer **Abstockung der Buchwerte** des eingebrachten Aktivvermögens führen kann, ließ der BFH in diesem Fall offen.

2.5.5 Buchwertansatz bei qualifiziertem Anteilstausch

Sollen bei einem qualifizierten Anteilstausch die eingebrachten Anteile zum Buchwert angesetzt werden, muss der **Antrag** auf **Buchwertansatz** spätestens bis zur erstmaligen Abgabe der steuerlichen Schlussbilanz bei dem für die Besteuerung der übernehmenden Gesellschaft zuständigen Finanzamt gestellt werden. Laut BFH ist mit der steuerlichen Schlussbilanz keine von der Bilanzkontinuität losgelöste (separate) Schlussbilanz gemeint.

Der BFH legt den für die Frage des rechtzeitigen Antrags auf Buchwertansatz wichtigen **Begriff** der **Abgabe einer steuerlichen Schlussbilanz** (§ 20 Abs. 2 Satz 3 UmwStG 2006) für die Fälle der Einbringung und des Anteilstausches normspezifisch aus. Nach seiner Auffassung ist mit der steuerlichen Schlussbilanz die nächste auf den Einbringungszeitpunkt folgende steuerliche Jahresabschlussbilanz der übernehmenden Gesellschaft gemeint, in der der Einbringungsgegenstand erstmals anzusetzen ist. Im Fall der Einbringung bestehe kein sachliches Bedürfnis für die Aufstellung einer auf den Einbringungsstichtag bezogenen steuerlichen „Schlussbilanz" der aufnehmenden Gesellschaft. Anders als z. B. bei einer Verschmelzung, bei der die übertragende Körperschaft im Zuge der Verschmelzung untergeht, handelt es sich bei Einbringungen für die übernehmende Gesellschaft um **laufende Geschäftsvorfälle**. Diese können und müssen steuerlich im Rahmen der kontinuierlichen Jahresrechnungslegung erfasst werden (BFH, Urteil v. 15.6.2016, I R 69/15, BFH/NV 2016 S. 1866).

Hinweis

Der BFH schließt sich damit den – laut BFH „offenkundigen" – Auffassungen des BMF (vgl. Rz. 20.20 und 20.21 des UmwStAE v. 11.11.2011) sowie des Bayrischen Landesamts für Steuern (Verfügung v. 11.11.2014) an. Weiterhin weist der BFH darauf hin, dass es für den Ablauf der Frist nicht darauf ankomme, ob die eingereichte Bilanz den Grundsätzen ordnungsgemäßer Buchführung oder den steuerbilanzrechtlichen Sonderregeln entspricht.

2.6 Einkommensteuer

2.6.1 Gewerbesteueranrechnung auf die Einkommensteuer

Für bereits mit Gewerbesteuer vorbelastete Einkünfte gewährt § 35 EStG für Einkommensteuerpflichtige eine **Einkommensteuerermäßigung** (Gewerbesteueranrechnung).

Mit Schreiben vom 3.11.2016 änderte das BMF sein **Anwendungsschreiben zu § 35 EStG** aus dem Jahr 2009. Die Änderungen betreffen u. a.:

- Rdnr. 9: Bisher schloss die Finanzverwaltung Gewerbesteuermessbeträge vom Anrechnungsvolumen aus, wenn diese lediglich **Folge gewerbesteuerlicher Hinzurechnungen** waren und die **gewerblichen Einkünfte negativ** ausfielen. Diese Einschränkung ist im neuen Schreiben nicht mehr enthalten.

- Rdnr. 10: Bei **Zusammenveranlagung** wird das Anrechnungsvolumen nur dann addiert, wenn beide Partner positive gewerbliche Einkünfte erzielt haben; eine Saldierung findet hingegen nicht statt, so dass negative gewerbliche Einkünfte eines Partners unberücksichtigt bleiben und der Partner mit positiven Einkünften diese ohne Kürzung nutzen kann.
- Rdnr. 13 und 14: Teleologische Reduktion des § 18 Abs. 3 Satz 3 UmwStG: das BMF folgt dem BFH (vgl. BFH, Urteil v. 28.5.2015, IV R 27/12, BStBl 2015 II S. 837) darin, dass eine Steuerermäßigung nach § 35 EStG auf **Veräußerungsgewinne** dann möglich bleibt, wenn die **Personengesellschaft** vor ihrer **Umwandlung** als Organ(kapital)gesellschaft in einem gewerbesteuerlichen Organschaftsverhältnis zu einem Organträger stand, der § 35 EStG in Anspruch nehmen konnte. Da die Veräußerungsgewinne auch vor der Umwandlung von der Ermäßigung profitieren konnten, liegt kein Missbrauchsfall vor.
- Rdnr. 16 und 34: Änderungen ergeben sich bei der **Ermittlung des Ermäßigungshöchstbetrags**: Anders als bisher sind Einkünfte innerhalb einer Einkunftsart nun miteinander zu saldieren (horizontaler Verlustausgleich). Ein Verlustausgleich zwischen verschiedenen Einkunftsarten unterbleibt ebenso wie der Verlustausgleich bei Zusammenveranlagung. Führt die Anwendung dieser Neuregelung zu einer im Vergleich zur vorherigen Verwaltungspraxis geringeren Gewerbesteueranrechnung, kann der Steuerpflichtige für Veranlagungszeiträume bis einschließlich 2015 die Weiteranwendung der Altregelung beantragen.
- Rdnr. 28 und 34: **Unterjähriger Gesellschafterwechsel**: Die Steuerermäßigung auf laufende Gewinne sowie Veräußerungsgewinne kann nur von Personen beansprucht werden, die zum Ende des Geschäftsjahres (Erhebungszeitraum) noch Mitunternehmer sind. Die Verwaltung schließt sich damit der jüngeren Rechtsprechung an (BFH, Urteil v. 14.1.2016, IV R 5/14, BStBl 2016 II S. 875), während sie zuvor eine quotale Aufteilung nach Zugehörigkeitsdauer gestattete. Auf einheitlichen Antrag aller zum Ende des Geschäftsjahres beteiligten Mitunternehmer kann die Altregelung noch bis zum Erhebungszeitraum 2017 angewendet werden.
- Rdnr. 33: **Neu** hinzugekommen ist ein Abschnitt über **Veräußerungs- bzw. Aufgabegewinne**: Ein Steuerpflichtiger kann zusätzliches Ermäßigungspotenzial nur dann generieren, wenn der auf ihn entfallende Veräußerungs- bzw. Aufgabegewinn auch tatsächlich mit Gewerbesteuer belastet ist. Gewerbesteuerliches Anrechnungsvolumen hingegen wird immer nach dem allgemeinen Gewinnverteilungsschlüssel auf die einzelnen Mitunternehmer umgelegt, also unabhängig von der Steuerbelastung des persönlichen Gewinnanteils.

2.6.2 Anrechnung ausländischer Quellensteuer

Ausländische Quellensteuern können auf die deutsche Einkommen- bzw. Körperschaftsteuer nur bis zu einem bestimmten Betrag angerechnet werden (§ 34c EStG, § 26 KStG). In Fällen, in denen bestimmte in § 34d EStG genannte ausländische Einkünfte enthalten sind, sind bei der **Ermittlung des Anrechnungshöchstbetrags** Aufwendungen zu berücksichtigen, die in wirtschaftlichem Zusammenhang mit den Einnahmen stehen, die den Einkünften zugrunde liegen (§ 34c Abs. 1 Satz 4 EStG).

Laut BFH ist bei der Auslegung des wirtschaftlichen Zusammenhangs mangels einer besonderen gesetzlichen Definition das allgemeine Veranlassungsprinzip (§ 4 Abs. 4 EStG) maßgeblich. Ob und inwieweit Aufwendungen in wirtschaftlichem Zusammenhang mit einer Einkunftsart stehen, hänge danach von den Gründen ab, aus denen der Steuerpflichtige die Aufwendungen vornimmt. Einen ausschließlichen Zusammenhang fordert der BFH nicht. Weisen die Aufwendungen einen Veranlassungszusammenhang sowohl mit ausländischen Einkünften i. S. des § 34d EStG als auch mit inländischen Einkünften oder mit mehreren Arten von ausländischen Einkünften auf, sind sie aufzuteilen oder den Einkünften zuzurechnen, zu denen sie vorwiegend gehören. Dabei kommt laut BFH ein Verstoß gegen die Grundfreiheiten selbst dann nicht in Betracht, wenn es aufgrund der Zuordnung zu einem Anrechnungsüberhang kommt (BFH, Urteil v. 6.4.2016, I R 61/14, BFH/NV 2016 S. 1351).

Hinweis

Der konkrete Fall betraf ein Versicherungsunternehmen. Der BFH verneinte einen wirtschaftlichen Zusammenhang der Zuführungen von rechnungsmäßigen und außerrechnungsmäßigen Zinsen zur Deckungsrückstellung sowie die Zuführungen zur Rückstellung für Beitragsrückerstattungen mit den ausländischen Kapitalerträgen. Die Bildung dieser versicherungstechnischen Rückstellungen ergäbe sich bereits aus dem Betrieb des Versicherungsgeschäfts und den damit einhergehenden aufsichtsrechtlichen Vorschriften.

2.6.3 Verlustnutzungsbeschränkung bei Termingeschäften

Betriebliche Verluste aus Termingeschäften sind – mit Ausnahmen für einige bestimmte Unternehmen und Geschäftsvorfälle – nach derzeitiger Rechtslage weder mit sonstigen Einkünften aus Gewerbebetrieb noch mit anderen Einkunftsarten ausgleich- oder abziehbar. Gestattet ist lediglich eine Verrechnung mit Termingeschäftsgewinnen aus dem Vorjahr oder künftigen Jahren (§ 15 Abs. 4 Sätze 3 ff. EStG i.V.m. § 15 Abs. 4 Sätze 1 und 2 EStG). Laut BFH ist diese Beschränkung jedenfalls für solche Fälle verfassungsgemäß, in denen die aus der eingeschränkten Verlustnutzung entstehende **Belastung** für den Steuerpflichtigen **nicht definitiv** wird (BFH, Urteil v. 28.4.2016, IV R 20/13, BStBl 2016 II S. 739).

Zur Begründung führt der BFH aus, dass nicht von den Ausnahmetatbeständen gedeckte Termingeschäfte eine besondere Risikonähe aufweisen und deshalb anders behandelt werden dürfen als konventionelle Verluste aus Gewerbebetrieb. Zudem sei eine Gleichstellung mit Verlusten aus privaten Termingeschäften erforderlich, die einer vergleichbaren Verlustausgleichsbeschränkung unterliegen, welche ansonsten umgangen werden könnte.

Hinweis

Zu einer **Definitivbelastung** käme es, wenn die Nutzung der Verluste aus Termingeschäften im Rahmen der Veranlagung endgültig nicht mehr möglich wäre. Da eine solche Definitivbelastung nach Auffassung des BFH im Streitfall nicht vorlag, stellte sich die Frage, ob die Verlustausgleichs- und -abzugsbeschränkung auch im Fall einer Definitivbelastung verfassungsgemäß wäre, für den BFH nicht und blieb daher offen.

2.6.4 Begriff des Termingeschäfts

Nach Auffassung des BFH handelt es sich bei Termingeschäften um solche Festgeschäfte oder Optionsgeschäfte, die zeitlich verzögert zu erfüllen sind und deren Wert sich unmittelbar oder mittelbar vom Preis oder Maß eines Basiswerts ableitet (BFH, Urteil v. 6.7.2016, I R 25/14, BFH/NV 2016 S. 1821).

Damit werden von der Verlustbeschränkungsvorschrift des § 15 Abs. 4 Satz 3 EStG nur solche Termingeschäfte erfasst, durch die der Steuerpflichtige einen **Differenzausgleich** oder einen durch den Wert einer veränderlichen Bezugsgröße bestimmten Geldbetrag oder Vorteil erlangt. Der BFH wendet sich damit gegen die anderslautende Verwaltungsauffassung (BMF, Schreiben v. 23.9.2005, IV B 2 – S 2119 – 7/05), wonach auch Termingeschäfte, die auf die tatsächliche („physische") Lieferung des Basiswerts (im Urteilsfall Devisen) am Ende der Laufzeit gerichtet sind, darunter fallen. Zwar könne der Begriff des „Vorteils" neben einem Geldbetrag auch bspw. die Lieferung von Wertpapieren oder Devisen beinhalten. Doch dieser Vorteil müsse „durch den **Wert einer veränderlichen Bezugsgröße** bestimmt" sein. An einer solchen Abhängigkeit fehle es aber, wenn am Fälligkeitstag schlicht die den Gegenstand des Termingeschäfts bildenden Basiswerte in der bestellten – und damit von Anfang an feststehenden und von der weiteren Kursentwicklung unabhängigen – Menge geliefert werden.

Hinweis

Die grundsätzliche Verfassungsmäßigkeit der Ausgleichs- und Abzugsbeschränkungen für Verluste aus betrieblichen Termingeschäften hatte auch schon der IV. Senat des BFH mit Urteil v. 28.4.2016 (IV R 20/13, BStBl 2016 II S. 739) bestätigt (vgl. vorige Tz. 2.6.3).

2.6.5 Nutzungsausfallentschädigung als Betriebseinnahme

Nach Auffassung des BFH ist eine Entschädigung für den Nutzungsausfall eines zum Betriebsvermögen gehörenden Wirtschaftsguts auch dann in voller Höhe eine Betriebseinnahme, wenn das Wirtschaftsgut **teilweise privat genutzt** wird (BFH, Urteil v. 27.1.2016, X R 2/14, BStBl 2016 II S. 534). Dabei ist unerheblich, dass der Unfall bei einer Privatfahrt erfolgt und während des Nutzungsausfalls auf eine betriebliche Betätigung verzichtet wird. Im konkreten Fall nutzte ein Gewerbetreibender einen zum Betriebsvermögen gehörenden Pkw auch für private Zwecke. Der Anteil für die private Nutzung wurde nach der pauschalen 1 %-Methode ermittelt.

Hinweis

Der BFH führt damit seine Rechtsprechung fort, nach der Schadensersatz- oder Versicherungsleistungen als Ausgleich für den **Substanzverlust** eines im Betriebsvermögen befindlichen Fahrzeugs stets Betriebseinnahmen sind.

2.6.6 Verpächterwahlrecht bei teilentgeltlicher Veräußerung

Wird ein bestehender **Gewerbebetrieb verpachtet**, steht dem Betriebsinhaber ein Wahlrecht zu, entweder den Betrieb fortzuführen und weiterhin aus der Betriebsverpachtung gewerbliche Einkünfte zu erzielen oder die Betriebsaufgabe zu erklären. Inwiefern dieses sog. **Verpächterwahlrecht** im Übertragungsfall **auf einen Rechtsnachfolger übergeht**, hängt von der (Un-)Entgeltlichkeit des Vorgangs ab. Während das Wahlrecht im Fall einer unentgeltlichen Übertragung auf den Rechtsnachfolger übergeht, erlischt es hingegen bei einer vollentgeltlichen Veräußerung.

Unklar war bislang der Fall eines **teilentgeltlichen Erwerbs**. Nach Auffassung des BFH wird das Verpächterwahlrecht bei einer teilentgeltlichen Übertragung vom Erwerber fortgesetzt, und zwar auch dann, wenn das Entgelt den Buchwert übersteigt (BFH, Urteil v. 6.4.2016, X R 52/13, BStBl 2016 II S. 710).

> **Hinweis**
>
> Nur bei einer **vollentgeltlichen Übertragung** solle das Verpächterwahlrecht enden, da es hier zur Aufdeckung aller stillen Reserven kommt.

2.6.7 Grenzüberschreitende Verlustberücksichtigung bei Freistellungsbetriebsstätten

Der EuGH hat sich hinsichtlich seiner bisherigen Rechtsprechung zur grenzüberschreitenden Verlustberücksichtigung bei Freistellungsbetriebsstätten neu positioniert (EuGH, Urteil v. 17.12.2015, Rs. C-388/14, Timac Agro Deutschland).

Im Sachverhalt des Ausgangsverfahrens (FG Köln, Vorlagebeschluss v. 19.2.2014, 13 K 3906/09) hatte eine in Deutschland ansässige Kapitalgesellschaft im Jahr 2005 ihre österreichische Betriebsstätte auf eine weitere österreichische Konzerngesellschaft übertragen. Die Betriebsstätte, auf die nach dem anwendbaren DBA die **Freistellungsmethode** anwendbar war, hatte in der Mehrzahl der vorangehenden Jahre Verluste erwirtschaftet. Die Verluste der Jahre 1997 und 1998 waren noch nach dem zum VZ 1999 abgeschafften § 2a Abs. 3 EStG in Deutschland berücksichtigt worden. In 2005 erfolgte aus Anlass der Veräußerung eine Nachversteuerung der zuvor berücksichtigten Verluste. Die deutsche Gesellschaft wollte unter Berufung auf die bisherige Rechtsprechung des EuGH zu finalen Verlusten, insbesondere auf das EuGH-Urteil Lidl Belgium v. 15.5.2008 (Rs. C-414/06 BStBl 2009 II S. 692), erreichen, dass die Nachversteuerung unterbleibt, und dass die Verlustvorträge der Betriebsstätte, soweit sie in Österreich nicht mehr nutzbar waren, beim Stammhaus berücksichtigt werden.

Der EuGH hat im Rahmen der Prüfung der Niederlassungsfreiheit im Hinblick auf die nach 1998 angefallenen Verluste entschieden, dass die Freistellung der Betriebsstätteneinkünfte dazu führe, dass die Situation des Stammhauses mit seiner ausländischen Betriebsstätte nicht mehr mit der eines Unternehmens mit einer inländischen Betriebsstätte vergleichbar sei. Demzufolge war eine Prüfung der Finalität der Verluste, wie sie noch im Urteil Lidl Belgium vorgenommen wurde, obsolet. Für die Verluste der Jahre 1997 und 1998 bejahte der EuGH die Vergleichbarkeit, er scheint aber an die Finalität hohe Voraussetzungen knüpfen zu wollen.

> **Hinweis**
>
> Der EuGH beschränkt seine Ausführungen zwar auf Verluste, welche infolge einer konzerninternen Übertragung nicht mehr nutzbar wurden. Die **Reichweite** der Feststellungen des EuGH dürfte jedoch **Freistellungsbetriebsstätten insgesamt** betreffen und daher auch für die Rechtsprechung des BFH zur grenzüberschreitenden Verlustberücksichtigung weitreichende Auswirkungen haben. Der BFH hatte bislang Fälle der grenzüberschreitenden Verlustberücksichtigung, entsprechend der Vorgaben des EuGH in seinem Urteil Lidl Belgium, unter dem Aspekt der Finalität geprüft und auf dieser Grundlage in mehreren Konstellationen zu Gunsten des Steuerpflichtigen entschieden.

2.6.8 Regelungen zur Betriebsstättengewinnermittlung

Betriebsstätten stehen im zunehmenden Interesse der internationalen Finanzverwaltungen. Nachdem die deutsche Finanzverwaltung den sog. **Authorized OECD Approach** (AOA) über die Einführung von § 1 Abs. 5 AStG implementiert und durch die Betriebsstättengewinnaufteilungsverordnung (BsGaV) konkretisiert hat, liegt seit dem 18.3.2016 der Entwurf der Verwaltungsgrundsätze Betriebsstättengewinnaufteilung (VWG BsGA) vor.

Dieser ist als dritte Komponente der bei Regelungen im Außensteuerrecht mittlerweile typischen dreistufigen deutschen Regelungsstruktur in Form von Gesetz, Rechtsverordnung und Verwaltungsanweisung zu sehen. Die Finanzverwaltung hat hierin Regelungen für die **Anwendung des Fremdvergleichsgrundsatzes** auf die **Aufteilung der Einkünfte** zwischen einem inländischen Unternehmen und seiner ausländischen Betriebsstätte sowie auf die **Ermittlung der Einkünfte** der inländischen Betriebsstätte eines ausländischen Unternehmens nach § 1 Abs. 5 AStG und der BsGaV entwickelt. Dies betrifft insbesondere auch Zuordnungsregeln für die Erstellung einer sog. Hilfs- und Nebenrechnung (HuN), welche für Zwecke der Betriebsstätten-Gewinnermittlung für Wirtschaftsjahre ab dem 1.1.2015 vorgeschrieben ist.

> **Hinweis**
>
> Die finale Version der VWG BsGA wird noch im Jahr 2016 oder Anfang 2017 erwartet. Sie soll mit Wirkung v. 1.1.2015 zu beachten sein.

2.7 Lohnsteuer

2.7.1 Befristete Steuerreize für Elektroautos

Durch das Gesetz zur steuerlichen Förderung von Elektromobilität im Straßenverkehr v. 7.11.2016 (BGBl 2016 S. 2498) wurde die bisher für reine Elektrofahrzeuge bestehende fünfjährige **Kfz-Steuerbefreiung** für Erstzulassungen auf **umgerüstete Fahrzeuge** erweitert und rückwirkend auf **zehn Jahre** verlängert.

Daneben wurde für Arbeitnehmer das **elektrische Aufladen** ihres eigenen Elektro- oder Hybridelektrofahrzeugs im Betrieb des Arbeitgebers begünstigt, indem die damit vom Arbeitgeber gewährten Vorteile sowie die aus der zur privaten Nutzung überlassenen betrieblichen Ladevorrichtung in die Steuerfreiheit einbezogen werden (§ 3 Nr. 46 EStG). Mit dem Gesetz soll die rasche Verbreitung der Elektromobilität gefördert werden. Der Arbeitgeber erhält die Möglichkeit, geldwerte Vorteile aus der unentgeltlichen oder verbilligten Übereignung der Ladevorrichtung für Elektro- oder Hybridfahrzeuge an den Arbeitnehmer pauschal mit 25 % Lohnsteuer zu besteuern. Trägt der Arbeitnehmer die Aufwendung für den Erwerb und den Betrieb der (privaten) Ladevorrichtung selbst, kann der Arbeitgeber diese Aufwendungen bezuschussen und für die Zuschüsse die Lohnsteuer pauschal mit 25 % erheben (§ 40 Abs. 2 Satz 1 Nr. 6 EStG).

> **Hinweis**
>
> Die Pauschalierung der Lohnsteuer bei Übereignung der Ladevorrichtung und für Zuschüsse ist in Fällen der **Entgeltumwandlung** ausgeschlossen. Die Pauschalierung setzt voraus, dass die Übereignung und Bezuschussung zusätzlich zum ohnehin geschuldeten Arbeitslohn erfolgt.
>
> Die Regelungen bei der Kraftfahrzeugsteuer und der Einkommensteuer sind grundsätzlich befristet bis zum 31.12.2020.

2.7.2 Pauschalierung bei Sachzuwendungen ist widerruflich

Sachzuwendungen an eigene Arbeitnehmer oder Dritte (z. B. Geschäftsfreunde) sind grundsätzlich beim Empfänger im Rahmen der Einkünfte aus nichtselbstständiger Arbeit (bei Arbeitnehmern) oder als Betriebseinnahme (z. B. bei selbstständig tätigen Geschäftsfreunden) zu versteuern. Zur Übernahme dieser Steuer hat der Zuwendende die Möglichkeit, das Pauschalierungswahlrecht nach § 37b EStG auszuüben.

Bisher umstritten ist die Frage, ob das ausgeübte Wahlrecht widerrufen werden kann und bis wann ein solcher **Widerruf** möglich ist. Nach Auffassung des BFH ist ein Widerruf eines zuvor durch die Abgabe einer entsprechenden Lohnsteueranmeldung ausgeübten Wahlrechts nach § 37b EStG möglich, und zwar solange der Steuerbescheid (hier die Lohnsteueranmeldung) noch nicht formell und materiell bestandskräftig ist. Hierfür ist eine formlose Erklärung allerdings nicht ausreichend. Der Widerruf ist durch Abgabe einer geänderten, unter Umständen auf „null" lautenden Pauschsteueranmeldung gegenüber dem Betriebsstättenfinanzamt zu erklären (BFH, Urteil v. 15.6.2016, VI R 54/15, BFH/NV 2016 S. 1803).

Um den Folgen des Widerrufs beim Zuwendungsempfänger und dessen Vertrauensschutz gerecht zu werden, kann laut BFH die Wirksamkeit des Widerrufs auch von einer Unterrichtung des Zuwendungsempfängers durch den Zuwendenden abhängig gemacht werden.

> **Hinweis**
>
> Gegen die Widerruflichkeit spricht aus Sicht des BFH auch nicht die Gesetzesbegründung, nach der das Pauschalierungswahlrecht nicht widerrufen werden könne. Ein solcher Wille des Gesetzgebers muss laut BFH im Gesetzeswortlaut seinen Niederschlag finden. Das habe der Gesetzgeber aber versäumt.

2.7.3 Voller Betriebsausgabenabzug bei Betriebsveranstaltungen?

Bei Betriebsveranstaltungen stellt sich neben der lohnsteuerlichen Behandlung auch die Frage, ob die Kostenbestandteile in vollem Umfang ertragsteuerlich als Betriebsausgaben abgezogen werden können. Auch hier ist der Teilnehmerkreis von Bedeutung.

Seit dem 1.1.2015 sind Zuwendungen an Arbeitnehmer für Betriebsveranstaltungen lohnsteuerfrei, soweit sie den Betrag von 110 EUR (je Veranstaltung und teilnehmenden Arbeitnehmer) nicht übersteigen. Dabei beanstandet es die Finanzverwaltung aus lohnsteuerlicher Sicht nicht, **Leiharbeitnehmer** bei Betriebsveranstaltungen des Einsatzbetriebs sowie **Arbeitnehmer anderer konzernangehöriger Unternehmen** mit eigenen Arbeitnehmern gleichzustellen (vgl. BMF, Schreiben v. 14.10.2015, BStBl 2015 I S. 832).

Bisher nicht geäußert hat sich das BMF allerdings zu der Frage, ob diese lohnsteuerliche Vereinfachungsregelung auch für die Frage des vollen ertragsteuerlichen Betriebsausgabenabzugs gilt. Die OFD Nordrhein-Westfalen hat dies jüngst in ihrer Kurzinformation ESt Nr. 20/2016 v. 21.9.2016 verneint. Nach ihrer Auffassung unterliegen die Aufwendungen, die der geschäftlich veranlassten Teilnahme von Geschäftspartnern oder Arbeitnehmern verbundener Unternehmen und Leiharbeitern sowie deren Begleitpersonen an betrieblich veranlassten Veranstaltungen zuzuordnen sind, den Beschränkungen des § 4 Abs. 5 Satz 1 Nr. 1 und Nr. 2 EStG (35-EUR-Grenze für Geschenke und 70/30-Regelung für Geschäftsfreundebewirtung).

> **Hinweis**
>
> Ob das BMF dieser Beurteilung folgt, bleibt abzuwarten. Mit Schreiben v. 30.8.2016 wurde das BMF von verschiedenen Verbänden aufgefordert, u. a. zu dieser Problematik Stellung zu nehmen. Im Zusammenhang mit der Beurteilung von Betriebsveranstaltungen sind noch weitere Anwendungsfragen offen.

2.7.4 Arbeitstägliche Zuschüsse zu Mahlzeiten

Gewährt ein Arbeitgeber seinen Arbeitnehmern Barzuschüsse in Form von **Essensmarken**, die vom Arbeitnehmer beispielsweise bei einer Gaststätte eingelöst werden können, ist die Mahlzeit nach Maßgabe von R 8.1 Abs. 7 Nr. 4 LStR 2015 mit ihrem Sachbezugswert anzusetzen. Dies gilt auch, wenn keine vertraglichen Bedingungen zwischen Arbeitgeber und Gaststätte bestehen.

Das BMF hat diese Grundsätze mit Schreiben v. 24.2.2016 (BStBl 2016 I S. 238) auch in Konstellationen für anwendbar erklärt, in welchen Arbeitnehmer auf arbeitsvertraglicher oder anderer arbeitsrechtlicher Grundlage einen Anspruch auf arbeitstägliche Zuschüsse zu Mahlzeiten haben, **ohne** dass dafür **Papier-Essensmarken** verwendet werden. Damit ist bei Verzicht auf (physische) Essensmarken ebenfalls der amtliche Sachbezugswert der Mahlzeit maßgebend.

Dies gilt, sofern

- die Mahlzeit tatsächlich durch den Arbeitnehmer erworben wird,
- nur ein Zuschuss pro Arbeitstag und Mahlzeit gewährt wird,
- der Zuschuss den Sachbezugswert eines Mittagessens um nicht mehr als 3,10 EUR sowie den Wert der Mahlzeit nicht übersteigt und
- Arbeitnehmer keinen Zuschuss bekommen, wenn bei einer Auswärtstätigkeit die ersten drei Monate noch nicht abgelaufen sind.

Der Arbeitgeber kann die Lohnsteuer entsprechend § 40 Abs. 2 Satz 1 Nr. 1 EStG pauschal erheben, auch ohne dass vertragliche Beziehungen zu dem Unternehmen bestehen, das die Mahlzeiten abgibt.

> **Hinweis**
>
> Die OFD Frankfurt am Main hat die Grundsätze des BMF-Schreibens am 11.7.2016 erneut bekannt gegeben. Zusätzlich nimmt sie dabei explizit Bezug auf **elektronische Berechtigungen** zu arbeitstäglichen Mahlzeiten u. a. durch Apps. Möglicherweise bisher noch bestehende Unsicherheiten hinsichtlich der lohnsteuerlichen Behandlung von Bezuschussungen unter Verwendung von App-Diensten (Mahlzeiten-App) scheinen damit – zumindest für die OFD Frankfurt am Main – ausgeräumt.

2.7.5 Keine negative pauschale Lohnsteuer bei gekündigter Direktversicherung

Der BFH verneint die Festsetzung einer negativen pauschalen Lohnsteuer in Fällen der Rückgewähr von Beiträgen aus einer gekündigten Gruppendirektversicherung.

Im konkreten Fall schloss der Arbeitgeber zunächst einen Firmen-Gruppenversicherungsvertrag als sog. Direktversicherung zugunsten seiner Arbeitnehmer ab. Die geleisteten Beiträge lohnversteuerte er pauschal nach § 40b EStG. Nach Ausübung des im Versicherungsvertrag vorbehaltenen Widerrufsrechts entfiel der Direktanspruch der Arbeitnehmer gegen die Lebensversicherung. In Höhe des Rückkaufswerts sah der Arbeitgeber einen negativen Arbeitslohn und wollte darauf eine negative pauschale Lohnsteuer festgesetzt haben. Das verneinte der BFH. Nach seiner Auffassung ist eine solche Festsetzung negativer pauschaler Lohnsteuer gesetzlich nicht vorgesehen (BFH, Urteil v. 28.4.2016, VI R 18/15, BFH/NV 2016 S. 1631).

> **Hinweis**
>
> Offen ließ der BFH die Frage, ob negative und positive pauschale Lohnsteuer in einem Lohnsteuer-Anmeldungszeitraum **saldiert** werden können. Diese Frage brauchte der BFH nicht zu entscheiden, da im Streitfall neben der negativen pauschalen Lohnsteuer keine positive pauschale Lohnsteuer, sondern nur „reguläre" positive Lohnsteuer angemeldet wurde.

2.8 Umsatzsteuer

2.8.1 Geschäftsveräußerung im Ganzen bei teilweiser Fortführung

Liegt umsatzsteuerrechtlich eine Geschäftsveräußerung im Ganzen vor, ist die Übertragung ein nicht-umsatzsteuerbarer Vorgang (§ 1 Abs. 1a UStG). Eine Geschäftsveräußerung im Ganzen setzt u. a. voraus, dass ein Geschäftsbetrieb oder Unternehmensteil übertragen wird, mit dem eine selbstständige wirtschaftliche Tätigkeit fortgeführt werden kann. Nach Auffassung des BFH ist hierfür weder ein zivilrechtlich selbstständiges Wirtschaftsgut erforderlich, noch spielen ertragsteuerliche Definitionen eines Wirtschaftsguts eine Rolle. So kann ein **Teil eines** zivilrechtlich ungeteilten **Grundstücks** umsatzsteuerlich einen Unternehmensteil darstellen. Überträgt ein Veräußerer ein verpachtetes Geschäftshaus und setzt der Erwerber die Verpachtung nur hinsichtlich eines Gebäudeteils fort, liegt hinsichtlich dieses Grundstücksteils eine Geschäftsveräußerung im Ganzen vor (BFH, Urteil v. 6.7.2016, XI R 1/15, BFH/NV 2016 S. 1650). Unerheblich ist dabei auch, ob der andere Teil des ungeteilten Grundstücks ebenfalls eine (zweite) Geschäftsveräußerung im Ganzen ist oder nicht.

> **Hinweis**
>
> Der BFH hat damit eine weitere Frage zu den für die umsatzsteuerliche Beurteilung von Unternehmensveräußerungen bedeutenden Voraussetzungen einer Geschäftsveräußerung im Ganzen für Fälle geklärt, in denen nur ein Teil des bisherigen Geschäftsbetriebs fortgeführt wird.

2.8.2 Geschäftsveräußerung im Ganzen bei Veräußerungen durch Bauträger

Nach Auffassung des XI. Senats des BFH kann auch bei der **Veräußerung** bebauter und vermieteter Grundstücke **durch** einen **Bauträger** eine nicht umsatzsteuerbare Geschäftsveräußerung im Ganzen (§ 1 Abs. 1a UStG) vorliegen (BFH, Urteil v. 12.8.2015, XI R 16/14, BFH/NV 2016 S. 346). Im konkreten Fall erweiterte und sanierte ein Bauträger nach Erwerb einen Bürogebäudekomplex und veräußerte ihn nach einer gewissen Haltedauer weiter. Im Zeitpunkt der Veräußerung war der Bürogebäudekomplex bereits seit zwei bis drei Jahren langfristig vermietet.

Der BFH bestätigte die Würdigung der Vorinstanz, die in diesem Fall aufgrund der nachhaltigen Vermietungstätigkeit beim veräußernden Bauträger ein Vermietungsunternehmen bejahte, das durch den Erwerber aufgrund dessen Eintritt in die bestehenden Mietverträge auch übernommen wurde. Den zum Zeitpunkt der Veräußerung bestehenden **Leerstand** in Höhe von 10 % sah der BFH als unwesentlich und damit für die Annahme eines Vermietungsunternehmens unschädlich an. Gegen die **Nachhaltigkeit der Vermietungstätigkeit** sprach laut BFH nicht, dass der Bauträger bereits im Zeitpunkt des Objekterwerbs dessen Wiederverkauf beabsichtigte. Vielmehr könne auch ein Bauträger mit zunehmender Dauer einen auf Vermietung gerichteten unternehmerischen Nutzungszusammenhang schaffen, der dann letztlich im Vergleich zur Veräußerungsabsicht auch dominieren kann. Der Fall liege damit anders als in der Vergangenheit entschiedene Fälle, in denen der V. Senat des BFH keine nachhaltige Vermietungstätigkeit sah (z. B. bei nur einmonatiger bzw. halbjähriger Vermietungsdauer).

> **Hinweis**
>
> Der V. BFH-Senat bejahte auch bei einer nur 17 Monate währenden Vermietungsdauer und einer von Anfang an mindestens gleichwertigen Verkaufsabsicht eine Geschäftsveräußerung im Ganzen (BFH, Urteil v. 25.11.2015, V R 66/14, BFH/NV 2016 S. 497). Allerdings ist die Beantwortung der Frage, ob die Voraussetzungen einer Geschäftsveräußerung im Ganzen vorliegen, letztlich immer von einer Prüfung des jeweiligen Einzelfalls abhängig.

2.8.3 Zeitpunkt für Optionsausübung

Bei Grundstückskaufverträgen kann der Veräußerer auf die bestehende Umsatzsteuerbefreiung für unter das GrEStG fallende Umsätze verzichten und damit zur Umsatzsteuerpflicht optieren (§ 4 Nr. 9a UStG). Die Option kann laut Gesetz nur in dem gem. § 311b Abs. 1 BGB **notariell zu beurkundenden Vertrag** ausgeübt werden. Damit ist laut BFH nicht ein dem ursprünglichen Grundstückskaufvertrag nachfolgender ebenfalls notariell beurkundeter Nachtrag gemeint. Eine erstmalige (nachträgliche) Optionserklärung in einer diesem Vertrag nachfolgenden Vereinbarung der Kaufvertragsparteien ist daher unwirksam (BFH, Urteil v. 21.10.2015, XI R 40/13, BFH/NV 2016 S. 353).

> **Hinweis**
>
> Der BFH widersprach damit dem BMF, das eine **nachträgliche Option** in einer gleichfalls notariell beurkundeten späteren Neufassung für zulässig erachtet (vgl. BMF, Schreiben v. 31.3.2004, BStBl 2004 I S. 453, Rz. 4).

2.8.4 Ausfuhr- und innergemeinschaftliche Lieferungen

Das Vorliegen einer umsatzsteuerfreien Ausfuhr- bzw. innergemeinschaftlichen Lieferung muss der liefernde Unternehmer beleg- oder buchmäßig nachweisen. Sind diese Nachweise nicht, nicht vollständig oder nicht zeitnah geführt, geht die Finanzverwaltung davon aus, dass die Voraussetzungen der Steuerbefreiung nicht erfüllt sind. Liegen **Buch- und Belegnachweise** nicht vor, ist die Umsatzsteuerfreiheit aber dennoch gegeben, wenn gleichwohl feststeht – namentlich durch anderweitige Nachweise und Erkenntnisse –, dass die Voraussetzungen für eine Ausfuhr- oder innergemeinschaftliche Lieferung vorliegen. Mit Schreiben v. 16.2.2016 (BStBl 2016 I S. 239) hat das BMF dies nun „spiegelbildlich" für die Frage der Vorsteuervergütung beim Empfänger klargestellt.

> **Hinweis**
>
> Steht also fest, dass die Lieferung, die der Empfänger erhalten hat, eine innergemeinschaftliche oder Ausfuhrlieferung ist, kann der Empfänger keinen Vorsteuerabzug geltend machen.

2.8.5 Fehlende Umsatzsteuer-Identifikationsnummer

Verbringt ein Steuerpflichtiger einen Gegenstand von einem in den anderen EU-Mitgliedstaat, ohne ihn dabei an einen Kunden zu liefern, wird dies als innergemeinschaftliches Verbringen erfasst. Vergleichbar einer innergemeinschaftlichen Lieferung ist das innergemeinschaftliche Verbringen umsatzsteuerfrei in demjenigen Staat, aus dem der Gegenstand verbracht wird. Die Voraussetzungen muss der Steuerpflichtige nachweisen. U. a. verlangt die Finanzverwaltung, dass der Steuerpflichtige die ihm erteilte Umsatzsteuer-Identifikationsnummer (USt-IdNr.) des Bestimmungsstaates mitteilt.

Nach Auffassung des EuGH darf die Finanzverwaltung die Umsatzsteuerfreiheit für ein innergemeinschaftliches Verbringen nicht allein deshalb versagen, weil der Steuerpflichtige ihr diese IdNr. nicht mitgeteilt hat. Denn die USt-IdNr. ist keine materielle Voraussetzung für die Umsatzsteuerfreiheit, sondern letztlich (lediglich) ein Nachweis (EuGH, Urteil v. 20.10.2016, C-24/15, BFH/NV 2016 S. 1871).

> **Hinweis**
>
> Das Urteil des EuGH ist hilfreich, darf aber keinen Anlass zur Sorglosigkeit geben. Denn **der Steuerpflichtige bleibt nachweispflichtig**, dass die Voraussetzungen für die Umsatzsteuerbefreiung vorliegen. Kann er die USt-IdNr. nicht beibringen, kann er zwar gem. dem EuGH-Urteil andere Nachweise anführen. Gelingt der Nachweis aber auf anderem Wege nicht, darf die Finanzverwaltung die Umsatzsteuerfreiheit verneinen.

2.8.6 Umsatzsteuerfreiheit bei sog. gebrochenen Beförderungen oder Versendungen

Im Schreiben v. 7.12.2015 (BStBl 2015 I S. 1014) erläutert das BMF, unter welchen Bedingungen bei einer sog. gebrochenen Beförderung oder Versendung die Voraussetzungen einer Ausfuhrlieferung oder einer innergemeinschaftlichen Lieferung und damit für die Umsatzsteuerfreiheit noch vorliegen.

Mit gebrochenen Lieferungen sind zum Beispiel Lieferungen gemeint, bei denen sowohl der Lieferer als auch der Abnehmer in den Transport des Liefergegenstands eingebunden sind. Eine gebrochene Beförderung oder Versendung kann auch dann als innergemeinschaftliche Lieferung oder Ausfuhrlieferung steuerfrei sein, wenn der Abnehmer zu Beginn des Transports feststeht und der Transport ohne nennenswerte Unterbrechung erfolgt (Abschn. 6.1 UStAE wurde durch einen entsprechenden Abs. 3a und Abschn. 6a.1 Abs. 8 UStAE um neue Sätze 3 und 4 ergänzt).

> **Hinweis**
>
> Für **Reihengeschäfte** wurde eine **Vereinfachungsregelung** in den UStAE aufgenommen, nach der unter bestimmten Voraussetzungen bei einer gebrochenen Beförderung oder Versendung aus einem anderen Mitgliedstaat ins Drittlandsgebiet die Behandlung als Reihengeschäft nicht beanstandet wird (s. Abschn. 3.14 Abs. 19 UStAE n. F.). Diese Kollisionsregelung ist wie auch die anderen Grundsätze des BMF-Schreibens v. 7.12.2015 in allen offenen Fällen anzuwenden.

2.8.7 Anforderungen an Spediteurbescheinigungen

Nach der bislang geltenden Fassung der UStDV sind für Spediteurbescheinigungen die erforderlichen Angaben zur Umsatzsteuerbefreiung von Ausfuhrlieferungen einerseits und von innergemeinschaftlichen Lieferungen andererseits unterschiedlich. Während bei Ausfuhrlieferungen nach derzeitigem Recht immer der Aussteller des Belegs (Spediteur) anzugeben ist, muss für innergemeinschaftliche Lieferungen der tatsächlich mit der Beförderung beauftragte Unternehmer (Frachtführer) angegeben werden. Dieser Unterschied wurde mit der Neuregelung in § 10 Abs. 1 Satz 1 Nr. 2 Buchst. b Doppelbuchst. aa, ff und gg UStDV beseitigt, die mit der sog. **Mantelverordnung** v. 22.7.2016 (BGBl 2016 I S. 1722) umgesetzt wurde. Die Änderung in der UStDV trat am 23.7.2016 (Tag nach der Verkündung) in Kraft.

> **Hinweis**
>
> Auch in Fällen der Ausfuhr ist der mit der **tatsächlichen Beförderung beauftragte Unternehmer** anzugeben.

2.8.8 Umsatzsteuerfreiheit von Versicherungsvermittlungsleistungen

Die Finanzverwaltung modifizierte mit Schreiben v. 8.12.2015 (BStBl 2015 I S. 1066) ihre Auffassung, unter welchen Voraussetzungen eine umsatzsteuerfreie Versicherungsvermittlungsleistung i. S. des § 4 Nr. 8 und 11 UStG vorliegt, und ergänzte ihren Umsatzsteuer-Anwendungserlass (UStAE). Danach ist für eine steuerfreie Vermittlungsleistung ausreichend, wenn der jeweilige **Vermittler** zu den Parteien eine **mittelbare Verbindung** über andere Steuerpflichtige unterhält, die selbst in unmittelbarer Verbindung zu einer dieser Parteien stehen. Die Steuerfreiheit wird allerdings bei Leistungen verneint, die keinen spezifischen und wesentlichen Bezug zu einzelnen Vermittlungsgeschäften aufweisen, sondern allenfalls dazu dienen, als Subunternehmer den Versicherer bei den ihm selbst obliegenden Aufgaben zu unterstützen, ohne Vertragsbeziehungen zu den Versicherten zu unterhalten (Abschn. 4.8.1 UStAE n. F.).

> **Hinweis**
>
> Die Grundsätze des Schreibens v. 8.12.2015 sind in allen offen Fällen anzuwenden. Für vor dem 31.12.2015 erbrachte Umsätze beanstandet es die Finanzverwaltung allerdings nicht, wenn der Unternehmer seine Leistungen abweichend von diesem Schreiben als umsatzsteuerpflichtig behandelt.

2.8.9 Voraussetzungen für Umsatzsteuerfreiheit von Vermietung und Verpachtung

Mit BMF-Schreiben v. 21.1.2016 äußerte sich die Finanzverwaltung zu den Voraussetzungen, unter denen die Vermietung und Verpachtung von Grundstücken (§ 4 Nr. 12 UStG) von der Umsatzsteuer befreit ist. Dabei passte sie ihre Ausführungen im Umsatzsteuer-Anwendungserlass (UStAE) an die bereits bekannte Rechtsprechung des EuGH und des BFH an. So weist sie darauf hin, dass für die Frage, ob eine Vermietung oder eine Verpachtung i. S. des § 4 Nr. 12 Satz 1 Buchst. a UStG vorliegt, nicht das nationale Zivilrecht, sondern die **Mehrwertsteuer-Systemrichtlinie maßgebend** ist. Für umsatzsteuerliche Zwecke setzt die Vermietung eines Grundstücks dabei hauptsächlich voraus, dass dem Mieter vom Vermieter auf bestimmte Zeit gegen eine Vergütung das Recht eingeräumt wird, das Grundstück so in Besitz zu nehmen, als ob er dessen Eigentümer wäre und jede andere Person von diesem Recht auszuschließen (vgl. Abschn. 4.12.1 UStAE n. F.).

> **Hinweis**
>
> Diese Grundsätze – die im Kern nicht neu aufgestellt oder verändert, aber aktualisiert und weiter detailliert wurden – sind grundsätzlich in allen offenen Fällen anzuwenden (BMF, Schreiben v. 21.1.2016, BStBl 2016 I S. 150).

2.8.10 Nebenleistungen bei Vermietung und Verpachtung

Nebenleistungen zu einer Hauptleistung sind umsatzsteuerlich so zu beurteilen wie die Hauptleistung. Wird beispielsweise eine Wohnung oder gewerbliche Einheit gem. § 4 Nr. 12 UStG umsatzsteuerfrei vermietet, sind die damit im Zusammenhang stehenden Nebenleistungen – z. B. die Reinigung des Treppenhauses – ebenfalls umsatzsteuerfrei, selbst wenn sie als einzeln erbrachte Leistungen umsatzsteuerpflichtig wären. Der BFH hat sich dazu geäußert, unter welchen Voraussetzungen eine Nebenleistung vorliegt (BFH, Urteil v. 11.11.2015, V R 37/14, BFH/NV 2016 S. 495).

Der BFH hat dabei eine Abgrenzung des EuGH (Urteil v. 16.4.2015, C-42/14) aufgegriffen. Leistungen, über deren Verbrauch der Mieter selbst entscheiden kann und die **verbrauchsabhängig abgerechnet** werden, sind **keine Nebenleistungen**. Danach sind bisher „klassischerweise" als Nebenleistung eingestufte Leistungen wie die Lieferung von Wärme, Strom oder Wasser keine Nebenleistungen. Im Rahmen einer umsatzsteuerfreien Vermietung sind sie damit nicht mehr „automatisch" ebenfalls umsatzsteuerfrei.

> **Hinweis**
>
> Die Finanzverwaltung vertritt in Abschn. 4.12.1. Abs. 5 Satz 3 UStAE eine entgegenstehende Auffassung. Es bleibt abzuwarten, wie die Finanzverwaltung auf die Ausführungen des BFH reagiert. Der BFH widerspricht auch den Regelungen des Abschn. 4.12.1. Abs. 6 UStAE, nach denen die Finanzverwaltung die Auffassung vertritt, dass die Mitvermietung von Einrichtungsgegenständen regelmäßig keine Nebenleistung ist und damit nicht umsatzsteuerfrei mitvermietet werden kann.

2.8.11 Verbilligte Überlassung von Parkplätzen an Arbeitnehmer

Der BFH ordnet die verbilligte Überlassung von Parkplätzen durch ein Unternehmen an seine Arbeitnehmer als entgeltliche Leistung ein, die der Umsatzsteuer unterliegt (BFH, Urteil v. 14.1.2016, V R 63/14, BStBl 2016 II S. 360). Er ließ dabei nicht das Argument des betroffenen Unternehmens gelten, dass die Parkplatzüberlassung im überwiegenden unternehmerischen Interesse erfolgte. Anders als bei der Beurteilung einer unentgeltlichen Leistung (vgl. Abschn. 1.8. Abs. 4 Satz 2 Nr. 5 UStAE) ist bei einer verbilligten Überlassung nach Ansicht des BFH nicht zwischen dem überwiegenden (unternehmenseigenen) Interesse des Arbeitgebers und dem privaten Bedarf des Arbeitnehmers (unternehmensfremde Zwecke) zu unterscheiden. Für die Frage, ob eine umsatzsteuerbare Leistung gegen Entgelt vorliegt, ist laut BFH lediglich eine **beliebige Vorteilsgewährung gegenüber** einem **identifizierbaren Leistungsempfänger** erforderlich, die zu einem Verbrauch führen kann. Dies sah der BFH bei der verbilligten Überlassung der Parkplätze als gegeben an und gab dem Finanzamt Recht, das die verbilligte Überlassung in Höhe der tatsächlichen Zahlungen der Mitarbeiter der Umsatzsteuer unterwarf.

> **Hinweis**
>
> Die Grundsätze des Urteils können nicht nur Bedeutung im Rahmen der Parkplatzüberlassung, sondern auch für sonstige entgeltliche Zuwendungen haben, die ein Arbeitgeber den Arbeitnehmern gewährt. Ob dieses Urteil auch Auswirkung auf die umsatzsteuerliche Einordnung im Bereich der Sachverhalte bei **Mitarbeiterkantinen** haben kann, sollte für den jeweiligen Einzelfall geprüft werden.

2.8.12 Umsatzsteuerbefreiung auch für private Krankenhäuser

In seinen Urteilen v. 23.10.2014 (V R 20/14) und 18.3.2015 (XI R 38/13) bestätigte der BFH die Unionsrechtswidrigkeit des sozialversicherungsrechtlichen Bedarfsvorbehalts in § 4 Nr. 14 b) Satz 2 aa) UStG. Bisweilen führte die Norm dazu, dass die Leistungen privater Krankenhausbetreiber nicht unter den umsatzsteuerlichen Befreiungskatalog fielen.

Aus der höchstrichterlich festgestellten Unionsrechtswidrigkeit folgt jedoch nicht automatisch die Steuerfreiheit für alle Kliniken. Privatkrankenhäuser sind nur umsatzsteuersteuerfrei, wenn ihre Leistungen in sozialer Hinsicht mit denen des § 14 Nr. 4b UStG vergleichbar sind. Der öffentlich-rechtliche Charakter der Einrichtung oder deren Zulassungsstatus sind hingegen unerheblich.

Mit Schreiben v. 6.10.2016 schließt sich das BMF an diese wichtige BFH-Rechtsprechung an und stellt Kriterien auf, die Privatkliniken erfüllen müssen, um unter die Befreiungsvorschrift zu fallen. Als wesentliche Anforderung müssen die **Kosten des Vorjahres** in erheblichem Umfang **von Krankenkassen** oder anderen sozialen Einrichtungen **übernommen** worden sein. Zusätzlich sind weitere „soziale" Anforderungen, wie etwa an das Leistungsangebot, zu erfüllen.

> **Hinweis**
>
> Die neuen Grundsätze sind für alle offenen Fälle anzuwenden, sofern die Umsätze nach dem 31.12.2008 erbracht wurden. Da **kein Wahlrecht** besteht, müssen Privatkrankenhäuser prüfen, ob sie diese Kriterien für steuerfreie Umsätze erfüllen.

2.8.13 Behandlung des Bestelleintritts in Leasingfällen

Die Finanzverwaltung hat ihre Sichtweise zur Frage der Leistungsbeziehungen zwischen den Beteiligten eines Dreiecksleasingverhältnisses bei der Beschaffung von Investitionsgütern geändert und im Umsatzsteuer-Anwendungserlass (UStAE) umgesetzt.

Es handelt sich dabei um die Konstellation, dass der Kunde (künftiger Leasingnehmer) zunächst einen Kaufvertrag über den Liefergegenstand mit dem Lieferanten und anschließend einen Leasingvertrag mit dem Leasing-Unternehmer abschließt. Durch Eintritt in den Kaufvertrag (sog. Bestelleintritt) verpflichtet sich das Leasing-Unternehmen zur Zahlung des Kaufpreises und erlangt den Anspruch auf Übertragung des zivilrechtlichen Eigentums an dem Gegenstand.

Bis zur Ausführung der Leistung können die Vertragspartner mit umsatzsteuerlicher Wirkung ausgetauscht werden, z.B. durch Bestelleintritt oder jede andere Form der Vertragsübernahme. Vertragsänderungen nach Ausführung der Leistung sind dagegen umsatzsteuerlich unbeachtlich. So liegt für den Fall, dass das Leasing-Unternehmen in den Kaufvertrag eingetreten ist, nachdem der Kunde bereits die Verfügungsmacht über den Leasing-Gegenstand erhalten hat (sog. nachträglicher

Bestelleintritt), eine Lieferung des Lieferanten an den Kunden vor. Diese wird durch den Bestelleintritt des Leasing-Unternehmens nicht rückgängig gemacht.

Mit dem BMF-Schreiben v. 2.3.2016 (BStBl 2016 I S. 287) ändert die Finanzverwaltung nun ihre Bewertung des Rechtsgeschäfts zwischen dem eintretenden Leasinggeber und dem Leasingnehmer. Bisher hatte sie dieses Rechtsgeschäft als Kreditgewährung und damit als eine grundsätzlich umsatzsteuerfreie Leistung betrachtet. Nach neuer Auffassung des BMF handelt es sich bei der anschließenden Leistung des Leasing-Unternehmens an den Kunden um ein **sale-and-lease-back-Geschäft**.

> **Hinweis**
>
> Damit kommt neben der bisherigen Beurteilung des Leasingverhältnisses als Kreditgewährung auch eine Wertung als Lieferung des Kunden mit anschließender sonstiger Leistung des Leasing-Unternehmens infrage. Welche der beiden Möglichkeiten zutrifft, ist – wie bei regulären sale-and-lease-back-Geschäften auch – danach zu beurteilen, ob der Übertragung des zivilrechtlichen Eigentums auf den Leasinggeber lediglich eine bloße Sicherungs- und Finanzierungsfunktion zukommt oder ob tatsächlich die vollständige Verfügungsmacht verschafft werden soll.

2.8.14 Behandlung zahlungsgestörter Forderungen

Die umsatzsteuerliche Behandlung des Erwerbs zahlungsgestörter Forderungen ist in manchen Bereichen umstritten. Nun reagierte die Finanzverwaltung in einem BMF-Schreiben v. 2.12.2015 (BStBl 2015 I S. 1012) auf Entwicklungen in der Rechtsprechung zu solchen sog. **Non-Performing-Loans** (NPL) und hält an ihrer früheren Rechtsauffassung aus dem BMF-Schreiben v. 3.6.2004 (BStBl 2004 I S. 737) nicht mehr uneingeschränkt fest.

Dabei reagiert die Finanzverwaltung insbesondere auf das EuGH-Urteil v. 27.10.2011 in der Rechtssache GFKL (C-93/10, BFH/NV 2011 S. 2220). Hier hatte der EuGH entschieden, dass der Kauf von NPL unter gewissen Voraussetzungen keine entgeltliche Dienstleistung darstellt und für sich genommen nicht als unternehmerische Tätigkeit einzustufen ist. Dieser Einschätzung hat sich der BFH in zwei Folgeurteilen angeschlossen und dabei auch daraus resultierende Konsequenzen für den Vertragspartner des Erwerbers abgeleitet. Das BMF-Schreiben

v. 2.12.2015 enthält neben Begriffsdefinitionen und Abgrenzungsfragen auch Änderungen im Umsatzsteuer-Anwendungserlass.

> **Hinweis**
>
> Das BMF-Schreiben ist für alle offenen Fälle anzuwenden, enthält jedoch u. a. eine **Nichtbeanstandungsregelung** für vor dem 1.7.2016 ausgeführte Forderungsübertragungen.

2.8.15 Veräußerung eines Miteigentumsanteils als Lieferung

Der BFH hat seine Rechtsprechung zur umsatzsteuerlichen Einordnung einer Übertragung eines Miteigentumsanteils an einem Gegenstand geändert. Während er bisher eine sonstige Leistung bejahte, hält er nun nicht mehr länger daran fest. Nach seiner geänderten Auffassung kann die Veräußerung des Miteigentumsanteils an einer Sache (im konkreten Fall an einem Buch) Gegenstand einer Lieferung sein (BFH, Urteil v. 18.2.2016, V R 53/14, BFH/NV 2016 S. 869).

> **Hinweis**
>
> Die (geänderte) Rechtsprechung kann u. a. Auswirkungen auf die Frage haben, ob ein Umsatz im Inland oder im Ausland umsatzsteuerbar ist. Die Ortsbestimmungen für sonstige Leistungen und für Lieferungen sind unterschiedlich und können zu unterschiedlichen Ergebnissen führen. Ferner können sich auch Auswirkungen auf die Frage ergeben, ob ein Umsatz umsatzsteuerfrei ist oder nicht. Bei der Übertragung von Miteigentumsanteilen an Grundstücken dürfte die geänderte Rechtsprechung vielfach wohl zu gleichen Ergebnissen führen.

Der Umsatzsteuer-Anwendungserlass geht mit der bisherigen Rechtsprechung des BFH zurzeit noch davon aus, dass die Übertragung eines Miteigentumsanteils eine sonstige Lieferung ist (Abschn. 3.5. Abs. 3 Nr. 2 UStAE). Ob sich die Finanzverwaltung der geänderten Rechtsprechung anschließen wird, ist abzuwarten.

2.8.16 Sale-and-lease-back in neuem Licht

Leasinggeschäfte stellen umsatzsteuerlich regelmäßig eine umsatzsteuerpflichtige Lieferung oder eine umsatzsteuerfreie Kreditgewährung dar. Laut BFH kann die Mitwirkung an einer bilanziellen Gestaltung aber auch als umsatzsteuerpflichtige sonstige Leistung eingestuft werden (BFH, Urteil v. 6.4.2016, V R 12/15, BFH/NV 2016 S. 1398).

> **Hinweis**
>
> Im konkreten Fall konnte der spätere Leasingnehmer immaterielle Wirtschaftsgüter nicht bilanzieren, da sie selbst geschaffen waren. Durch ein Sale-and-lease-back-Geschäft konnte er aber infolge des Verkaufs die Kaufpreisforderung bilanzieren. In der Mitwirkung des Ankäufers (Leasinggebers) an diesem Vorteil für den Verkäufer (Leasingnehmer) sah der BFH den Schwerpunkt der Leistung des Leasinggebers und bejahte eine sonstige umsatzsteuerpflichtige Leistung.

2.8.17 Umgekehrte Steuerschuldnerschaft bei Bautätigkeiten an Betriebsvorrichtungen

Der Gesetzgeber hat mit dem Steueränderungsgesetz 2015 v. 2.11.2015 (BGBl 2015 I S. 1834) die Verwaltungsauffassung zur umgekehrten Steuerschuldnerschaft bei Bautätigkeiten an Betriebsvorrichtungen in § 13b UStG verankert. Ferner hat er Ausnahmen von der Umkehr der Steuerschuldnerschaft für juristische Personen des öffentlichen Rechts geschaffen.

Mit Schreiben v. 10.8.2016 (BStBl 2016 I S. 820) hat nun die Finanzverwaltung auf diese Gesetzesänderung reagiert und den Umsatzsteuer-Anwendungserlass überarbeitet. So präzisierte sie ihre Abgrenzung der umgekehrten Steuerschuldnerschaft im Bereich von **Maschinen**, **Anlagen** und **Betriebsvorrichtungen, die in einem Bauwerk installiert** werden. Außerdem enthält das BMF-Schreiben Erläuterungen im Hinblick auf die Ausnahmeregelung des 13b Abs. 5 Satz 10 UStG für juristische Personen des öffentlichen Rechts.

> **Hinweis**
>
> Das BMF-Schreiben gilt für die neue Rechtslage und ist dementsprechend bereits auf Umsätze anzuwenden, die nach dem 5.11.2015 ausgeführt werden. Es enthält dabei auch Regelungen für Sachverhalte, die sich auf Zeiträume vor und nach dem Stichtag beziehen.

2.8.18 Ernstliche Zweifel an der Rechtmäßigkeit von geänderten Umsatzsteuerbescheiden

In der Frage der Nacherhebung der Umsatzsteuer in Fällen der unrichtigen, aber mit Auffassung der Finanzverwaltung angenommenen umgekehrten Steuerschuldnerschaft, äußert der BFH ernstliche Zweifel an der Rechtmäßigkeit von nach § 27 Abs. 19 UStG geänderten Umsatzsteuerbescheiden (BFH, Beschluss v. 17.12.2015, XI B 84/15, BStBl 2016 II S. 192).

Hintergrund dieser Entscheidung sind die in 2014 erfolgten Änderungen bei der Abgrenzung zwischen regulärer und umgekehrter Steuerschuldnerschaft im Bereich der Bauleistung (§ 13b Abs. 5 UStG). Zunächst änderte die Finanzverwaltung ihre Auffassung infolge eines BFH-Urteils. Daraufhin änderte der Gesetzgeber den § 13b UStG und schrieb die ursprüngliche Rechtsauffassung der Finanzverwaltung weitestgehend gesetzlich (wieder) fest. Um dem Finanzamt die Nachforderung der Umsatzsteuer vom Leistenden zu ermöglichen, schränkte der Gesetzgeber dessen Vertrauensschutz (§ 176 Abs. 2 AO) durch eine Änderung des § 27 Abs. 19 UStG ein.

> **Hinweis**
>
> Von den Finanzgerichten wurde die Frage der (vorläufigen) Nacherhebung der Umsatzsteuer bisher unterschiedlich beantwortet. Zur endgültigen Klärung der Frage bleibt nun das Hauptsacheverfahren beim BFH abzuwarten.

2.8.19 Anforderungen an ordnungsmäßige Rechnungen für den Vorsteuerabzug

Eine zum Vorsteuerabzug berechtigende Rechnung erfordert nach den deutschen umsatzsteuerlichen Regelungen u. a. die **vollständige Anschrift des leistenden Unternehmers** (§ 14 Abs. 4 Satz 1 Nr. 1 UStG). Zur Frage, welche Anforderungen dabei konkret erfüllt sein müssen, wurde der EuGH eingeschaltet. Sowohl der V. BFH-Senat als auch der XI. BFH-Senat haben entsprechende Vorlagefragen an den EuGH gestellt (BFH, Beschlüsse v. 6.4.2016, V R 25/15, BFH/NV 2016 S. 1405, und XI R 20/14, BFH/NV 2016 S. 1401).

Geklärt werden soll, ob das in der Mehrwertsteuersystemrichtlinie verankerte Rechnungsmerkmal der „vollständigen Anschrift" auch dann als erfüllt anzusehen ist, wenn der Unternehmer unter der angegebenen Adresse **nur postalisch zu erreichen** ist und dort **keinen wirtschaftlichen Aktivitäten** nachgeht. Der EuGH soll beantworten, ob dafür auch eine Briefkastenadresse ausreicht und welche Anschrift von Unternehmen anzugeben ist, die über kein Geschäftslokal verfügen (z. B. im **Internethandel**). Geklärt werden sollen zudem die Voraussetzungen für eine Gewährung des Vertrauensschutzes, wenn Rechnungen gegen formale Anforderungen verstoßen.

Hinweis

Bisher sah der BFH die Ausübung wirtschaftlicher Tätigkeiten an der Rechnungsadresse als zwingende Voraussetzung für den Vorsteuerabzug, bei deren Nichtvorliegen grundsätzlich auch kein Gutglaubensschutz greife (BFH, Urteil v. 22.7.2015, V R 23/14, BStBl 2015 II S. 914). Nun hat der BFH u. a. vor dem Hintergrund des danach ergangenen EuGH-Urteils in der Rechtssache PPUH Stehcemp jedoch Zweifel, ob eine solche strenge Auslegung der Mehrwertsteuersystemrichtlinie der Auffassung des EuGH entspricht (s. EuGH, Urteil v. 22.10.2015, C-277/14, BFH/NV 2015 S. 1790).

2.8.20 Rückwirkung einer Rechnungskorrektur

Der Vorsteuerabzug setzt grundsätzlich voraus, dass der Unternehmer eine Rechnung erhalten hat, die allen formellen Anforderungen des § 14 Abs. 4 UStG genügt. Bei Fehlen einer Pflichtangabe in der Rechnung (z. B. der Leistungszeitraum) sind die Voraussetzungen für den Vorsteuerabzug daher nicht erfüllt. Wird die fehlerhafte Rechnung korrigiert, ist dem Unternehmer der Vorsteuerabzug letztlich aber doch zu gewähren.

Bisher nicht geklärt ist die Frage, ob die **Rechnungskorrektur** auf den Zeitpunkt der ursprünglich fehlerhaften Rechnung **zurückwirkt**.

> **Hinweis**
>
> Die Frage hat Bedeutung wegen der Belastung mit Zinsen. Wirkt die Rechnungskorrektur nicht zurück, verschiebt sich das Recht auf Vorsteuerabzug vom Veranlagungszeitraum der ursprünglichen Rechnungserteilung auf den Veranlagungszeitraum der Rechnungskorrektur. Fehlerhafte Rechnungen fallen aber häufig erst in einer Betriebsprüfung auf, so dass auch die Rechnungskorrektur erst – häufig Jahre – später erfolgt. Folge ist die Festsetzung von Zinsen in Höhe von 6 % pro Jahr auf die versagte Vorsteuer.

Nach bisheriger Auffassung des BFH und der Finanzverwaltung ist eine rückwirkende Rechnungskorrektur nicht möglich. Der EuGH sieht das allerdings anders und bejaht die Rückwirkung einer Rechnungskorrektur (EuGH, Urteil v. 15.9.2016, C-518/14, Rs. Senatex GmbH, BFH/NV 2016 S. 1870).

> **Hinweis**
>
> Damit besteht nun Hoffnung, dass auch der BFH die Rückwirkung der Rechnungskorrektur bejaht. Unternehmer können sich in gleichgelagerten Fällen direkt auf das EuGH-Urteil berufen. Andererseits gibt das EuGH-Urteil keinen Anlass zur Sorglosigkeit bei der Prüfung eingehender Rechnungen. Da eine fehlerhafte Rechnung auch weiterhin nicht zum Abzug der Vorsteuer berechtigt, muss die **fehlerhafte Rechnung** auch **tatsächlich korrigiert** werden. Gelingt aber dies nicht, weil z. B. der ausstellende Unternehmer nicht mehr existiert, ist und bleibt die Vorsteuer endgültig verloren. Auch helfen die Ausführungen des EuGH nicht, wenn Vorsteuer abgezogen wurde, obwohl ursprünglich gar keine Rechnung vorgelegen hat und eine Rechnung erstmalig zu einem späteren Zeitpunkt erteilt wird.

Neben der Entscheidung in der Rs. Senatex hat der EuGH am selben Tag eine weitere wichtige Entscheidung zur Berücksichtigung ergänzender Informationen außerhalb des eigentlichen Rechnungsdokuments veröffentlicht. Nach Auffassung des EuGH darf die Finanzverwaltung die **Vorsteuerabzugsberechtigung** nicht allein anhand des Rechnungsdokuments prüfen, sondern muss auch Erkenntnisse aus anderen **Quellen außerhalb des Rechnungsdokuments** berücksichtigen (EuGH, Urteil v. 15.9.2016, C-516/14, Rs. Barlis, BFH/NV 2016 S. 1870).

> **Hinweis**
>
> Zwar gibt das EuGH-Urteil Argumente, wenn die Finanzverwaltung den Vorsteuerabzug aufgrund fehlender Angaben in der Rechnung verwehrt. Noch nicht eindeutig geklärt ist allerdings die Frage, wie fehlerhaft ein Rechnungsdokument sein darf, ohne dass es seine Eigenschaft als Rechnung verliert. Daher sollte auch trotz dieser Ausführungen des EuGH weiterhin Sorgfalt auf den Erhalt ordnungsgemäßer Rechnungen gelegt werden.

2.8.21 Kein Vorsteuerabzug für Betreiber eines Zolllagers

Der BFH gewährt einem Betreiber eines Zolllagers nicht den Vorsteuerabzug der aufgrund von Fehlmengen festgesetzten Einfuhrumsatzsteuer (BFH, Urteil v. 11.11.2015, V R 68/14, BStBl 2016 II S. 720). Aus dem kürzlich ergangenen EuGH-Urteil „DSV Road A/S" v. 25.6.2015 (C-187/14) könne nicht gefolgert werden, für die Vorsteuerabzugsberechtigung für Einfuhrumsatzsteuer sei nur allein auf das Entstehen der Einfuhrumsatzsteuer abzustellen und damit auf das Erfordernis der Verfügungsmacht an dem eingeführten Gegenstand zu verzichten.

> **Hinweis**
>
> Allerdings präzisiert der BFH das Merkmal der **Verfügungsmacht**. Danach erfordere die für den Vorsteuerabzug nach § 15 Abs. 1 Satz 1 Nr. 2 UStG maßgebliche Einfuhr für das Unternehmen, dass die **Einfuhrumsatzsteuer** Eingang in den **Preis der Ausgangsumsätze** findet. Für den BFH gehörte im konkreten Fall die Einfuhrumsatzsteuer nicht zu den Kostenelementen der unternehmerischen Tätigkeit des Zolllagerbetreibers. Ob dem Betreiber des Zolllagers allerdings die nach seiner bisherigen Rechtsprechung maßgebliche Verfügungsmacht zugestanden hat, prüfte der BFH aus revisionsrechtlichen Gründen nicht.

2.8.22 Vorsteueraufteilung bei gemischt genutzten Gebäuden

Werden Gegenstände und Dienstleistungen von einem Steuerpflichtigen sowohl für Umsätze verwendet, für welche ein Recht auf Vorsteuerabzug besteht, als auch für Umsätze, für die kein solches Recht auf Vorsteuerabzug besteht, kann die Vorsteuer nur teilweise abgezogen werden (Aufteilung der Vorsteuer). Bei der Herstellung eines gemischt genutzten Gebäudes ermöglicht der **objektbezogene Flächenschlüssel** regelmäßig einen sachgerechteren und **präziseren Vorsteuerabzug** als der objektbezogene Umsatzschlüssel.

Der BFH bestätigte das. In solchen Herstellungsfällen kommt es laut BFH auf die **prozentualen Verwendungsverhältnisse** des gesamten Gebäudes und nicht auf die spezifische Zuordnung einzelner Aufwendungen in bestimmte Teile des Gebäudes an. Letzteres sei nur für die Eingangsleistungen in Bezug auf Nutzung, Erhaltung und Unterhaltung eines gemischt genutzten Gebäudes relevant. Die Neuregelung der Aufteilungsmethode könne zudem eine **Berichtigung des Vorsteuerabzugs** nach § 15a UStG nach sich ziehen. Zur Anwendung des (objektbezogenen) Umsatzschlüssels kommt es laut BFH hingegen, wenn der Flächenschlüssel nicht sachgerecht ist, also etwa die Ausstattung der unterschiedlichen Zwecken dienenden Räume erhebliche Unterschiede aufweist (BFH, Urteil v. 10.8.2016, XI R 31/09, BFH/NV 2016 S. 1654).

Hinweis

Mit dem Urteil setzt der BFH das Urteil des von ihm angerufenen EuGH in der Rechtssache C-332/14 („Rey") um. Nach Meinung des EuGH verlangt das EU-Recht nicht zwingend, dass der **Aufteilungsschlüssel** nur für diejenigen Vorsteuern anzuwenden ist, bei denen die Eingangsleistungen nicht direkt einem Ausgangsumsatz zugeordnet werden können.

Außerdem sei eine Vorsteuerkorrektur gem. § 15a UStG nach der EU-Richtlinie auch dann erforderlich, wenn durch eine Rechtsänderung ein bisher verwendeter Aufteilungsschlüssel – z. B. Umsatzschlüssel – durch einen anderen – z. B. Flächenschlüssel – nicht mehr angewendet werden kann. Der Steuerpflichtige genieße bezüglich der Fortführung des bisherigen Schlüssels auch keinen Vertrauensschutz (EuGH, Urteil v. 9.6.2016, C-332/14, BFH/NV 2016 S. 1245).

Die Klärung, welche Form der Vorsteueraufteilung im vorliegenden Fall zur Anwendung kommt, hat der XI. Senat mangels Beurteilungsgrundlage zur weiteren Prüfung an die Vorinstanz, das FG Düsseldorf, zurückverwiesen.

2.8.23 Personengesellschaft als Organgesellschaft

Bereits 2015 hatte der EuGH die Möglichkeit bejaht, dass auch Personengesellschaften wie KG, OHG oder GbR Organgesellschaften einer umsatzsteuerlichen Organschaft sein können (EuGH, Urteil v. 16.7.2015, C-108/14, C-109/14, Rs. „Larentia+Minerva und Marenave"). In den Folgeurteilen haben sich der V. BFH-Senat und der XI. BFH-Senat zu der Umsetzung der Ausführungen des EuGH unterschiedlich geäußert.

Nach Auffassung des V. BFH-Senats sollen nur diejenigen Personengesellschaften organschaftsfähig sein, bei denen der **Organträger alleiniger Gesellschafter** ist oder er die Mitgesellschafter ebenfalls beherrscht (BFH, Urteil v. 2.12.2015, V R 25/13, BFH/NV 2016 S. 500). Im Urteil V R 15/14 hält der V. Senat ebenfalls an dem Erfordernis einer eigenen Mehrheitsbeteiligung des Organträgers an der Tochtergesellschaft als Voraussetzung für die finanzielle Eingliederung fest und verneinte die finanzielle Eingliederung einer GmbH in ihre Schwester-KG (BFH, Urteil v. 2.12.2015, V R 15/14, BFH/NV 2016 S. 506).

Der XI. BFH-Senat schließt aus dem EuGH-Urteil dagegen das Erfordernis der „**kapitalistischen Prägung**" der Personengesellschaft als Voraussetzung für die Organschaftsfähigkeit. Das ist nach Meinung des XI. Senats dann der Fall, wenn eine **juristische Person die Geschäfte führt** (BFH, Urteile v. 19.1.2016, XI R 38/12, BFH/NV 2016 S. 706 und v. 1.6.2016, XI R 17/11, BFH/NV 2016 S. 1410). Dieses Erfordernis erfüllt z. B. eine **GmbH & Co. KG**.

Hinweis

Der XI. Senat hat sich nicht ausdrücklich zu dem vom V. BFH-Senat aufgestellten Erfordernis der **vollständigen Beherrschung der Personengesellschaft** geäußert, hat allerdings Zweifel durchblicken lassen. Mit den unterschiedlichen Auffassungen der beiden Senate dürfte daher aus Sicht der Rechtsprechung nur geklärt sein, dass eine GmbH & Co. KG, deren sämtliche Anteile die

> Organträgerin unmittelbar oder mittelbar hält, eine umsatzsteuerliche Organgesellschaft sein kann. Für alle anderen Fälle dürfte die Rechtslage offener denn je sein.

Mit Spannung abzuwarten bleibt die Reaktion der Finanzverwaltung auf die Ausführungen des EuGH und der unterschiedlichen Auffassungen der BFH-Senate. Hier ist mit einem umfassenden BMF-Schreiben zu rechnen. Wie auch die OFD Frankfurt am Main in ihrer Verfügung v. 11.7.2016 darstellt, beschäftigt sich eine Arbeitsgruppe mit den Folgen der Urteile. Auch wird sich die Finanzverwaltung mit den bisher ebenfalls noch nicht abschließend geklärten Fragen der verfahrensrechtlichen Folgen des Vorliegens einer umsatzsteuerlichen Organschaft beim Organträger und bei den Organgesellschaften auseinandersetzen müssen. Denn anders als bei einer ertragsteuerlichen Organschaft, die einen Willensakt der beteiligten Gesellschaften (Abschluss eines Gewinnabführungsvertrags) voraussetzt, treten die Folgen einer umsatzsteuerlichen Organschaft „automatisch" ohne einen solchen nach außen manifestierten Willensakt ein. Hier gilt es z. B. auch, den Vertrauensschutz nach § 176 AO zu beachten.

Hinweis

Der BFH bleibt bei seiner Auffassung, dass der Organträger Unternehmer sein muss. Nach seiner Ansicht ergibt sich eine Erweiterung auf Nichtunternehmer auch nicht aus dem Unionsrecht. Der BFH verneinte damit bei einer nicht unternehmerisch tätigen juristischen Person des öffentlichen Rechts die Organträgereigenschaft und damit die Wirkungen der umsatzsteuerlichen Organschaft (BFH, Urteil v. 2.12.2015, V R 67/14, BFH/NV 2016 S. 511).

2.8.24 Vorsteuerabzug einer geschäftsleitenden Holding

Ebenfalls im Urteil v. 19.1.2016 (XI R 38/12, BFH/NV 2016 S. 706; vgl. vorstehende Tz. 2.8.23) gewährt der BFH einer geschäftsleitenden Holding (sog. Führungsholding), die an der Verwaltung einer Tochtergesellschaft teilnimmt, grundsätzlich den vollen Vorsteuerabzug für die Vorsteuerbeträge, die im Zusammenhang mit dem Erwerb dieser Tochtergesellschaft stehen.

> **Hinweis**
>
> Auch in diesem Punkt trifft der BFH eine Folgeentscheidung zum EuGH-Urteil in der Rs. Larentia+Minerva und Marenave v. 16.7.2015, C-108/14, C-109/14.

Von dem generellen Vorsteuerabzug nicht umfasst sind laut BFH die Vorsteuerbeträge im Zusammenhang mit der **verzinslichen Kapitalanlage** bei einer Bank. Da die verzinsliche Anlage von Kapital einer Umsatzsteuerbefreiung unterliegt, seien die damit zusammenhängenden Vorsteuerbeträge (anteilig) nicht abziehbar. Auf die erforderliche Vorsteueraufteilung könne nicht aufgrund der Vereinfachungsregelung des § 43 UStDV verzichtet werden, da die **umsatzsteuerfreie Geldanlage bei Kreditinstituten** zur Haupttätigkeit der Holding gehöre und kein „Hilfsumsatz" i. S. des § 43 Nr. 3 UStDV sei.

> **Hinweis**
>
> Da im Streitfall offen geblieben war, ob die Führungsholding für diese an sich umsatzsteuerfreien Umsätze wirksam zur Umsatzsteuerpflicht optiert hat, hat der BFH den Streitfall der Vorinstanz zur Prüfung zurückverwiesen.

Im Urteil v. 6.4.2016 (V R 6/14, BFH/NV 2016 S. 1236) versagte der BFH den Vorsteuerabzug aus Eingangsleistungen, die mit der Einwerbung einer Kapitalerhöhung für eine bestehende Tochtergesellschaft im Zusammenhang standen. Vorsteuern, die sowohl auf die wirtschaftliche als auch auf die nichtwirtschaftliche Tätigkeit entfallen, seien gemäß der Aufteilungssystematik des § 15 Abs. 4 UStG analog in abziehbar und nicht abziehbar aufzuteilen.

2.8.25 Zwangsrabatte der Pharmahersteller

Die Finanzverwaltung erkennt die Rabatte, die Pharmahersteller an private Krankenkassen (PKV) gesetzlich zahlen müssen, nicht als Minderung der umsatzsteuerlichen Bemessungsgrundlage an. An gesetzliche Krankenkassen (GKV) gezahlte Rabatte dagegen schon (vgl. BMF, Schreiben v. 14.11.2012, BStBl 2012 I S. 1170). Den Unterschied sieht die Finanzverwaltung darin, dass die PKV nicht Teil der Lieferkette sei, in der das Medikament vom Pharmahersteller über Großhändler und Apotheke „nur" bis zum Endverbraucher gelange – dem bei der PKV Versicherten. Ein Rabatt, der an einen Dritten (hier: PKV) und nicht an den unmittelbaren Leistungspartner (hier: den Großhändler) gewährt wird, setze aber eben dies voraus.

Der BFH sieht in der **unterschiedlichen Behandlung der Zwangsrabatte** an die GKV einerseits und an die PKV andererseits einen Verstoß gegen den europarechtlichen Gleichheitsgrundsatz. Er legte dem EuGH daher die Frage zur Klärung vor (BFH, Beschluss v. 22.6.2016, V R 42/15, BFH/NV 2016 S. 1528).

> **Hinweis**
>
> Damit hat der EuGH die Möglichkeit, die für die Pharmabranche bedeutende Frage zu klären, wie die unterschiedliche umsatzsteuerliche Behandlung der Zwangsrabatte europarechtlich zu würdigen ist.

2.8.26 Kein ermäßigter Steuersatz auf Hotelparkplätze

Der ermäßigte Umsatzsteuersatz von 7 % für Vermietungen zur **kurzfristigen Beherbergung** (sog. Hotelsteuer) gilt laut ausdrücklicher gesetzlicher Bestimmung nicht für Nebenleistungen, die nicht unmittelbar der Vermietung dienen, auch wenn diese Leistungen mit dem Vermietungsentgelt abgegolten sind. Laut BFH greift die Hotelsteuer damit nicht für die Einräumung von Parkmöglichkeiten an Hotelgäste, auch wenn dafür kein gesondertes Entgelt berechnet wird (BFH, Urteil v. 1.3.2016, XI R 11/14, BStBl 2016 II S. 753).

Im konkreten Fall stellte ein Hotel ohne gesonderte Vereinbarung den Gästen Parkmöglichkeiten zur Verfügung. Ob ein Hotelgast mit seinem Pkw anreiste und den Parkplatz nutzte, wurde nicht geprüft. Eine Parkplatznutzung wurde nicht in Rechnung gestellt. Anders als die Vorinstanz (Niedersächsisches FG, Urteil v. 16.1.2014, 5 K 273/13) sah der BFH keinen unmittelbaren Zusammenhang der Parkplatzüberlassung mit der Übernachtungsleistung.

> **Hinweis**
>
> Bereits 2013 ordnete der BFH Frühstücksleistungen als nicht unmittelbar der Hotelübernachtung dienende Leistungen ein und verneinte die Anwendung des ermäßigten Steuersatzes (BFH, Urteil v. 24.4.2013, XI R 3/11, BStBl 2014 II S. 86).

2.8.27 Vorzeitige Veröffentlichung der Umsatzsteuerformulare für 2017

Das Muster der Umsatzsteuererklärung wird künftig bereits vor Beginn des betreffenden Kalenderjahres veröffentlicht. Damit soll die elektronische Übermittlung an das Finanzamt zukünftig ab Jahresbeginn möglich sein. Das BMF möchte mit der vorzeitigen Veröffentlichung des Musters der Umsatzsteuererklärung erreichen, dass Unternehmer, die ihre gewerbliche oder berufliche Tätigkeit im laufenden Jahr einstellen und danach zur Abgabe der Umsatzsteuererklärung innerhalb von einem Monat verpflichtet sind, auch ihrer grundsätzlichen Verpflichtung zur elektronischen Übermittlung der Umsatzsteuererklärung nachkommen.

> **Hinweis**
>
> Die Anwendung der Ausnahmeregelung nach Abschnitt 18.1 Abs. 2 Satz 2 UStAE, die eine Abgabe der Umsatzsteuererklärung in diesen Fällen in Papierform erlaubte, soll dadurch nicht mehr möglich sein. Ab dem 1.1.2017 wird daher der Ausnahmefall nach Abschnitt 18.1 Abs. 2 Satz 2 UStAE aufgehoben (BMF, Scheiben v. 4.10.2016, BStBl 2016 I S. 1059).

2.9 Grunderwerbsteuer

2.9.1 Abtretung eines Gesellschaftsanteils

Der BFH äußerte sich erstmals zu den Folgen eines sog. **Benennungsrechts**, das einem Erwerber das Recht einräumt – noch vor dem dinglichen Vollzug – sämtliche Rechte und Pflichten aus dem **Anteilskaufvertrag** auf eine Tochtergesellschaft zu übertragen. Laut BFH unterliegt die Abtretung der Rechte und Pflichten aus dem Anteilskaufvertrag auf eine Tochtergesellschaft nicht der Grunderwerbsteuer –

weder nach dem Ersatztatbestand § 1 Abs. 3 Nr. 3 GrEStG noch nach § 1 Abs. 3 Nr. 4 GrEStG (BFH, Urteil v. 12.5.2016, II R 26/14, BStBl 2016 II S. 748).

> **Hinweis**
>
> Laut BFH löst die Abtretung eines bereits bestehenden Übertragungsanspruchs oder die Begründung der Verpflichtung dazu keinen weiteren grunderwerbsteuerbaren Anteilseignerwechsel aus, da bereits das vorangegangene schuldrechtliche Rechtsgeschäft (Anteilskaufvertrag zwischen Veräußerer und Ersterwerber) der Grunderwerbsteuer unterlegen hat. Auch liege kein weiterer steuerbarer Vorgang im Hinblick auf eine Übertragung von dem Ersterwerber an die benannte Tochtergesellschaft nach § 1 Abs. 3 Nr. 3 GrEStG oder § 1 Abs. 3 Nr. 4 GrEStG vor.

2.9.2 Mittelbare Änderung des Gesellschafterbestands bei Treuhandverträgen

Die Beurteilung einer mittelbaren Änderung des Gesellschafterbestands i. S. des § 1 Abs. 2a GrEStG richtete sich nach bisheriger Auffassung des BFH nur nach wirtschaftlichen Maßstäben, eine Anknüpfung an das Zivilrecht schied hingegen aus (vgl. u. a. BFH, Urteil v. 24.4.2013, II R 17/10, BStBl 2013 II S. 833).

Handelt es sich um eine Treuhandvereinbarung über einen **Kommanditanteil**, die dazu führt, dass den Treugebern im maßgeblichen Fünfjahreszeitraum mindestens 95 % der Anteile am Gesellschaftsvermögen der Personengesellschaft als neuen Gesellschaftern zuzurechnen sind, reichen nach Auffassung des BFH bereits diese schuldrechtlichen Bindungen aus, die Anteile am Vermögen der Personengesellschaft den Treugebern als neue Gesellschafter nach § 39 Abs. 2 Nr. 1 AO und damit auch grunderwerbsteuerlich zuzurechnen und dementsprechend einen mittelbaren Gesellschafterwechsel anzunehmen. Dies entschied der BFH im Urteil v. 25.11.2015 (II R 18/14, BFH/NV 2016 S. 490) für eine Publikums GmbH & Co. KG, deren Kommanditistin, eine GmbH, Treuhandverträge mit mehreren Treugebern vereinbarte und den Gesellschaftsanteil treuhänderisch für diese hielt. Für die Zurechnungsentscheidung könne dabei unter Beachtung grunderwerbsteuerlicher Besonderheiten auf die Grundsätze des wirtschaftlichen Eigentums (§ 39 Abs. 2 Nr. 1 AO) zurückgegriffen werden.

> **Hinweis**
>
> Dieser Einschätzung steht laut BFH auch nicht die durch das StÄndG 2015 eingeführte Änderung des § 1 Abs. 2a GrEStG entgegen, mit welcher die wirtschaftliche Betrachtungsweise abgeschafft werden sollte.

2.10 Energie- und Stromsteuer

2.10.1 Antragsfristen bei energiesteuerlichen Entlastungsansprüchen

Bei der Beantragung der Erstattung von Energiesteuer ist die einjährige Antragsfrist zu beachten, welche zugleich der allgemeinen Festsetzungsfrist für Verbrauchsteuern entspricht. Die Frist zur Antragstellung beginnt dabei grundsätzlich mit Ablauf des Kalenderjahres, in dem der Entlastungsanspruch entstanden ist.

Der BFH hat nun klargestellt, dass die Entstehung des Anspruchs dabei nicht von der Festsetzung der Steuer durch einen Steuerbescheid oder der Abgabe einer Steueranmeldung durch den Lieferer abhängig gemacht werden kann. Der **Entlastungsanspruch** entstehe vielmehr bereits dann, wenn ein vom Lieferanten bezogenes Erzeugnis **durch den Antragsteller energetisch verwendet** werde, was regelmäßig zeitlich vor der Anmeldung und Festsetzung von Energiesteuer beim Lieferanten erfolgt (BFH, Urteil v. 20.9.2016, VII R 7/16, BFH/NV 2016 S. 1835).

Die Frist zur Beantragung einer energiesteuerlichen Entlastung endet daher bereits mit Ablauf des auf die Verwendung folgenden Kalenderjahres, nicht aber erst mit Ablauf des auf die Festsetzung oder Abgabe der Steueranmeldung folgenden Jahres.

> **Hinweis**
>
> Mit seinem Urteil hat der BFH die in der Praxis viel diskutierte Entscheidung des FG München aufgehoben, welches für das Merkmal der „nachweislichen Versteuerung" zumindest die Festsetzung der entsprechenden Steuer forderte, was u. U. einen Entlastungsanspruch noch im Folgejahr der Steueranmeldung ermöglicht hätte (vgl. FG München, Urteil v. 4.2.2016, 14 K 23/14).

2.10.2 Veröffentlichungs-, Informations- und Transparenzpflichten

Die überwiegende Anzahl der Steuerbegünstigungen im deutschen Strom- und Energiesteuerrecht ist als **Beihilfe** im Sinne der Vorgaben der EU-Kommission anzusehen. Voraussetzung für die Rechtmäßigkeit der Gewährung staatlicher Beihilfen auf dem Gebiet der Strom- und Energiesteuer sind seit dem 1.7.2016 bestimmte Veröffentlichungs-, Informations- und Transparenzpflichten. Mit der „Verordnung zur Umsetzung unionsrechtlicher Transparenzpflichten im Energiesteuer- und im Stromsteuergesetz sowie zur Änderung weiterer Verordnungen" (EnSTransV) v. 4.5.2016 (BGBl 2016 I S. 1158) wurden diese Pflichten für die Begünstigten eingeführt. Die Verpflichtungen gelten für Steuerbegünstigungen ab dem 1.7.2016.

> **Hinweis**
>
> Grundsätzlich sind somit zukünftig von den Begünstigten staatlicher Beihilfen im Strom- und Energiesteuerrecht **gesonderte Erklärungen** hinsichtlich **erhaltener Steuerbegünstigungen** (d. h. Steuerbefreiungen, Steuerermäßigungen, Steuerentlastungen) erforderlich.

2.11 Hinzurechnungsbesteuerung

2.11.1 Grenzüberschreitende Patronatserklärungen

Genügen Geschäftsbeziehungen zu ausländischen nahe stehenden Personen nicht dem Fremdvergleichsgrundsatz, sind die Einkünfte in Deutschland entsprechend zu korrigieren (§ 1 AStG). Dabei ist u. a. die Frage der Reichweite des Begriffs der Geschäftsbeziehungen umstritten.

Das FG Rheinland-Pfalz hat europarechtliche Bedenken, die steuerpflichtigen Einkünfte einer inländischen Konzernmuttergesellschaft nach § 1 AStG um fiktive Haftungsvergütungen zu erhöhen, da unentgeltliche Patronatserklärungen für ausländische Konzerngesellschaften einem Fremdvergleich standhalten müssten, Patronatserklärungen zugunsten inländischer Tochterunternehmen jedoch nicht. Im Streitfall (Streitjahr 2003) hatte ein deutsches Mutterunternehmen zur Sicherung des Geschäftsbetriebs ihrer ausländischen Konzerngesellschaften Patronats- und Garantieerklärungen gegenüber deren Finanzierungsbanken abgegeben, ohne dafür Haftungsvergütungen zu verlangen. Das Finanzamt sah darin eine Geschäftsbeziehung i. S. des § 1 Abs. 4 AStG und **erhöhte die Einkünfte** des Mutterunternehmens **um fiktive Haftungsvergütungen.**

Das FG Rheinland-Pfalz hat aber Zweifel, ob diese Einkünftekorrektur mit der europarechtlich gebotenen Niederlassungsfreiheit vereinbar ist. Die Zweifel begründet das FG mit der Ungleichbehandlung im Vergleich zum reinen Inlandsfall, in dem keine Einkünftekorrektur greife. Dabei weist das FG darauf hin, dass es in § 1 AStG an einer Möglichkeit fehle, bei grenzüberschreitenden Vorteilsgewährungen wirtschaftliche Gründe für eine Vereinbarung nicht fremdüblicher Konditionen nachzuweisen, die aus der gesellschaftsrechtlichen Verbundenheit der Beteiligten resultieren (FG Rheinland-Pfalz, Beschluss v. 28.6.2016, 1 K 1472/13).

Hinweis

Die Frage nach der gemeinschaftsrechtlichen Konformität des § 1 AStG liegt damit dem EuGH zur Prüfung vor (anhängig unter C-382/16, Rs. Hornbach-Baumarkt). Der BFH hält – entgegen einiger Stimmen in der Literatur – den § 1 AStG nach der zum belgischen Recht ergangenen SGI-Entscheidung des EuGH (Urteil v. 21.1.2010, C-311/08, Rs. SGI, BFH/NV 2010 S. 571) für gemeinschaftsrechtskonform (BFH, Urteil v. 25.6.2014, I R 88/12, BFH/NV 2015 S. 57).

2.11.2 Grenzüberschreitendes Darlehen im Dreiecksverhältnis

Mit der Frage, ob unentgeltliche grenzüberschreitende Vorteilsgewährungen im Konzern der **Hinzurechnungsbesteuerung** unterliegen, hat sich auch das Sächsische FG beschäftigt. In dem die Streitjahre 2003 und 2004 betreffenden Fall gewährten eine deutsche Muttergesellschaft und deren Organtochter ihrer ausländischen Tochter- bzw. Schwestergesellschaft unverzinsliche Darlehen. Darin sah das FG Geschäftsbeziehungen i. S. des § 1 Abs. 4 AStG und bejahte eine Hinzurechnung in Höhe des Zinsvorteils bei der deutschen Muttergesellschaft nach § 1 AStG (Sächsisches FG, Urteil v. 26.1.2016, 3 K 653/11).

> **Hinweis**
>
> Von Bedeutung auch für die derzeit geltende Fassung der Hinzurechnungsnormen ist die vom Sächsischen FG behandelte Frage der Zurechnung von Geschäftsbeziehungen im Rahmen einer Organschaft. Das Sächsische FG nahm auch insoweit eine (steuerlich korrekturfähige) Geschäftsbeziehung zwischen der deutschen Muttergesellschaft und der ausländischen Tochtergesellschaft an, als das zinslose Darlehen zivilrechtlich zwischen der deutschen Organtochter und der ausländischen Gesellschaft bestand. Ausweislich der Urteilsbegründung sei dies geboten, da durch die Organschaft eine wirtschaftliche Einheit zwischen Organträgerin und Organgesellschaft bestünde. Gegen das Urteil ist unter dem Aktenzeichen I R 14/16 Revision beim BFH anhängig.

2.11.3 Nichtanwendung der Sperrwirkungsrechtsprechung

Das BMF reagiert mit einem Nichtanwendungserlass auf die sog. Sperrwirkungsrechtsprechung des BFH und greift weiter bei der Beurteilung von Teilwertabschreibungen auf konzerninterne grenzüberschreitende Darlehen vor dem VZ 2008 auf die Einkünfteberichtigungsnorm § 1 AStG zurück (BMF, Schreiben v. 30.3.2016, BStBl 2016 I S. 455).

Ohne entscheiden zu müssen, ob für eine Korrektur der Teilwertabschreibung überhaupt § 1 AStG einschlägig ist, sah der BFH die Anwendung des § 1 AStG durch den DBA-Fremdvergleichsgrundsatz gesperrt an, der nur Korrekturen hinsichtlich der Zinshöhe erlaube (BFH, Urteile v. 17.12.2014, I R 23/13, BStBl 2016 II S. 261 und v. 24.6.2015, I R 29/14, BStBl 2016 II S. 258).

> **Hinweis**
>
> Ab dem VZ 2008 sind Abschreibungen auf konzerninterne nicht fremdübliche Darlehen gem. § 8b Abs. 3 KStG steuerlich nicht zu berücksichtigen. Mit Spannung abzuwarten bleibt, wie der BFH das Verhältnis des DBA-Fremdvergleichsgrundsatzes zu § 8b Abs. 3 KStG beurteilt.

2.11.4 Hinzurechnungsbesteuerung im Verhältnis zu Drittstaaten

Das FG Baden-Württemberg hat ernstliche Zweifel, ob die **Hinzurechnungsbesteuerung im Verhältnis zur Schweiz** (und damit zu Drittstaaten) mit der Kapitalverkehrsfreiheit vereinbar ist und gewährte in einem Verfahren des vorläufigen Rechtsschutzes die Aussetzung der Vollziehung (FG Baden-Württemberg, Beschluss v. 12.8.2015, 3 V 4193/13, EFG 2016 S. 17).

> **Hinweis**
>
> Das FG Baden-Württemberg verweist dabei auf ein Parallelurteil des FG Münster vom 30.10.2014, welches beim BFH anhängig ist (Az. I R 78/14). Das FG Münster kam zwar zum Ergebnis, dass kein Verstoß gegen die Niederlassungsfreiheit vorliegt. Nun hat aber der BFH die Möglichkeit, die Frage zu klären. Bei der Beurteilung ist neben der Frage nach der Anwendbarkeit der Kapitalverkehrsfreiheit auf die Hinzurechnungsbesteuerung auch die Reichweite der sog. Stand-Still-Klausel von Bedeutung.

2.11.5 Substanzanforderungen nach „Cadbury Schweppes"

Das FG Münster hat sich in seinem Urteil v. 20.11.2015 zu den infolge der „Cadbury Schweppes"-Entscheidung des EuGH aufgestellten **Substanzanforderungen** an Art, Umfang und Substanz einer wirtschaftlichen Tätigkeit geäußert, die zu erfüllen sind, damit passive Einkünfte einer in einem Niedrigsteuerland der EU ansässigen Tochtergesellschaft keine **Hinzurechnungsbesteuerung** bei den deutschen Gesellschaftern nach §§ 8, 14 AStG auslösen (FG Münster, Urteil v. 20.11.2015, 10 K 1410/12 F, EFG 2016 S. 453).

> **Hinweis**
>
> Das FG widerspricht dabei der formalen Sichtweise der Finanzverwaltung. Laut BMF kann eine Hinzurechnungsbesteuerung nur unterbleiben, wenn die Gesellschaft für die Ausübung ihrer Tätigkeit ständig sowohl geschäftsleitendes als auch anderes Personal beschäftigt und das Personal über die Qualifikation

verfügt, um die der Gesellschaft übertragenen Aufgaben eigenverantwortlich und selbstständig zu erfüllen (BMF, Schreiben v. 8.1.2007, BStBl 2007 I S. 99). Im konkreten Fall sah das FG die Substanzanforderungen als nicht erfüllt an. Gegen das Urteil ist Revision beim BFH anhängig (Az.: I R 94/15).

3 Änderungen für Personengesellschaften

3.1 Erleichterung bei gewinnneutraler Realteilung

Die gewinnneutrale Realteilung einer Personengesellschaft kann laut BFH auch dann vorliegen, wenn ein Gesellschafter unter Übernahme eines Teilbetriebs aus der Mitunternehmerschaft ausscheidet und diese Mitunternehmerschaft unter den verbleibenden Gesellschaftern fortgesetzt wird (BFH, Urteil v. 17.9.2015, III R 49/13, BFH/NV 2016 S. 624). Bislang setzte die erfolgsneutrale Realteilung laut BFH eine Beendigung der Gesellschaft voraus. An der engen Definition der Realteilung hält der Senat nun nicht mehr fest.

Der BFH bezieht sich dabei auf den Zweck der Realteilung, wirtschaftlich sinnvolle Umstrukturierungsvorgänge steuerlich nicht zu behindern, solange die **Besteuerung der stillen Reserven sichergestellt** ist. Dies treffe neben der Auflösung einer Gesellschaft auch auf das Ausscheiden eines Gesellschafters zu. Der Begriff der Realteilung i. S. des § 16 Abs. 3 Satz 2 EStG schließt insofern auch das Ausscheiden eines Mitunternehmers aus einer unter den übrigen Gesellschaftern fortbestehenden Gesellschaft unter Mitnahme eines weiterhin zum Betriebsvermögen des Ausgeschiedenen gehörenden Teilbetriebs mit ein.

Im zugrundeliegenden Streitfall hatte die ausscheidende Gesellschafterin als Gegenleistung für ihr Ausscheiden aus der Gesellschaft neben dem Teilbetrieb auch eine aus künftigen Erträgen der Gesellschaft zu zahlende Rente erhalten. Diese Rente war weiterhin mangels Versorgungsbedürftigkeit der Gesellschafterin – und damit Einstufung als betriebliche Versorgungsrente – mit ihrem Kapitalwert gewinnrealisierend zu berücksichtigen. Die im Vorfeld vom Finanzamt erteilte verbindliche Zusage zur Ermittlung eines Übergangsgewinns brauchte in der Entscheidung des BFH nicht mehr berücksichtigt werden. Die Bindungswirkung einer solchen Zusage gilt immer nur zugunsten, nicht zulasten des Steuerpflichtigen und entfällt daher, sofern sich die Feststellungsbeteiligten nicht einvernehmlich darauf berufen.

> **Hinweis**
>
> In einem weiteren Urteil hat der BFH klargestellt, dass unmittelbar aufeinander folgende Gestaltungsschritte weder einen Gesamtplan noch einen Gestaltungsmissbrauch nach § 42 AO begründen, wenn eine Gestaltung dazu diente, ein wirtschaftlich angemessenes Ergebnis zu erreichen. Im Urteilsfall bestand dieses darin, dass der Betrieb über die vorherige Einbringung der Anteile an der Mitunternehmerschaft in andere Personengesellschaften mittelbar von jedem der bisherigen Gesellschafter anteilig fortgeführt werden konnte (BFH, Urteil v. 16.12.2015, IV R 8/12, BFH/NV 2016 S. 646).

3.2 Buchwertprivileg bei gleitender Generationennachfolge

Wird der Anteil eines Mitunternehmers an einem Betrieb unentgeltlich übertragen, so ist bei der Ermittlung des Gewinns des bisherigen Mitunternehmers der Buchwert anzusetzen (§ 6 Abs. 3 Satz 1 Halbsatz 1 EStG). Dies gilt auch bei der unentgeltlichen Übertragung eines Teils eines Mitunternehmeranteils (§ 6 Abs. 3 Satz 1 Halbsatz 2 EStG). Dieser Buchwertfortführung schadet es laut BFH nicht, wenn der Überträger ein **im Sonderbetriebsvermögen erfasstes Grundstück** zunächst zurückbehält, um es später in ein anderes Betriebsvermögen einzubringen (BFH, Urteil v. 12.5.2016, IV R 12/15, BFH/NV 2016 S. 1376).

> **Hinweis**
>
> Der BFH widerspricht damit (wieder) der Finanzverwaltung, die für die Buchwertfortführung einen **dauerhaften Verbleib des zurückbehaltenen Wirtschaftsguts** fordert (vgl. BMF, Schreiben v. 12.9.2013, BStBl 2013 I S. 1164). Bereits in der Vergangenheit hatte der BFH festgestellt, dass Änderungen am Umfang des Betriebsvermögens in zeitlichem Zusammenhang mit der unentgeltlichen Übertragung einer einmal gewährten Buchwertfortführung nicht schaden (BFH, Urteile v. 2.8.2012, IV R 41/11, BFH/NV 2012 S. 2053 und v. 9.12.2014, IV R 29/14, BFH/NV 2015 S. 415).

3.3 Einbringung von Wirtschaftsgütern in eine Personengesellschaft

Bislang hat das BMF Einbringungen in Personengesellschaften gegen Gutschrift auf einem variablen Kapitalkonto als entgeltliche Vorgänge (Gewährung von Gesellschaftsrechten) eingestuft, wenn auf diesem Konto nach gesellschaftsvertraglicher Regelung auch Verluste gebucht werden (vgl. BMF, Schreiben v. 11.7.2011, BStBl 2011 I S. 713). Unerheblich war dabei für die Finanzverwaltung, ob die Buchung auf dem Kapitalkonto I oder dem Kapitalkonto II erfolgte.

Dieser Auffassung hat der BFH widersprochen (BFH, Urteile v. 29.7.2015, IV R 15/14, BStBl 2016 II S. 593 und v. 4.2.2016, IV R 46/12, BStBl 2016 II S. 607). Der BFH hält die **Einbringung gegen** eine ausschließliche **Gutschrift auf dem Kapitalkonto II** nicht für einen entgeltlichen Vorgang gegen Gewährung von Gesellschaftsrechten, sondern für eine Einlage und damit für einen unentgeltlichen Vorgang.

> **Hinweis**
>
> Für den BFH ist eine Einbringung nur dann entgeltlich, wenn sie gegen ein **Kapitalkonto** gebucht wird, nach dem sich die **maßgebenden Gesellschaftsrechte** (vor allem das Gewinnbezugsrecht) richten. Dies ist regelmäßig das Kapitalkonto I.

Das BMF hat sich dieser Auffassung angeschlossen und wendet sie auf alle noch offenen Fälle an (BMF, Schreiben v. 26.7.2016, BStBl 2016 I S. 684). Die bisherige Verwaltungsauffassung, wonach sowohl eine ausschließliche Buchung auf einem variablen Kapitalkonto als auch eine Buchung, die teilweise auf einem variablen Kapitalkonto und teilweise auf einem gesamthänderisch gebundenen Rücklagenkonto erfolgt, als ein entgeltlicher Vorgang beurteilt wurde, ist insoweit überholt. Das neue BMF-Schreiben gilt auch für Übertragungen, für welche die entsprechenden Verwaltungsvorgaben bisher im Umwandlungssteuererlass (BMF, Schreiben v. 11.11.2011, BStBl 2011 I S. 1314) zu finden waren. Für Übertragungen und Einbringungen bis zum 31.12.2016 können Steuerpflichtige eine **Übergangsregelung** in Anspruch nehmen: Bei einem gemeinsamen Antrag des Einbringenden bzw. Übertragenden und der übernehmenden Personengesellschaft kann in noch offenen Fällen die bisherige Verwaltungsauffassung angewendet werden.

> **Hinweis**
>
> Die buchhalterische Umsetzung und bilanzielle Abbildung von Einbringungen und Übertragungen ist entscheidend für die Beurteilung der (Un-)Entgeltlichkeit eines Einbringungsvorgangs. Wer sicher sein möchte, einen **entgeltlichen Vorgang** zu **verwirklichen**, sollte daher nicht von der genannten Rechtsprechung und neuen Verwaltungsauffassung abweichen und für die Buchung das **Kapitalkonto I** als Gegenkonto wählen. Ist eine unentgeltliche Einbringung beabsichtigt, darf auf jeden Fall kein Kapitalkonto I berührt werden.

3.4 Teilentgeltliche Übertragung einzelner Wirtschaftsgüter

Der X. Senat des BFH hat dem Großen Senat die derzeit umstrittene Frage vorgelegt, wie in einem Fall der teilentgeltlichen Übertragung eines Wirtschaftsguts aus einem Einzelbetriebsvermögen eines Mitunternehmers in das Gesamthandsvermögen einer Mitunternehmerschaft die Höhe eines eventuellen Gewinns aus dem Übertragungsvorgang zu ermitteln ist (BFH, Beschluss v. 27.10.2015, X R 28/12, BStBl 2016 II S. 81).

> **Hinweis**
>
> In dem Verfahren übertrug eine Besitzeinzelunternehmerin zwei Grundstücke zur Leistung ihrer Kommanditeinlage auf eine GmbH & Co. KG, an der sie zunächst allein vermögensmäßig beteiligt war. Die Differenz zwischen der Kommanditeinlage und dem (darüber liegenden) Buchwert wurde ihrem Darlehenskonto bei der KG gutgeschrieben. Der Teilwert der Grundstücke lag über deren Buchwert. Kurze Zeit nach der Einbringung traten zwei weitere Mitunternehmer (vermögensmäßig) in die KG ein.

Die Behandlung einer solchen Übertragung ist derzeit umstritten. Die Finanzverwaltung geht regelmäßig nach ihrer sog. strengen Trennungstheorie von einer Realisierung der stillen Reserven aus. Der vorlegende X. Senat ist dieser Auffassung der Finanzverwaltung nicht abgeneigt. Der IV. BFH-Senat dagegen vertritt die sog. **modifizierte Trennungstheorie**, nach der es in Fällen, in denen das (Teil-)**Entgelt nicht** den **Buchwert übersteigt**, auch nicht zu einer Gewinnrealisierung kommen muss.

> **Hinweis**
>
> Der BFH hat bereits das BMF zum Verfahrensbeitritt aufgefordert (BFH, Beschluss v. 19.3.2014, X R 28/12, BStBl 2014 II S. 629). Nun hat der Große Senat die Möglichkeit, diese für die Gestaltungspraxis sehr bedeutsame Frage zu klären (Az: GrS 1/16).

3.5 Behandlung der Anteile an einer Komplementär-GmbH

Grundsätzlich sind Anteile an einer Komplementär-GmbH dem **Sonderbetriebsvermögen II** eines Kommanditisten zuzuordnen, wenn sie der **Stärkung** seiner **Mitunternehmerstellung** dienen. Die Frage, ob die Beteiligung an der Komplementär-GmbH dem Kommanditisten größere Einflussmöglichkeiten auf die GmbH & Co. KG verschafft und damit seine **Mitunternehmerstellung stärkt**, ist stets einzelfallabhängig zu beurteilen und bislang nicht eindeutig höchstrichterlich geklärt.

Mit Verfügung v. 21.6.2016 hat die OFD Nordrhein-Westfalen allgemeine Entscheidungsgrundlagen sowie Aussagen zur Qualifikation der Komplementär-Beteiligung als (notwendiges) **Sonderbetriebsvermögen II** für verschiedene Beteiligungskonstellationen veröffentlicht. Die OFD aktualisierte damit ihre Verfügung v. 17.6.2014 und erweiterte sie um die Grundsätze des BFH-Urteils v. 16.4.2015 (IV R 1/12, BStBl 2015 II S. 705). Demnach ist jedenfalls bei einer Beteiligung des Kommanditisten an der Komplementär-GmbH von unter 10 % grundsätzlich keine Einflussnahme auf die Geschäftsführung der Komplementär-GmbH und mittelbar auf deren Geschäftsführungstätigkeit in der KG möglich. Die Beteiligung ist dann nicht dem Sonderbetriebsvermögen II, sondern dem Privatvermögen des Kommanditisten zuzuordnen, da sie keine wesentliche Grundlage seiner Mitunternehmerstellung darstellt. Sieht der Gesellschaftsvertrag jedoch Einstimmigkeit vor oder kann eine Beschlussfassung nur unter Mitwirkung des Minderheitsgesellschafters erfolgen, ist eine Minderheitsbeteiligung stets dem Sonderbetriebsvermögen II zuzuordnen.

> **Hinweis**
>
> Die Frage, ob eine funktionale wesentliche Betriebsgrundlage bzw. notwendiges Sonderbetriebsvermögen II vorliegt, ist u. a. bei Umstrukturierungen und bei der Unternehmensnachfolge von Bedeutung.

3.6 Keine Abzugsbeschränkung für Zinseszinsen

Der Betriebsausgabenabzug für Schuldzinsen ist nach § 4 Abs. 4a Satz 1 EStG beschränkt, wenn Überentnahmen getätigt wurden. Nach der (Rück-)Ausnahme des § 4 Abs. 4a Satz 5 EStG sind Schuldzinsen für Darlehen zur Finanzierung von Anschaffungs- oder Herstellungskosten für Wirtschaftsgüter des Anlagevermögens von der Abzugsbeschränkung ausgenommen. Unter diese Rückausnahme fallen laut BFH auch Schuldzinsen, die für ein Darlehen zur Finanzierung von Zinsen eines Investitionsdarlehens gezahlt wurden (BFH, Urteil v. 7.7.2016, III R 26/15, BStBl 2016 II S. 837). Für die Beurteilung, ob die Zinsen für ein Investitionsdarlehen bezahlt wurden und die Ausnahmeregel anwendbar ist, kommt es laut BFH ausschließlich auf die tatsächliche Verwendung der Darlehensmittel für die begünstigte Investition an. Nach Auffassung des BFH erstreckt sich die Ausnahmeregel für Zinsen auf Investitionsdarlehen auch auf die durch selbiges ausgelösten **Verzugs- und Zinseszinsen**, da eine Umschuldung des Investitionsdarlehens nichts am ursprünglichen Veranlassungszusammenhang ändere. Für die Abziehbarkeit der Schuldzinsen aufgrund des Finanzierungszusammenhangs sei es auch nicht erforderlich, das Darlehen bei derselben Bank, unter derselben Kontonummer und unter unveränderten Konditionen weiterzuführen.

> **Hinweis**
>
> Zu der Frage, ob bei der Ermittlung der Schuldzinsenquote zur Aufteilung des Kürzungsbetrags sämtliche Schuldzinsen der Mitunternehmer einzubeziehen sind oder die ohnehin unbegrenzt abziehbaren Schuldzinsen für Investitionsdarlehen außen vor bleiben, erfolgt laut einer Kurzmitteilung der OFD Nordrhein-Westfalen eine Abstimmung auf Bund-Länder-Ebene. Die Bearbeitung von Rechtsbehelfen zu dieser Thematik soll zunächst zurückgestellt werden (OFD NRW, Kurzinformation ESt Nr. 19/2016 v. 20.9.2016, DB 2016 S. 2633).

3.7 Nichtberücksichtigung von Währungsverlusten

Der BFH versagte einer Oberpersonengesellschaft die gewerbesteuermindernde Berücksichtigung der aus der Liquidation der Unterpersonengesellschaft entstandenen Währungsverluste. Konkret war eine deutsche Personengesellschaft an einer US-amerikanischen Personengesellschaft beteiligt (24,29 %), die im Streitjahr 2005 liquidiert wurde.

Aus der Änderung des Wechselkurses zwischen dem Zeitpunkt der Kapitaleinlagen (1999) und dem Erhalt der Liquidationsraten (2005) ergab sich ein erheblicher Währungsverlust. Diesen Währungsverlust wollte die deutsche Obergesellschaft gewerbesteuerlich berücksichtigen. Dem widersprach der BFH. Seiner Auffassung nach sind solche Währungsverluste aus der Rückzahlung von Einlagen der Untergesellschaft kausal und veranlagungsbezogen mit der mitunternehmerischen Beteiligung an der Untergesellschaft verknüpft. Daher greift laut BFH die **Hinzurechnungsnorm des § 8 Nr. 8 GewStG**, nach der der Gewerbeertrag der Obergesellschaft um Verlustanteile aus Beteiligungen an in- oder ausländischen Personengesellschaften zu korrigieren ist. Demnach berücksichtigte der BFH die Währungsverluste nicht im Gewerbesteuermessbetrag der Obergesellschaft (BFH, Urteil v. 2.12.2015, I R 13/14, BFH/NV 2016 S. 961).

Hinweis

Weiterhin wies der BFH auf die für doppelstöckige Personengesellschaften geltenden verfahrensrechtlichen Besonderheiten hin. Danach sei über die Frage, ob solche Währungsverluste bei der Besteuerung der Obergesellschafter zu berücksichtigen sind, im Rahmen des bei der Untergesellschaft zu führenden Feststellungsverfahrens (§ 180 Abs. 5 Nr. 1 AO) zu entscheiden.

3.8 Verlustausgleichbeschränkung bei Kommanditisten

Für Kommanditisten sieht § 15a EStG Beschränkungen beim Verlustausgleich vor, die sich grundsätzlich an der Höhe seiner Hafteinlage orientieren. Zur Bestimmung des Kapitalkontos des Kommanditisten müssen relevante Bilanzpositionen mit Bezug zum Kommanditisten auf ihren Eigen- oder Fremdkapitalcharakter hin untersucht werden, da nur Eigenkapitalpositionen zum Kapitalkonto rechnen.

Bereits mit Schreiben v. 30.5.1997 (BStBl 1997 I S. 627) hatte sich das BMF zum **Umfang des Kapitalkontos** eines Kommanditisten i. S. des § 15a Abs. 1 Satz 1 EStG geäußert und u. a. Abgrenzungskriterien für die Unterscheidung zwischen Beteiligungs- und Darlehenskonto genannt.

Die OFD Frankfurt am Main hat den Inhalt des BMF-Schreibens nun in einer Verfügung v. 16.6.2016 aufgegriffen und unter Zugrundelegung von BFH-Rechtsprechung um einen Abschnitt zur Beurteilung von **Finanzplandarlehen** ergänzt. Demnach haben diese zwar grundsätzlich Fremdkapitalcharakter. Allerdings können sie als **Eigenkapital** i. S. des § 15a EStG anzusehen sein, wenn sie **nicht einseitig** vom Kommanditisten **kündbar** sind oder im Fall des Ausscheidens des Gesellschafters oder bei Liquidation der Gesellschaft mit einem bestehenden **negativen Kapitalkonto** zu **verrechnen** sind. Im Unterschied zu eigenkapitalersetzenden Darlehen behalten Finanzplandarlehen in diesen Fällen auch außerhalb einer Unternehmenskrise ihren Eigenkapitalcharakter bei.

> **Hinweis**
>
> In geeigneten Fällen eröffnen Finanzplandarlehen somit steuerliche Möglichkeiten, die Ermittlung des steuerlichen Kapitalkontos gem. § 15a EStG und damit das **Verlustausgleichsvolumen** zu beeinflussen.

3.9 Gewerbesteuer bei unterjährigem Gesellschafterwechsel

Die **Aufteilung des Gewerbesteuermessbetrags** für Zwecke der Gewerbesteueranrechnung richtet sich allein nach dem zum Ende des Geschäftsjahres geltenden allgemeinen Gewinnverteilungsschlüssel (§ 35 Abs. 2 Satz 2 EStG). Das gilt laut BFH sowohl für laufende Gewinne als auch für Veräußerungsgewinne, und zwar auch dann, wenn sich der aus der Mitunternehmerschaft ausgeschiedene Gesellschafter zur Übernahme der auf den Veräußerungsgewinn entfallenden Gewerbesteuer verpflichtet hat (BFH, Urteil v. 14.1.2016, IV R 5/14, BFH/NV 2016 S. 1104).

> **Hinweis**
>
> Einfluss auf die Zuweisung des Gewerbesteuermessbetrags können die Steuerpflichtigen nach Auffassung des BFH nur dadurch nehmen, indem sie bei der Veräußerung die eigentliche Gewinnverteilungsabrede ändern.

3.10 Keine gewerbliche Prägung einer GbR bei Beteiligung einer natürlichen Person

Eine Personengesellschaft, die keine originäre gewerbliche Tätigkeit ausübt, gilt dennoch als Gewerbebetrieb, wenn sie gewerblich geprägt ist (§ 15 Abs. 3 Nr. 2 Satz 1 EStG). Eine gewerbliche Prägung setzt u. a. voraus, dass ausschließlich Kapitalgesellschaften persönlich haftende Gesellschafter und zur Geschäftsführung befugt sind. Das bedeutet im Umkehrschluss, dass keine **gewerbliche Prägung** vorliegt, wenn auch andere Personen, die keine Kapitalgesellschaft sind, persönlich haftende Gesellschafter sind. Der BFH stellt für die Frage, ob eine persönliche Haftung vorliegt, ausschließlich auf die gesellschaftsrechtlichen Haftungsregelungen ab, die grundsätzlich zwingendes Recht sind (BFH, Beschluss v. 22.9.2016, IV R 35/13).

Da die persönliche Haftung eines GbR-Gesellschafters nicht gesellschaftsrechtlich ausgeschlossen werden könne, kann laut BFH eine GbR, an der mindestens eine natürliche Person beteiligt ist, keine gewerblich geprägte Personengesellschaft i. S. des § 15 Abs. 3 Nr. 2 EStG sein.

> **Hinweis**
>
> Der BFH bezieht sich dabei auf die zivilrechtliche Rechtsprechung des BGH, wonach die persönliche Haftung eines GbR-Gesellschafters nur durch eine individualvertragliche Vereinbarung mittels Einbeziehung einer individuellen Absprache der Parteien in den jeweils einschlägigen Vertrag ausgeschlossen werden könne. Ein solcher Haftungsausschluss wirke aber nur für den betreffenden Vertragsabschluss und berühre nicht die Rechtsstellung als persönlich haftender GbR-Gesellschafter.

3.11 Einschränkung des Anwendungsbereichs des § 50i EStG

Aufgrund der durch das sog. Kroatiengesetz v. 25.7.2014 (BGBl. I 2014 S. 1266) eingeführten Regelung des § 50i Abs. 2 EStG kann es nach dem bisherigen Gesetzeswortlaut zum **Ausschluss der Buchwertfortführung** oder eines Zwischenwertansatzes bei **steuerneutralen Umwandlungen, Übertragungen** oder **Überführungen** auf Ebene der Mitunternehmer kommen, sofern die Mitunternehmerstellung an einer lediglich gewerblich geprägten oder gewerblich infizierten Personengesellschaft besteht. Im Ergebnis bewirkt § 50i Abs. 2 EStG bisher, dass eine Wegzugsbesteuerung auch bei reinen Inlandssachverhalten ausgelöst werden kann.

Um die überschießenden Wirkungen des § 50i Abs. 2 EStG zu beseitigen, fasst der Gesetzgeber mit dem Gesetz zur Umsetzung der Änderungen der EU-Amtshilferichtlinie und von weiteren Maßnahmen gegen Gewinnkürzungen und -verlagerungen (CbCR-Umsetzungsgesetz), das am 1.12.2016 im Bundestag beschlossen wurde und am 16.12.2016 im Bundesrat verabschiedet werden soll, den Wortlaut des § 50i Abs. 2 EStG neu.

Nach der neuen Fassung sind bei der Einbringung von Betrieben, Teilbetrieben und Mitunternehmeranteilen nach § 20 Abs. 1 UmwStG, die von § 50i Abs. 1 EStG betroffene Wirtschaftsgüter und Anteile enthalten, diese zwingend mit dem gemeinen Wert anzusetzen, soweit das Besteuerungsrecht Deutschlands hinsichtlich der Besteuerung des Gewinns aus der Veräußerung der im Zusammenhang mit der Einbringung erhaltenen Anteile ausgeschlossen oder beschränkt ist. Der bisher im Gesetz in Bezug genommene Begriff „Sachgesamtheiten" entfällt.

> **Hinweis**
>
> Die Neufassung ist bereits rückwirkend für Einbringungen anzuwenden, bei denen der Einbringungsvertrag nach dem 31.12.2013 geschlossen wurde (§ 52 Abs. 48 Satz 4 EStG n. F.). Daneben wird eine Ergänzung in § 6 Abs. 3 EStG aufgenommen, wonach eine Übertragung eines Betriebs, Teilbetriebs oder eines Anteils eines Mitunternehmers an einem Betrieb oder die unentgeltliche Aufnahme einer natürlichen Person in ein bestehendes Einzelunternehmen zu Buchwerten nur in Betracht kommt, sofern die stillen Reserven beim Rechtsnachfolger im Inland steuerverstrickt bleiben.

Mit dem BMF-Schreiben v. 21.12.2015 wollte bereits die Finanzverwaltung die überschießende Wirkung des § 50i Abs. 2 EStG durch Billigkeitsmaßnahmen zurücknehmen. Sie stellte in dem Schreiben zunächst klar, dass § 50i Abs. 2 EStG grundsätzlich unabhängig von der Ansässigkeit des Steuerpflichtigen gilt. Das Schreiben stellt dar, in welchen Fällen und unter welchen Voraussetzungen der Ansatz des gemeinen Werts und damit eine Zwangsrealisation von stillen Reserven unterbleiben kann.

Hinweis

Der Erlass ergänzt das BMF-Schreiben vom 26.9.2014 (BStBl 2014 I S. 1258) zur Anwendung der Doppelbesteuerungsabkommen auf Personengesellschaften. Sein zeitlicher Anwendungsbereich ist nicht genauer bestimmt.

4 Änderungen für Kapitalgesellschaften

4.1 Neue Körperschaftsteuer-Richtlinien 2015

Der Bundesrat hat am 18.3.2016 den Körperschaftsteuer-Richtlinien 2015 – KStR 2015 – zugestimmt. Die neuen überarbeiteten KStR 2015 beinhalten neben redaktionellen Änderungen Anpassungen an die geänderte Gesetzeslage (z. B. an die sog. kleine Organschaftsreform durch das UntStRefG) sowie an die neue Rechtsprechung. Die neuen Richtlinien sind am Tag nach ihrer Veröffentlichung (s. BStBl Teil I, Sonder-Nr. 1/2016 v. 14.4.2016) in Kraft getreten und grundsätzlich ab dem Veranlagungszeitraum 2015 anzuwenden.

Die Änderungen betreffen u. a.:

- Übernahme eines **paragraphenorientierten Zählsystems**.
- Aktualisierung des **Berechnungsschemas zur Ermittlung des zu versteuernden Einkommens** und der festzusetzenden und verbleibenden Körperschaftsteuer (R 7.1 bis 7.2 n. F.)
- Regelungen zur **Auflösung besonderer Ausgleichsposten** (R 14.8 n. F.).
- Behandlung **Betriebe gewerblicher Art** von juristischen Personen des öffentlichen Rechts.
- Klarstellungen zur **Nichtabziehbarkeit steuerlicher Nebenleistungen**.
- Bezug auf geänderte Normen des BetrAVG sowie Klarstellungen und Ergänzungen im Rahmen der Regelungen zur **Vermögensbindung bei Pensions-, Sterbe-, Kranken- und Unterstützungskassen** (R 5.4 n. F.).

Im Vergleich zu den bisherigen Richtlinien wurde die in R 60 Abs. 6 Satz 4 KStR 2004 a. F. enthaltenen Rückausnahme bei den Ausführungen gestrichen, wann ein wichtiger Grund für eine **vorzeitige Beendigung eines Gewinnabführungsvertrags** vorliegt. Die Rückausnahme, wonach eine Verschmelzung, Spaltung oder Liquidation der Organgesellschaft auch dann ein wichtiger Grund sein konnte, wenn die Beendigung des Gewinnabführungsvertrags bereits im Zeitpunkt des Vertragsabschlusses feststand, ist in der Fassung der KStR 2015 nicht mehr enthalten.

4.2 Verlustrücktrag bei schädlichem Beteiligungserwerb

Ein Verlustrücktrag ist nach Auffassung des FG Münster trotz unterjährigem schädlichen Beteiligungserwerb i. S. des § 8c KStG nicht eingeschränkt und somit zulässig.

Im Streitfall hatte das Finanzamt unter Bezugnahme auf das BMF-Schreiben v. 4.7.2008 wegen eines schädlichen Beteiligungserwerbs i. S. des § 8c KStG einen Verlustrücktrag für die bis zum Anteilseignerwechsel entstandenen Verluste versagt. Dem widersprach das FG Münster und gewährte den Verlustrücktrag (FG Münster, Urteil v. 21.7.2016, 9 K 2794/15).

Für den Verlustrücktrag spricht laut FG der Zweck des § 8c KStG, mit dem die Nutzung früher entstandener Verluste bei Gesellschaften mit personell verändertem Anteilseignerkreis verhindert werden soll. Durch einen Rücktrag der bis zum schädlichen Anteilseignerwechsel entstandenen Verluste nutzen lediglich diejenigen Anteilseigner den Verlust, die ihn im Rahmen ihres wirtschaftlichen Engagements auch getragen haben. Hier sieht sich das FG durch die Rechtsprechung des BFH gestützt, der die Differenzierung zwischen dem alten und dem neuen wirtschaftlichen Engagement zugrunde liege. So erlaubte der BFH die Verrechnung eines bis zum schädlichen Anteilseignerwechsel erwirtschafteten Gewinns mit dem Verlustvortrag des Vorjahres (BFH, Urteil v. 30.11.2011, I R 14/11, BStBl 2012 II S. 360).

Hinweis

Die Revision zum BFH hat das FG Münster zugelassen. Die verfassungsrechtliche Beurteilung des § 8c KStG ist derzeit beim BVerfG anhängig (2 BvL 6/11). Der Gesetzgeber hat eine Antragsmöglichkeit für einen sog. fortführungsgebundenen Verlustvortrag eingeführt (vgl. Kapitel Rückblick Tz. 4.3).

4.3 Neuer fortführungsgebundener Verlustvortrag

Am 1.12.2016 hat der Bundestag das Gesetz zur Weiterentwicklung der steuerlichen Verlustverrechnung bei Körperschaften beschlossen. Darin wird ein neuer § 8d ins KStG eingeführt, der die steuerliche Verlustverrechnungsnorm bei **schädlichen Anteilseignerwechseln** bei Körperschaften (§ 8c KStG) erweitert. Die Neuregelung ermöglicht Unternehmen **auf Antrag** eine Nutzung der grundsätzlich vom Verlustuntergang nach § 8c KStG betroffenen Verluste, wenn sie den **Geschäftsbetrieb** nach dem schädlichen Anteilseignerwechsel **fortführen** (sog. fortführungsgebundener Verlustvortrag). Damit besteht in Fällen, in denen weder die Voraussetzungen der Konzernklausel noch die der Stille-Reserven-Klausel vorliegen, eine neue Möglichkeit der weiteren Nutzung vorhandener Verluste bei schädlichem Anteilseignerwechsel.

Allerdings ist der fortführungsgebundene Verlustvortrag an eine Reihe von sehr eng gefassten **Voraussetzungen** geknüpft. Das Antragsrecht setzt voraus, dass **ein und derselbe Geschäftsbetrieb** im Veranlagungszeitraum des schädlichen Beteiligungserwerbs und auch seit dem Beginn des dritten vorausgehenden Veranlagungszeitraumes unterhalten worden ist (sog. Beobachtungszeitraum). Sofern die Körperschaft erst nach dem Beginn des Beobachtungszeitraums gegründet worden ist, muss sie diese Voraussetzung seit ihrer Gründung erfüllen (§ 8d Abs. 1 Satz 1 KStG). Nach der gesetzlichen Definition umfasst ein Geschäftsbetrieb die von einer einheitlichen Gewinnerzielungsabsicht getragenen, nachhaltigen, sich gegenseitig ergänzenden und fördernden Betätigungen der Körperschaft und bestimmt sich nach qualitativen Merkmalen in einer Gesamtbetrachtung. Qualitative Merkmale sind laut gesetzlicher Definition insbesondere die angebotenen Dienstleistungen oder Produkte, der Kunden- und Lieferantenkreis, die bedienten Märkte und die Qualifikation der Arbeitnehmer (§ 8d Abs. 1 Sätze 3 und 4 KStG).

Ein fortführungsgebundener Verlustvortrag wird nicht gewährt, wenn die Körperschaft zu Beginn des Beobachtungszeitraums Organträger oder an einer Mitunternehmerschaft beteiligt gewesen ist, § 8d Abs. 1 Satz 2 Nr. 2 KStG, oder während des Beobachtungszeitraums ein schädliches Ereignis i.S. des § 8d Abs. 2 KStG eingetreten ist (§ 8d Abs. 1 Satz 1 KStG, siehe unten).

Der fortführungsgebundene Verlustvortrag geht unter, wenn der Geschäftsbetrieb eingestellt, ruhend gestellt oder einer anderen Zweckbestimmung zugeführt wird oder die Körperschaft einen zusätzlichen Geschäftsbetrieb aufnimmt. Auch führen die Beteiligung der Körperschaft an einer Mitunternehmerschaft, eine Organträgerstellung sowie die Übertragung von Wirtschaftsgütern auf die Körperschaft, die zu einem geringeren als dem gemeinen Wert angesetzt werden, zu einem Untergang des fortführungsgebundenen Verlustvortrags (§ 8d Abs. 2 KStG)

> **Hinweis**
>
> Der **Antrag** auf Inanspruchnahme des fortführungsgebundenen Verlustvortrags ist **schriftlich** gemeinsam **mit der Steuererklärung** für den Veranlagungszeitraum des Wirtschaftsjahres zu stellen, in das der schädliche Beteiligungserwerb fällt (§ 8d Abs. 1 Satz 5 KStG).

Ein schädlicher Beteiligungserwerb i. S. des § 8c KStG führt auch zu einer (ggf. quotalen) Kürzung eines Zinsvortrags nach § 4h Abs. 1 Satz 5 EStG. Die neuen Regelungen des fortführungsgebundenen Verlustvortrags gelten entsprechend für Zinsvorträge nach § 4h Abs. 1 Satz 5 EStG, § 8a Abs. 1 Satz 3 KStG. Ebenso gilt § 8d KStG auch für die gewerbesteuerlichen Fehlbeträge (§ 10a Satz 10 GewStG).

Laut Gesetzesbegründung soll von dem Antragsrecht, das grundsätzlich rückwirkend auf nach dem 31.12.2015 erfolgte schädliche Anteilseignerwechsel i. S. des § 8c KStG anwendbar ist, für gewerbe- und körperschaftsteuerliche Zwecke nur einheitlich Gebrauch gemacht werden können.

> **Hinweis**
>
> Zum Zeitpunkt des Redaktionsschlusses stand für das Gesetz zur Weiterentwicklung der steuerlichen Verlustverrechnung bei Körperschaften die erforderliche Zustimmung des Bundesrats noch aus. Diese ist für den 16.12.2016 geplant.

4.4 Sanierungsklausel unionsrechtswidrige Beihilfe

Mit Urteilen v. 4.2.2016 (T-287/11 und T-620/11) hat das Europäische Gericht die beiden Musterklagen gegen die Entscheidung der Kommission zur Sanierungsklausel als unbegründet abgewiesen. In dem angefochtenen Beschluss (ABl. L 235, S. 26) hatte die Kommission am 26.1.2011 entschieden, dass die Vorschrift des § 8c Abs. 1a KStG (sog. Sanierungsklausel) eine unzulässige staatliche Beihilfe darstelle. Dem folgte im Ergebnis das Gericht. Zwar seien die Klägerinnen durch den Beschluss unmittelbar und individuell betroffen und damit befugt, Nichtigkeitsklagen gegen die Kommissionsentscheidung zu erheben. Gleichwohl sei die Sanierungsklausel eine selektive staatliche Maßnahme, die nicht gerechtfertigt sei.

> **Hinweis**
>
> Gegen die beiden Entscheidungen des EuG hat Deutschland Rechtsmittel vor dem EuGH eingelegt. Damit hat nun der EuGH die Gelegenheit, die Frage des Vorliegens von europarechtswidrigen selektiven Maßnahmen zu klären.

4.5 Jahresabschluss 2016: Änderungen durch das BilRUG

Mit dem Bilanzrichtlinie-Umsetzungsgesetz – BilRUG (BGBl 2015 I S. 1245) wurden verschiedene gemeinschaftsrechtliche Richtlinien (u. a. die EU-Bilanzrichtlinie 2013/34/EU v. 26.6.2013) in nationales Recht umgesetzt. Wesentliche handelsrechtliche Neuerungen sind u. a. Änderungen der finanziellen Schwellenwerte bei den handelsrechtlichen Größenklassen sowie die Einführung einer Nutzungsdauer von zehn Jahren für aktivierte **selbst geschaffene immaterielle Vermögenswerte** und für **Geschäfts- und Firmenwerte**.

Die erweiternde Neuregelung der Umsatzdefinition führt zu einer veränderten Abgrenzung zwischen den Umsatzerlösen und den sonstigen betrieblichen bzw. den außerordentlichen Erträgen. Die **neu definierten Umsatzerlöse** beschränken sich nicht mehr auf gewöhnliche und für das Unternehmen typische Erlöse, sondern beinhalten alle Erlöse aus dem Verkauf und der Vermietung oder Verpachtung von Produkten sowie aus der Erbringung von Dienstleistungen nach Abzug von Erlösschmälerungen und der Umsatzsteuer sowie sonstiger direkt mit dem Umsatz verbundener Steuern.

> **Hinweis**
>
> Die Änderung des handelsrechtlich für die **Abzinsung von Rückstellungen** relevanten Durchschnittszinssatzes des § 253 Abs. 2 HGB wurde letztlich nicht in das Gesetz aufgenommen. Allerdings wurde dies durch das Gesetz zur Umsetzung der Wohnimmobilienkreditrichtlinie und zur Änderung handelsrechtlicher Vorschriften v. 11.3.2016 (BGBl 2016 I S. 396) nachgeholt (s. Kapitel Rückblick Tz. 2.3.3).

Auch die Voraussetzungen zur Inanspruchnahme von Erleichterungen bei der Aufstellung, Prüfung und Offenlegung des Jahresabschlusses von Tochterunternehmen (große Kapitalgesellschaften) wurden geändert. Das Mutterunternehmen kann in Zukunft für den Jahresabschluss des Tochterunternehmens diese Erleichterungen vermitteln, falls alle (ebenfalls leicht geänderten) Voraussetzungen des § 264 Abs. 3 Nr. 1 bis 5 HGB kumulativ erfüllt sind.

Durch das BilRUG wurde ferner eine neue **Ausschüttungssperre** auf phasengleich vereinnahmte Beteiligungserträge eingeführt, sofern diese noch nicht zugeflossen sind oder noch kein Rechtsanspruch auf diese besteht (§ 272 Abs. 5 HGB). Der auf eine Beteiligung entfallende Teil des Jahresüberschusses in der GuV, der die als Dividende oder Gewinnanteil eingegangenen Beträge oder bestehenden Zahlungsansprüche der Gesellschaft übersteigt, ist in eine Rücklage einzustellen, die nicht ausgeschüttet werden darf. Die Rücklage ist aufzulösen, soweit die Kapitalgesellschaft die Beträge vereinnahmt hat oder einen Anspruch auf ihre Zahlung erwirbt.

Das BilRUG ist erstmals auf Abschlüsse für Geschäftsjahre anzuwenden, die nach dem 31.12.2015 beginnen (Art. 75 Abs. 1 EGHGB). Das noch im Regierungsentwurf vorgesehene generelle Wahlrecht einer freiwilligen Anwendung für Geschäftsjahre, die nach dem 31.12.2014 beginnen, entfiel in der endgültigen Fassung.

> **Hinweis**
>
> Eine Ausnahme besteht jedoch für die Anwendung der erhöhten Schwellenwerte. Wahlweise dürfen diese bereits auf Abschlüsse für Geschäftsjahre angewendet werden, die nach dem 31.12.2013 beginnen, jedoch nur zusammen mit der Neudefinition der Umsatzerlöse. Eine vorzeitige Anwendung der übrigen Neuregelungen ist nicht zulässig.

4.6 Kürzung eines steuerfreien Veräußerungsgewinns um laufende Gemeinkosten

Für die Ermittlung eines nach § 8b Abs. 2 KStG steuerfrei zu stellenden Veräußerungsgewinns ist der Veräußerungspreis aus dem Verkauf einer Kapitalgesellschaftsbeteiligung um Veräußerungskosten zu mindern. Der BFH hatte sich in seinem Urteil v. 15.6.2016 (I R 64/14, BFH/NV 2016 S. 1857) mit der Frage zu beschäftigen, wie unter Beachtung des Veranlassungsprinzips der Umfang der Veräußerungskosten von allgemeinen laufenden Kosten (Gemeinkosten) abzugrenzen ist.

Im konkreten Fall bestand die Besonderheit, dass der einzige Geschäftszweck der veräußernden Kapitalgesellschaft darin bestand, neue Vorratsgesellschaften zu gründen und deren Anteile später zu verkaufen. Da der laufende Geschäftsbetrieb bereits den Zusammenhang mit Veräußerungsvorgängen herstelle, handelte es sich bei den laufenden Kosten laut BFH zugleich um Veräußerungskosten. Eine konkrete Zuordnung zu einzelnen Veräußerungsvorgängen sei in diesem Fall nicht erforderlich.

Den erzielten Verkaufserlösen waren damit die entsprechenden Veräußerungskosten gem. § 8b Abs. 2 Satz 2 KStG mindernd gegenzurechnen. Dabei ist der steuerfreie Veräußerungsgewinn neben den unstrittigen Aufwendungen (Notarkosten, Kosten für den elektronischen Bundesanzeiger, etc.) auch um **laufende Gemeinkosten** (Mieten für Geschäftsräume, Personalkosten, etc.) zu **kürzen**. Im Urteilsfall war diese Beurteilung im Rahmen einer Organschaft vorzunehmen. Aufgrund der bindenden Feststellungen der Vorinstanz konnte die Kürzung insoweit unterbleiben, als die Kosten auf den Verkauf von Personengesellschaften entfielen.

Hinweis

Die Anwendung des § 8b Abs. 7 Satz 2 KStG versagte der BFH mit dem Hinweis, dass diese Vorschrift **vorherige Anteilskäufe** voraussetze. Die im Urteilsfall gegebenen (Eigen-)Gründungen stellen hingegen keine Erwerbe im Sinne dieser Sonderregelung für Kreditinstitute und Finanzdienstleistungsunternehmen dar.

4.7 Verdeckte Gewinnausschüttung bei Teilwertabschreibung auf Zinsforderung

Gewährt eine Kapitalgesellschaft einer ihrem Gesellschafter nahestehenden Person ein zwar verzinsliches, jedoch **unzureichend besichertes Darlehen**, das wegen späterer Zahlungsausfälle teilweise oder voll abgeschrieben werden muss, kann nach ständiger BFH-Rechtsprechung eine **verdeckte Gewinnausschüttung** (vGA) vorliegen (BFH, Urteil v. 8.10.2008, I R 61/07, BStBl 2011 II S. 62 mit weiteren Nachweisen).

Die Zinsen auf ein solches gesellschaftsrechtlich veranlasstes Darlehen teilen dessen Schicksal. Werden die Zinsen uneinbringlich, kommt es auch insoweit zu einer vGA. Bisher unklar war, ob dies auch für solche Zinsen gilt, die zeitlich erst entstehen, nachdem die Wertberichtigung auf die Darlehensvaluta bereits vollzogen ist. Die Beantwortung dieser Frage hängt nach Ansicht des BFH davon ab, was mit dem zivilrechtlichen Anspruch geschieht (BFH, Urteil v. 11.11.2015, I R 5/14, BStBl 2016 II S. 491).

Solange der Darlehensgeber auf das Darlehen nicht verzichtet und der Rückzahlungsanspruch somit rechtlich fortbesteht, gebieten die handelsrechtlichen Grundsätze die erfolgswirksame Erfassung der laufend entstehenden Zinsforderungen. Sie sind getrennt von der Forderung auf Rückzahlung des Darlehens zu bilanzieren. Auch diese Forderungen müssen bei einer schlechten Bonität des Schuldners ggf. abgeschrieben werden, was zu einer weiteren vGA führt. Dabei muss nicht immer ein Gleichlauf bestehen, entweder wegen der belastungsmäßigen Unterschiede oder auch wegen eines vor- und nachrangigen Tilgungsverhältnisses.

Hinweis

Die Rechtsfolgen der verdeckten Gewinnausschüttung sind somit für jeden Bilanzposten – Valuta und Zinsen – isoliert zu prüfen. Dies bedeutet im Endeffekt, dass ein uneinbringliches Darlehen infolge der **Zinsforderungen** ständig neue vGA auslösen kann, solange das Darlehen nicht gekündigt bzw. darauf verzichtet wird. Jedenfalls dann, wenn das Darlehen vollständig wertlos wird, sollten deshalb die zivilrechtlichen Konsequenzen gezogen werden.

4.8 Verdeckte Gewinnausschüttung im Zusammenhang mit Risikogeschäften

Tätigt eine GmbH Risikogeschäfte (Wertpapiergeschäfte), rechtfertigt dies nach Auffassung des BFH regelmäßig nicht die Annahme, die Geschäfte würden im privaten Interesse des (beherrschenden) Gesellschafters ausgeübt werden. Die Gesellschaft sei grundsätzlich darin frei, solche Geschäfte sowie die damit verbundenen Chancen, zugleich aber auch Verlustgefahren wahrzunehmen. Das begründet der BFH mit seiner ständigen Rechtsprechung, wonach Kapitalgesellschaften steuerlich gesehen über keine außerbetriebliche Sphäre verfügen (BFH, Urteile v. 8.8.2001, I R 106/99, BStBl 2003 II S. 487 und v. 31.3.2004, I R 83/03, BFH/NV 2004 S. 1482).

Die in den Urteilsfällen ausgeübten Wertpapiergeschäfte gehörten daher zum betrieblichen Bereich, die damit einhergehenden Kursverluste oder -gewinne stellten Betriebsausgaben bzw. -einnahmen dar. Dass deren Veranlassungszusammenhang mit dem eigentlichen Unternehmensgegenstand ein allenfalls entfernter ist, steht dieser Beurteilung laut BFH nicht entgegen.

Dieser Sichtweise hat sich die Finanzverwaltung mit Schreiben v. 14.12.2015 (BStBl 2015 I S. 1091) angeschlossen und das anderslautende Schreiben v. 20.5.2003 (BStBl 2003 I S. 333) aufgehoben.

Hinweis

Zugleich weist das BMF darauf hin, dass auch die Tz. 2 des Schreibens v. 19.12.1996 (BStBl 1996 I S. 112) nicht anzuwenden ist, soweit die dort enthaltenen Ausführungen zu den Kriterien für die **Abgrenzung der Gesellschafter- von der Gesellschaftssphäre** und einer verdeckten Gewinnausschüttung den vorstehenden Grundsätzen beider Urteile entgegenstehen.

4.9 Zeitwertkonto eines Gesellschafter-Geschäftsführers als vGA

Die Vereinbarung von sog. Zeitwertkonten zur **Finanzierung einer späteren Freistellung**, z. B. für einen vorgezogenen Ruhestand, führt insbesondere bei Gesellschafter-Geschäftsführern (GGF) immer wieder zum Streit zwischen Finanzverwaltung und Steuerpflichtigen. Die Finanzverwaltung erkennt Zeitwertkonten bei Arbeitnehmern, die zugleich Organ einer Körperschaft sind, seit 2009 lohnsteuerlich nicht an, da diese mit dem Aufgabenbild des Vorstands einer Aktiengesellschaft oder des Geschäftsführers einer GmbH nicht vereinbar seien (BMF, Schreiben v. 17.6.2009, BStBl 2009 I S. 1286).

Nach Auffassung des BFH sind Zeitwertkontenvereinbarungen, in welcher der GmbH-GGF auf die unmittelbare **Entlohnung** zu Gunsten von **späterer (vergüteter) Freizeit** verzichtet (entgeltumwandlungsbasiertes Zeitwertkonto), nicht mit dem Aufgabenbild eines GGF vereinbar. Diese entsprächen, wenn auch zeitversetzt, der mit der Organstellung unvereinbaren Abgeltung von Überstunden. Eine solche Wertguthabenvereinbarung hält damit laut BFH einem Fremdvergleich nicht stand. Der BFH qualifizierte den Aufwand aus der Einzahlung der Kapitalbeträge auf einem Investmentkonto für das derartig finanzierte Wertguthaben des Zeitwertkontos als verdeckte Gewinnausschüttung (BFH, Urteil v. 11.11.2015, I R 26/15, BStBl 2016 II S. 489).

> **Hinweis**
>
> Die Unvereinbarkeit mit dem Aufgabenbild des Geschäftsführers galt laut BFH umso mehr, als die Freistellungsvereinbarung im Streitfall einen teilweisen Ausstieg aus der Arbeitsphase erlaubte. Eine gegenseitige Verrechnung im Sinne einer Neutralisierung eines (ohnehin im Streitfall nicht im vornhinein klar und eindeutig vereinbarten) Gehaltsverzichts mit dem Rückstellungsaufwand lehnt der BFH aufgrund der wechselseitigen gesellschaftsrechtlichen Veranlassung ab.

4.10 Kein Arbeitslohn bei Schuldnerwechsel einer Pensionszusage

U. a. bei Unternehmensverkäufen stellt sich die Frage, wie sich eine gegenüber einem **beherrschenden Gesellschafter-Geschäftsführer** erteilte Pensionszusage aus dem Unternehmen herauslösen lässt, ohne dass es beim Gesellschafter-Geschäftsführer zu steuerpflichtigem Arbeitslohn kommt. Der BFH hat sich zu dieser Problematik in einem Fall geäußert, in dem er Ausgleichzahlungen für die Übernahme einer Pensionsverpflichtung einer zum Verkauf stehenden GmbH an eine Schwester-GmbH zu beurteilen hatte, die beide vom gleichen Gesellschafter beherrscht wurden.

Er verneint den Zufluss von Arbeitslohn, wenn durch **Zahlung eines Ablösungsbetrags** lediglich der Schuldner einer Pensionszusage wechselt. Die (bloße) Schuldübernahme und damit das Versprechen, die zugesagte Pensionsleistung auch in der Zukunft zu erbringen, bewirkt laut BFH keinen steuerpflichtigen Lohnzufluss beim Pensionsberechtigten. Dies gilt auch dann, wenn es sich um einen beherrschenden Gesellschafter-Geschäftsführer handelt, denn in Folge des Trennungsprinzips bei der Besteuerung von Kapitalgesellschaften stellt dieser Umstand kein Indiz für das Vorliegen einer Verfügungsmacht über den Ablösebetrag dar (BFH, Urteil v. 18.8.2016, VI R 18/13). Entscheidend sei dabei, dass die Ausgleichszahlung als Gegenleistung für die Schuldübernahme gezahlt wird und nicht „auf Verlangen" des Gesellschafters. Der BFH sieht im Fehlen eines Wahlrechts, durch das der Pensionsberechtigte die Ausgleichzahlungen an sich oder an einen Dritten verlangen kann, einen Unterschied zu seiner früheren Entscheidung (BFH, Urteil v.

12.4.2007, VI R 6/02, BStBl 2007 II S. 581), in der er den Zufluss von Arbeitslohn bejahte.

> **Hinweis**
>
> Nicht geäußert hat sich der BFH zu der Frage, inwieweit die Höhe des konkreten Entgelts für die **Schuldübernahme** dazu geführt hat, dass der Gesellschafter teilweise auf seine **Pensionszusage** verzichtet und damit der Tatbestand der verdeckten Einlage begründet war.

4.11 Zinsschranke – Gesellschafter-Fremdfinanzierung

Beschränkungen des Betriebsausgabenabzugs durch die Zinsschranke (§ 4h EStG) können durch einen **Eigenkapitalquotenvergleich** zwischen dem betreffenden Betrieb und dem zugehörigen Konzern vermieden werden (sog. **Escape-Klausel**). Dies ist allerdings nur möglich, wenn keine schädliche Gesellschafter-Fremdfinanzierung nach § 8a Abs. 3 KStG vorliegt. Das Verneinen einer schädlichen Gesellschafter-Fremdfinanzierung setzt voraus, dass Zinszahlungen an einen zu mehr als einem Viertel beteiligten, aber konzernaußenstehenden Gesellschafter nicht mehr als 10 % des Zinsaufwandsüberschusses des jeweiligen Betriebs ausmachen. Das Fehlen einer **schädlichen Gesellschafter-Fremdfinanzierung** ist dabei für alle Betriebe des Zinsschrankenkonzerns nachzuweisen.

Nach Auffassung des BFH sind bei der Prüfung der 10 %-Grenze Vergütungen für Fremdkapital der einzelnen qualifiziert beteiligten Gesellschafter nicht zusammenzurechnen (BFH, Urteil v. 11.11.2015, I R 57/13, BFH/NV 2016 S. 688). Damit stellt sich der BFH ausdrücklich gegen die von der Finanzverwaltung vertretene Auffassung, die eine Addition der geleisteten Fremdkapital-Vergütungen in einer Gesamtbetrachtung für erforderlich hält (BMF, Schreiben v. 4.7.2008, BStBl 2008 I S. 718, Rz. 82 Satz 2). Die Finanzverwaltung hatte ihre Argumentation mit der Betriebsbezogenheit der Tatbestands- und Regelungsausnahmevoraussetzung begründet.

Nach Ansicht des BFH folgt aus dem eindeutigen Wortlaut des § 8a Abs. 3 Satz 1 KStG „an einen [...] Gesellschafter", dass jeder qualifiziert Beteiligte im Sinne der Vorschrift isoliert betrachtet werden muss, d. h. die Schädlichkeitsgrenze auf jeden Gesellschafter getrennt anzuwenden ist. Dies schränkt im Ergebnis den Anwendungsbereich der belastenden Rückausnahme des § 8a Abs. 3 Satz 1 KStG ein. Eine zusammenfassende Betrachtung hält der BFH allenfalls mit dem betreffenden Gesellschafter nahe stehenden Personen und auf diesen rückgriffsberechtigten Dritten für angezeigt.

> **Hinweis**
>
> Da § 8a Abs. 2 KStG für die Prüfung einer schädlichen Gesellschafter-Fremdfinanzierung in Fällen der Konzernklausel einen vergleichbaren Gesetzeswortlaut enthält, können sich Steuerpflichtige in diesen Fällen ebenfalls mit Verweis auf das BFH-Urteil vom 11.11.2015 gegen anderslautende Steuerveranlagungen wehren.

4.12 Nachversteuerung des alten EK 02-Bestands

Die ausschüttungsunabhängige Nachbelastung des aus dem alten Anrechnungsverfahren resultierenden Endbestands des EK 02 und die nur für bestimmte Unternehmen bestehende Option zur Anwendung der alten ausschüttungsabhängigen Nachbelastung des EK 02 („Verschonungsregelung" des § 34 Abs. 16 KStG 2002 i. d. F. des JStG 2008) ist laut BFH verfassungsgemäß (BFH, Urteil v. 28.10.2015, I R 65/13, BStBl 2016 II S. 414).

Die Option steht nur **steuerbefreiten Körperschaften** sowie in der **Wohnungswirtschaft** tätigen Körperschaften, an denen unmittelbar oder mittelbar zu mindestens 50 % juristische Personen des öffentlichen Rechts aus EU-/EWR-Mitgliedsstaaten oder bestimmte steuerbefreite Körperschaften alleine oder gemeinsam beteiligt sind, sowie ebenfalls in der Wohnungswirtschaft tätigen Erwerbs- und Wirtschaftsgenossenschaften zu. Der BFH sieht darin jedoch keinen Verstoß gegen den Gleichbehandlungsgrundsatz des Art. 3 GG.

> **Hinweis**
>
> Eine willkürliche Besserstellung liegt laut BFH auch nicht durch den Einbezug von (auch) mittelbaren Beteiligungen i. H. v. mindestens 50 % vor. Keine Beanstandungen hatte der BFH auch hinsichtlich der in den Vorschriften des § 38 Abs. 5 und 6 KStG geregelten Höhe bzw. der verfahrenstechnischen Abwicklung der Nachbelastung.

4.13 Erleichterungen beim Kirchensteuerabzugsverfahren

Auch Kapitalgesellschaften, die natürliche Personen als Gesellschafter haben, müssen grundsätzlich im Rahmen der jährlichen Regelabfrage (Zeitraum v. 1.9. bis 31.10.) von allen potenziellen Gläubigern von Kapitalerträgen das elektronische Kirchensteuerabzugsmerkmal (KiStAM) beim Bundeszentralamt für Steuern abfragen. Das KiStAM zum Stichtag 31.8.2016 ist maßgebend für den Kirchensteuerabzug auf zwischen dem 1.1.2017 und dem 31.12.2017 zufließende Kapitalerträge.

Gleich lautende Ländererlasse v. 10.8.2016 (BStBl 2016 I S. 813) sehen für Kapitalgesellschaften Erleichterungen vor. So kann in Fällen, in denen eine **Ausschüttung im Folgejahr unwahrscheinlich** ist, eine Registrierung bzw. Zulassung und Abfrage zunächst unterbleiben. Das setzt allerdings voraus, dass sich der Kirchensteuerabzugsverpflichtete in die Lage versetzt, im Fall einer doch anfallenden steuerpflichtigen Ausschüttung die Abfrage – auch unterjährig – zeitnah nachzuholen. Ebenso soll ein Abruf bei Kapitalgesellschaften nicht erforderlich sein, wenn deren **Allein-Gesellschafter-Geschäftsführer** keiner steuererhebenden **Religionsgemeinschaft angehört**.

> **Hinweis**
>
> Die gleichlautenden Ländererlasse v. 10.8.2016 sehen darüber hinaus weitere detaillierte Ausführungen zum KiSTAM-Verfahren vor, die von allen Kirchensteuerabzugsverpflichteten zu beachten sind.

5 Änderungen für Arbeitnehmer

5.1 Beruflich veranlasster Umzug bei Zeitersparnis von weniger als einer Stunde

Eine berufliche Veranlassung eines Umzugs und damit die Abzugsfähigkeit der Umzugskosten als Werbungskosten wird vom Finanzamt regelmäßig bei erstmaliger Aufnahme einer Tätigkeit, Versetzung oder Arbeitgeberwechsel oder einer Zeitersparnis von mehr als einer Stunde für den arbeitstäglichen Weg zur Arbeit (Hin- und Rückweg) anerkannt. Die Fahrtzeit ist dabei grundsätzlich durch Routenplaner (objektiv) zu ermitteln.

Das FG Köln hat mit Urteil v. 24.2.2016 (3 K 3502/13) entschieden, dass auch **ohne eine mindestens einstündige Fahrtzeitverkürzung** Umzugskosten als Werbungskosten abziehbar sein können. Vor dem Umzug dauerte die Fahrt der Klägerin von der Wohnung zur Arbeitsstätte mit öffentlichen Verkehrsmitteln hin und zurück ca. 40 Minuten, nach dem Umzug konnte die Arbeitsstätte in weniger als fünf Minuten zu Fuß erreicht werden. Das FG Köln deutete diese **Erreichbarkeit der Arbeitsstätte zu Fuß** als wesentliche Verbesserung der Arbeitsbedingungen und sah den Umzug daher als beruflich veranlasst an. **Unannehmlichkeiten** bei der Fahrt **durch mitgeführtes Gepäck** (Arbeitsunterlagen, Laptop) und Stress sowie Zeitdruck, die dem Kläger seit dem Umzug erspart blieben, spielten für die Entscheidung des FG Köln ebenfalls eine Rolle. Unerheblich war hingegen ein privater Aspekt des Umzugs, denn der Umzug erfolgte aus einer Miets- in eine Eigentumswohnung.

> **Hinweis**
>
> Zur Definition des Umfangs abzugsfähiger Umzugskosten wird regelmäßig auf das Bundesumzugskostengesetz (BUKG) zurückgegriffen. Als Werbungskosten können neben Rechnungen von Maklern (für Mietwohnungen) und Umzugsunternehmen u. a. auch umzugsbedingte doppelte Mietzahlungen steuermindernd angesetzt werden. Für sonstige Umzugsauslagen besteht außerdem eine Pauschale von 730 EUR (bei Verheirateten 1.460 EUR). Für im Haushalt lebende Kinder erhöht sich die Pauschale um jeweils 322 EUR. Sofern der konkrete Nachweis der beruflichen Veranlassung gelingt, können auch – die Werte des BUKG übersteigende – tatsächliche Aufwendungen als Werbungskosten angesetzt werden.

5.2 Kosten für ein Dienstjubiläum als Werbungskosten absetzbar

Auch ein Dienstjubiläum ist nach Auffassung des BFH ein berufsbezogenes Ereignis. Folge: Die Aufwendungen für eine betriebsinterne Feier anlässlich eines solchen Dienstjubiläums können als Werbungskosten bei den Einkünften aus nichtselbstständiger Arbeit abzugsfähig sein. Dabei betont der BFH, dass der Anlass der Feier zwar ein erhebliches Indiz, aber nicht das alleinentscheidende Kriterium für die berufliche Veranlassung der Aufwendungen ist. Bei der Beurteilung, ob die Feier einen (nahezu) beruflichen Anlass aufweist, ist stets eine Gesamtwürdigung aller Umstände des Einzelfalls vorzunehmen. Im konkreten Fall bejahte der BFH die berufliche Veranlassung der Feier u. a. auch, weil der Arbeitnehmer seine **Gäste nach** abstrakten berufsbezogenen Kriterien eingeladen hatte (BFH, Urteil v. 20.1.2016, VI R 24/15, BStBl 2016 II S. 744).

> **Hinweis**
>
> Mit der Entscheidung führt der VI. Senat seine Ausführungen im Urteil v. 8.7.2015 (VI R 46/14, BStBl 2015 II S. 1013) weiter. In diesem Urteil hatte er in der **Bestellung zum Berufsträger** einen beruflichen Anlass und in dem **gleichzeitig gefeierten Geburtstag** einen privaten Anlass gesehen. Der BFH teilte daher die Aufwendungen anteilig nach Gästen auf und ließ die auf den beruflichen Anlass (Bestellung zum Berufsträger) anteilig entfallenden Kosten als Werbungskosten zum Abzug zu. Dieses Urteil hat die Finanzverwaltung im Bundessteuerblatt veröffentlicht und wendet es damit über den Einzelfall hinaus an (BStBl 2015 II S. 1013).

5.3 Kosten für eine Geburtstagsfeier als Werbungskosten absetzbar?

Laut einem Urteil des FG Rheinland-Pfalz v. 12.11.2015 (6 K 1868/13) wurden Kosten einer Geburtstagsfeier hinsichtlich der Gäste aus dem beruflichen Umfeld als Werbungskosten anerkannt. Im konkreten Fall lud ein (Fremd-)Geschäftsführer ausschließlich seine Mitarbeiter bzw. Rentner sowie den Aufsichtsratsvorsitzenden des Unternehmens in die Werkhalle ein. Zudem fand eine private Geburtstagsfeier außerhalb des geschäftlichen Umfelds statt und die Kosten für jeden Teilnehmer an der Feier waren moderat. Die Gesamtschau aller Umstände wies laut FG einen betrieblichen Charakter auf.

> **Hinweis**
>
> Gegen das Urteil wurde Revision vor dem BFH eingelegt. Es bleibt damit abzuwarten, ob sich der VI. Senat der Vorinstanz anschließen wird (anhängiges Az: VI R 7/16). Betroffene Steuerpflichtige sollten unter Verweis auf das anhängige Revisionsverfahren Einspruch einlegen und das Ruhen des Verfahrens beantragen.
>
> Ob eine Feier beruflich oder privat veranlasst ist, bleibt aber letztlich der Prüfung des jeweiligen Einzelfalls vorbehalten.

6 Änderungen für Kapitalanleger und Vermieter

6.1 Berücksichtigung von Verlusten aus verfallenen Optionen

Die Finanzverwaltung hat ihre bisherige Auffassung zur Behandlung von Verlusten aus verfallenen Optionen geändert und erkennt nun die Verluste steuerlich an. Hintergrund sind drei BFH-Urteile, denen die Finanzverwaltung nun folgt.

In den Urteilen v. 12.1.2016 ging es in zwei Fällen um **Aktienkaufoptionen** (IX R 48/14, BStBl 2016 II S. 456 und IX R 50/14, BStBl 2016 II S. 462) und in einem Fall um **Indexoptionen** (IX R 49/14, BStBl 2016 II S. 459), welche von den Optionsinhabern aufgrund starker **Kursrückgänge der Basiswerte** jeweils nicht ausgeübt wurden. Die Anleger erlitten damit Verluste in Höhe der Anschaffungskosten für die verfallenen Optionen, die sie in ihrer Steuererklärung geltend machten. Gem. gängiger Verwaltungspraxis (BMF, Schreiben v. 9.10.2012, BStBl 2012 I S. 953 und v. 27.3.2013, BStBl 2013 I S. 403) wurden die Verluste von den zuständigen Finanzämtern jedoch nicht anerkannt. Der BFH stellte nun zu Gunsten der Steuerpflichtigen und entgegen der Auffassung des BMF klar, dass Anschaffungskosten für verfallene Optionen bei der Ermittlung der Einkünfte aus Termingeschäften gem. § 20 Abs. 4 Satz 5 EStG als Aufwendungen zu berücksichtigen sind. Entsprechend sind **Verluste aus vergeblich aufgewendeten Optionsprämien** nach Maßgabe des § 20 Abs. 6 EStG mit Einkünften aus Kapitalvermögen zu verrechnen.

> **Hinweis**
>
> In allen drei Fällen entschied der BFH (entgegen früherer Rechtsprechung zur Gesetzeslage vor Einführung der Abgeltungsteuer), dass die Anschaffung einer Option und der Ausgang des Optionsgeschäfts bei wirtschaftlicher Betrachtungsweise als Einheit aufzufassen sind. Insofern stehen für den BFH die Aufwendungen zum Kauf der Optionen in unmittelbarem sachlichem Zusammenhang mit den (Basis-)Termingeschäften. Eine Subsumtion der Optionsprämien unter das **Werbungskostenabzugsverbot** nach § 20 Abs. 9 EStG ist damit **ausgeschlossen**.

Das BMF folgt diesen BFH-Urteilen und berücksichtigt nun ebenfalls die Anschaffungskosten für den Erwerb der verfallenen Optionen (Kauf- und Verkaufsoptionen) bei der Ermittlung der Einkünfte aus Termingeschäften gem. § 20 Abs. 4 Satz 5 EStG als Aufwendungen (BMF, Schreiben v. 16.6.2016, BStBl 2016 I S. 527).

Hinweis

Im Rahmen einer Übergangsregelung beanstandet es die Finanzverwaltung nicht, wenn für die **Kapitalertragsteuererhebung** die Änderung der Rzn. 27 und 32 des Schreibens v. 16.6.2016 zum 1.1.2017 angewendet wird. In solchen Fällen ist daher eine Veranlagung erforderlich, um eine Verlustberücksichtigung zu erreichen.

Das FG Düsseldorf hat für den Fall von „**Knock-out-Zertifikaten**" ebenfalls die steuerliche Berücksichtigung des Verfalls der Zertifikate bejaht (FG Düsseldorf, Urteil v. 6.10.2015, 9 K 4203/13 E). Das Verfahren ist derzeit zur Revision beim BFH anhängig (Az. VIII R 37/15).

Hinweis

Vor dem Hintergrund der jüngsten Entscheidungen des BFH zur steuerlichen Berücksichtigung von verfallenen Optionen bestehen auch hier gute Chancen für einen für den Steuerpflichtigen positiven Verfahrensausgang.

6.2 Negative Einlagezinsen

In den an ein Geld- oder Kreditinstitut entrichteten negativen Einlagezinsen sieht die Finanzverwaltung eine Art **Verwahr- oder Einlagegebühr**. Sie stellen keine Zinsen i. S. des § 20 Abs. 1 Nr. 7 EStG dar. Bei den Einkünften aus Kapitalvermögen sind die negativen Einlagezinsen nach Auffassung der Finanzverwaltung als Werbungskosten vom **Sparer-Pauschbetrag** erfasst (vgl. BMF, Schreiben v. 27.5.2015, BStBl 2015 I S. 473).

> **Hinweis**
>
> Nach Auffassung der Finanzverwaltung ist damit aufgrund des im Rahmen der Einkünfte aus Kapitalvermögen bestehenden **Werbungskostenabzugsverbots** neben dem Sparer-Pauschbetrag i. H. v. 801 EUR (§ 20 Abs. 9 Satz 1 EStG) ein einkünftemindernder Abzug von tatsächlich entstandenen negativen Einlagezinsen ausgeschlossen. Vgl. zur gewerbesteuerlichen Behandlung von negativen Einlagezinsen Kapitel Rückblick Tz. 2.4.8.

6.3 Keine anteilige Zuordnung der Veräußerungskosten

Die **Absenkung der Beteiligungsgrenze** von mehr als 25 % auf mindestens 10 % durch § 17 Abs. 1 Satz 4 EStG i. d. F. des Steuerentlastungsgesetzes 1999/2000/2002 war nach Auffassung des BVerfG mit belastenden Folgen einer unechten Rückwirkung verbunden (BVerfG, Beschluss v. 7.7.2010, 2 BvR 748/05, 2 BvR 753/05, 2 BvR 1738/05, BStBl 2011 II S. 86). Sie verstieß insoweit gegen die verfassungsrechtlichen Grundsätze des Vertrauensschutzes, als in einem Veräußerungsgewinn Wertsteigerungen steuerlich erfasst werden, die bis zur Verkündung des Steuerentlastungsgesetzes 1999/2000/2002 am 31.3.1999 entstanden sind und die entweder – bei einer Veräußerung bis zu diesem Zeitpunkt – nach der zuvor geltenden Rechtslage steuerfrei realisiert worden sind oder – bei einer Veräußerung nach Verkündung des Gesetzes – sowohl zum Zeitpunkt der Verkündung als auch zum Zeitpunkt der Veräußerung nach der zuvor geltenden Rechtslage steuerfrei hätten realisiert werden können.

Den Auswirkungen dieser Rechtsprechung trägt das BMF nunmehr Rechnung und ergänzte bzw. änderte zwei Schreiben (vom 20.12.2010 bzw. 21.12.2011 für Fälle der Einlage oder Einbringung) zur Ermittlung des Veräußerungsgewinns einer solchen von der Absenkungsregelung betroffenen Beteiligung i. S. des § 17 EStG (BMF, Schreiben v. 16.12.2015, BStBl 2016 I S. 10 und 11).

> **Hinweis**
>
> Bei der Ermittlung des Gewinns aus der Veräußerung von Beteiligungen i. S. von § 17 EStG, die von der Absenkung der Beteiligungsgrenze von mehr als 25 % auf mindestens 10 % betroffenen sind, sind die Veräußerungskosten unter Beachtung des Teileinkünfteverfahrens in § 3c Abs. 2 EStG in vollem Umfang vom steuerbaren Veräußerungserlös und nicht mehr nur anteilig abzuziehen (BMF, Schreiben v. 16.12.2015, BStBl 2016 I S. 11).

6.4 Finanzkonten-Informationsaustauschgesetz

Mit dem am 30.12.2015 veröffentlichten Finanzkonten-Informationsaustauschgesetz (FKAustG, BGBl 2015 I S. 2531) hat Deutschland einen wesentlichen Eckpfeiler für die Umsetzung des automatischen internationalen Informationsaustauschs in Bezug auf Finanzkonten umgesetzt. Durch das Gesetz wird die Datenerhebung konkret geregelt. Die auf dieser Basis erhobenen **Daten** werden **mit EU-Staaten** sowie mit **Drittstaaten** ausgetauscht. Das Bundeszentralamt für Steuern (BZSt) wird als zuständige Behörde zur Erhebung und für den Austausch der Daten bestimmt.

Erhoben und ausgetauscht werden Finanzkonteninformationen von Kunden von Finanzinstituten in Deutschland, die in anderen Vertrags- bzw. Mitgliedstaaten steuerpflichtig sind.

Ausgetauscht werden sollen

- Name,
- Anschrift,
- Steueridentifikationsnummer sowie
- Geburtsdaten und -ort,
- die entsprechende Kontonummer,
- Jahresendsalden der Finanzkonten sowie
- gutgeschriebene Kapitalerträge, einschließlich Einlösungsbeträge und Veräußerungserlöse.

Die genannten Informationen sind von den Finanzinstituten an das BZSt weiterzugeben, welches sie dann an die zuständigen Behörden der anderen Staaten elektronisch übermittelt.

> **Hinweis**
>
> Nach dem Gesetz erhobene Daten sind erstmals für das Steuerjahr 2016 bis zum 31.7.2017 an das BZSt zu übermitteln. Auch für die Folgejahre gilt jeweils der 31.7. als Stichtag.

6.5 Anschaffungsnahe Herstellungskosten / Schönheitsreparaturen

Der BFH hat sich in drei Urteilen v. 14.6.2016 zum Umfang der anschaffungsnahen Herstellungskosten i. S. des § 6 Abs. 1 Nr. 1a EStG geäußert, wonach Aufwendungen für Instandsetzungs- und Modernisierungsmaßnahmen zu den Herstellungskosten gehören, wenn sie innerhalb von 3 Jahren nach Anschaffung durchgeführt werden und 15 % der Anschaffungskosten des Gebäudes übersteigen.

In zwei Fällen hatten Vermieter Aufwendungen für sog. **Schönheitsreparaturen** in den ersten drei Jahren nach Anschaffung des Gebäudes als sofort abzugsfähige Werbungskosten geltend gemacht (IX R 25/14, BFH/NV 2016 S. 1617 und IX R 22/15, BFH/NV 2016 S. 1623). In Fortführung seiner Rechtsprechung verweigerte der BFH jedoch den Werbungskostenabzug. Laut BFH sind Schönheitsreparaturen nicht isoliert zu betrachten, sondern fallen in den Anwendungsbereich des § 6 Abs. 1 Nr. 1a Satz 1 EStG.

Gleiches gilt nach Auffassung des BFH auch für Kosten der Herstellung der Betriebsbereitschaft (IX R 15/15, BFH/NV 2016 S. 1621). Im Streitfall hatte der Vermieter argumentiert, Kosten zur **Herstellung der Betriebsbereitschaft** stellten bereits nach § 255 Abs. 1 Satz 1 HGB originäre Anschaffungskosten (und damit keine Aufwendungen für Instandsetzung) dar und könnten daher nicht von § 6 Abs. 1 Nr. 1a Satz 1 EStG erfasst werden. Der BFH führte dazu aus, dass sich zwar auch für die Einkünfte aus Vermietung und Verpachtung die Zuordnung, welche Aufwendungen Anschaffungs- oder Herstellungskosten sind, nach § 255 Abs. 1 und Abs. 2 HGB richtet. Jedoch stelle § 6 Abs. 1 Nr. 1a Satz 1 EStG gegenüber § 255 HGB die einkommensteuerrechtliche Sonderregelung für Instandsetzungsaufwendungen nach Erwerb eines Gebäudes dar. Damit umfasse die Regelung unabhängig von der handelsrechtlichen Beurteilung auch Kosten zur Herstellung der Betriebsbereitschaft. Nach Wortlaut und systematischem Zusammenhang der Sätze 1 und 2 der Vorschrift ist der Begriff der Instandhaltungsaufwendungen nach Meinung des BFH weit zu verstehen. Es entspricht dem gesetzlich intendierten Typisierungszweck der Regelung, einzelne Arbeiten eben nicht isoliert zu betrachten, wodurch sich auch schwierige Abgrenzungen zwischen Erhaltungsaufwendungen und Kosten zur Herstellung der Betriebsbereitschaft vermeiden lassen.

Hinweis

Erweiterungskosten i. S. des § 255 Abs. 2 Satz 1 HGB sowie jährlich regelmäßig anfallende **Erhaltungsaufwendungen** sind nicht von dieser Rechtsprechung betroffen, da sie von § 6 Abs. 1 Nr. 1a Satz 2 EStG explizit aus dem Anwendungsbereich der Typisierungsvorschrift ausgenommen werden.

7 Änderungen beim Erben und Schenken

7.1 Änderungen durch das Erbschaftsteueranpassungsgesetz

7.1.1 Allgemeines

Das BVerfG hatte in seinem Urteil v. 17.12.2014 (1 BvL 21/12, BStBl 2015 II S. 50) die bisherigen **Verschonungsregelungen für Unternehmensvermögen** (§§ 13a und 13b ErbStG) für verfassungswidrig erklärt und den Gesetzgeber zu einer gesetzlichen Neuregelung bis zum 30.6.2016 aufgefordert. Neben der Neudefinition des begünstigten Vermögens und der **Änderungen der Lohnsummenregelung** für kleinere Betriebe liegt der Schwerpunkt auf der Neugestaltung der Verschonung für den **Erwerb großer Betriebsvermögen**.

Der von der Bundesregierung am 8.7.2015 eingebrachte Gesetzentwurf für ein Erbschaftsteueranpassungsgesetz (ErbStAnpG) wurde im Laufe des Gesetzgebungsverfahrens von den Sachverständigen mehrfach kritisiert – das Gesetzgebungsverfahren zur streitbeladenen Hängepartie. Erst 3 Monate nach Ablauf der vom BVerfG gesetzten Frist zur Neufassung des Erbschaftsteuerrechts konnte im Vermittlungsausschuss von Bundestag und Bundesrat ein Kompromiss erwirkt werden, dem am 14.10.2016 nach dem Bundestag auch der Bundesrat mehrheitlich zugestimmt hat.

> **Hinweis**
>
> Das Gesetz zur Anpassung des Erbschaftsteuer- und Schenkungsteuergesetzes an die Rechtsprechung des Bundesverfassungsgerichts wurde am 9.11.2016 im BGBl 2016 I S. 2464 verkündet.
>
> Die im Folgenden dargestellten Änderungen im Erbschaftsteuer- und Schenkungsteuergesetz sind damit zum 1.7.2016 in Kraft getreten. Zur Anwendungsregelung im Einzelnen s. Tz. 7.1.7.

7.1.2 Begünstigtes Vermögen

Wie im bisherigen Recht wird in einem ersten Schritt die **begünstigungsfähige Vermögenseinheit** der Art nach bestimmt. Unverändert ist grundsätzlich die Übertragung von Betriebsvermögen, land- und forstwirtschaftlichem Vermögen, gewerblichen Mitunternehmerschaften sowie Anteilen an Kapitalgesellschaften von mehr als 25 % begünstigt.

Neben inländischem Betriebsvermögen ist auch entsprechendes Betriebsvermögen begünstigungsfähig, das einer Betriebsstätte in einem Mitgliedstaat der EU/des EWR dient (§ 13b Abs. 1 ErbStG).

> **Hinweis**
>
> Laut Gesetzesbegründung ist der **Erwerb ausländischen Betriebsvermögens** in Drittstaaten **nicht begünstigungsfähig**. Hierzu gehört auch das Betriebsvermögen von Gewerbebetrieben, deren wirtschaftliche Einheit sich ausschließlich auf Drittstaaten erstreckt und das Vermögen einer in einem Drittstaat belegenen Betriebsstätte eines inländischen Gewerbebetriebs oder eines Betriebs in einem EU-/EWR-Mitgliedstaat. Begünstigungsfähig ist dagegen ausländisches **Betriebsvermögen in Drittstaaten**, wenn es als Beteiligung an einer Personengesellschaft oder als Anteil an einer Kapitalgesellschaft Teil einer wirtschaftlichen Einheit des Betriebsvermögens im Inland oder in einem Mitgliedstaat der EU/des EWR ist.

Einer Forderung des Bundesrats folgend wird die Abgrenzung des begünstigten vom nicht begünstigten Vermögen wie bisher über einen **Verwaltungsvermögenskatalog** (§ 13b Abs. 4 ErbStG) vorgenommen.

Die verfassungsrechtlich beanstandete **Verwaltungsvermögensquote** von 50 % (sog. Alles-oder-Nichts-Prinzip) wurde ersatzlos **gestrichen,** und der nach anteiligem Abzug von Schulden und pauschalem Abzug von unschädlichem Verwaltungsvermögen (§ 13b Abs. 7 ErbStG) verbleibende Nettowert des Verwaltungsvermögens (Nettoverwaltungsvermögen) wird ohne Abschlag besteuert (§ 13b Abs. 2 Satz 1 ErbStG). Schulden werden wie im bisherigen Recht im Rahmen des Finanzmitteltests (§ 13b Abs. 4 Nr. 5 ErbStG) in vollem Umfang saldiert und darüber hinaus quotal berücksichtigt (§ 13b Abs. 6 ErbStG).

Begünstigungsfähiges Vermögen, das nahezu ausschließlich, nämlich mindestens zu 90 %, aus **Verwaltungsvermögen** besteht, wird aus der Verschonung gänzlich ausgenommen (§ 13b Abs. 2 Satz 2 ErbStG).

Hinweis

Durch den Vermittlungsausschuss ist eine weitere Bedingung für die 100 %ige Optionsverschonung hinzugekommen: Diese ist davon abhängig, dass das begünstigungsfähige Vermögen nicht zu mehr als 20 % aus Verwaltungsvermögen nach § 13b Abs. 3 und 4 ErbStG besteht. Der Anteil des Verwaltungsvermögens am gemeinen Wert des Betriebs bestimmt sich dabei nach dem Verhältnis der Summe der gemeinen Werte der Einzelwirtschaftsgüter des Verwaltungsvermögens nach § 13b Abs. 3 und 4 ErbStG zum gemeinen Wert des Betriebs.

Vermögensgegenstände, die grundsätzlich als Verwaltungsvermögen zu qualifizieren sind, jedoch ausschließlich und dauerhaft der Erfüllung von Schulden aus **Altersversorgungsverpflichtung**en dienen (insbesondere Contractual Trust Arrangement-Strukturen) und dem Zugriff aller übrigen nicht aus den Altersversorgungsverpflichtungen unmittelbar berechtigten Gläubiger entzogen sind, werden bis zur Höhe des gemeinen Werts der Schulden aus Altersversorgungsverpflichtungen aus dem Verwaltungsvermögenskatalog vorab ausgenommen (§ 13b Abs. 3 ErbStG).

> **Hinweis**
>
> Die für diese Regelung berücksichtigten Finanzmittel und Schulden aus Altersversorgungsverpflichtungen bleiben im Gegenzug beim **Finanzmitteltest** (§ 13b Abs. 4 Nr. 5 ErbStG) und bei der **quotalen Schuldenverrechnung** (§ 13b Abs. 6 ErbStG) unberücksichtigt.

Wie bisher gehören Zahlungsmittel, Geschäftsguthaben, Geldforderungen und andere Forderungen (Finanzmittel) typisierend zum begünstigten Vermögen, soweit ihr gemeiner Wert (nach Abzug des gemeinen Werts der Schulden) 15 % des anzusetzenden gemeinen Werts des Betriebsvermögens des Betriebs oder der Gesellschaft nicht übersteigt (§ 13b Abs. 4 Nr. 5 Satz 1 ErbStG). Der Prozentsatz von 15 % kommt jedoch nur zur Anwendung, wenn das begünstigungsfähige Vermögen des Betriebs oder der nachgeordneten Gesellschaft nach seinem Hauptzweck einer Tätigkeit i. S. des § 13 Abs. 1, § 15 Abs. 1 Satz 1 Nr. 1 oder § 18 Abs. 1 Nr. 1 und 2 EStG dient (§ 13b Abs. 4 Nr. 5 Satz 4 und 5 ErbStG).

> **Hinweis**
>
> **Nicht begünstigt** sind die sog. **jungen Finanzmittel**, d. h. der positive Saldo der eingelegten und der entnommenen Finanzmittel, welche dem Betrieb im Zeitpunkt des Erwerbs weniger als zwei Jahre zuzurechnen waren (§ 13b Abs. 4 Nr. 5 Satz 2 ErbStG).

In § 13b Abs. 5 ErbStG wurde eine Investitionsklausel für das nicht begünstigte Verwaltungsvermögen bei Erwerben von Todes wegen eingeführt. Danach entfällt die Zurechnung von Vermögensgegenständen zum Verwaltungsvermögen rückwirkend zum Zeitpunkt der Entstehung der Steuer, wenn der Erwerber innerhalb von zwei Jahren ab dem Todeszeitpunkt des Erblassers aufgrund dessen vorgefassten Willens dieses Verwaltungsvermögen innerhalb des erworbenen Unternehmens investiert und keine anderweitige Ersatzbeschaffung von Verwaltungsvermögen vorgenommen wird oder wurde.

Soweit die zum Betrieb gehörenden Schulden nicht bereits mit den zur Erfüllung von Altersversorgungsverpflichtungen dienenden Vermögensgegenständen verrechnet wurden (§ 13b Abs. 3 ErbStG) oder bei der Ermittlung der begünstigten Finanzmittel (§ 13b Abs. 4 Nr. 5 ErbStG) berücksichtigt worden sind, sieht § 13b Abs. 6 i. V. m. § 13b Abs. 8 ErbStG einen anteiligen Schuldenabzug vor. Hierbei sind die verbleibenden Schulden anteilig vom gemeinen Wert des nicht begünstigten Vermögens abzuziehen (Nettowert des Verwaltungsvermögens).

> **Hinweis**
>
> Für Zwecke der anteiligen Schuldenermittlung ist ein **Zuordnungsschlüssel** maßgebend, der sich aus einer Berechnung auf Grundlage des gemeinen Werts des erworbenen betrieblichen Vermögens ergibt.

Ein Teil des nicht begünstigten Vermögens (Verwaltungsvermögens) wird wie begünstigtes Vermögen behandelt. Die Wertgrenze ist auf 10 % des um den Nettowert des Verwaltungsvermögens gekürzten gemeinen Werts des Betriebsvermögens festgelegt (§ 13b Abs. 7 Satz 1 ErbStG). Bei der Berechnung des unschädlichen Verwaltungsvermögens bleiben junge Finanzmittel und solches (junges) Verwaltungsvermögen unberücksichtigt, das dem Betrieb im Zeitpunkt der Entstehung der Steuer weniger als zwei Jahre zuzurechnen war (§ 13b Abs. 7 Satz 2 ErbStG).

Bei **mehrstufigen Unternehmensstrukturen** erfolgt künftig eine zusammenfassende Betrachtung im Wege einer Verbundvermögensaufstellung. Dabei werden in die Verwaltungsvermögensabgrenzung auch die Vermögensgegenstände mit ihrem anteiligen Wert einbezogen, die Gesellschaften zuzurechnen sind, an denen eine mittelbare oder unmittelbare Beteiligung besteht (§ 13b Abs. 9 ErbStG). Junge Finanzmittel und junges Verwaltungsvermögen sind gesondert aufzuführen.

> **Hinweis**
>
> Sofern zwischen Gläubiger- und Schuldnerunternehmen Beteiligungsidentität besteht, werden wechselseitige Forderungen und Verbindlichkeiten verrechnet. Verbindlichkeiten werden nicht in die Konsolidierung einbezogen, soweit sie keine wirtschaftliche Belastung darstellen.

7.1.3 Begrenzung der Verschonungsregeln für große Betriebsvermögen

Die Verschonung von Betriebsvermögen wird nun von der Größe des Betriebsvermögens abhängig gemacht. Begünstigtes Vermögen i. S. des 13b Abs. 2 ErbStG bleibt dabei nur dann zu 85 % steuerfrei (Verschonungsabschlag), wenn der einzelne Erwerb 26 Mio. EUR nicht übersteigt. Oberhalb dieser Prüfschwelle kommt grundsätzlich keine Verschonung mehr zur Anwendung – der Erwerb ist voll erbschaftsteuerpflichtig (§ 13a Abs. 1 Satz 1 ErbStG). Für die Optionsverschonung auf 100 % gilt unter Einhaltung der entsprechenden Voraussetzungen dieselbe Prüfschwelle (§ 13b Abs. 10 ErbStG).

> **Hinweis**
>
> Die Verschonung ist nach der Neuregelung nicht mehr von der Erfüllung des Verwaltungsvermögenstests abhängig (50 % bei der Regelverschonung und 10 % bei der Optionsverschonung). Anders als bisher fällt unter die Verschonung nur noch das begünstigte Betriebsvermögen und nicht mehr das gesamte begünstigungsfähige Vermögen nach Bestehen des jeweiligen Verwaltungsvermögenstests. Das nicht begünstigte Vermögen ist ohne Abschlag der Besteuerung zu unterwerfen.

Bei der Berechnung der Prüfschwelle sind alle Erwerbe von derselben Person innerhalb eines Zehnjahreszeitraums zusammenzurechnen (§ 13a Abs. 1 Satz 2 ErbStG). Oberhalb der Prüfschwelle von 26 Mio. EUR kann der Erwerber den Erlass der Erbschaftsteuer insoweit beantragen, als sein Vermögen nicht für die Begleichung der Erbschaftsteuer ausreicht (sog. **individuelle Verschonungsbedarfsprüfung**). Alternativ kann sich der Erwerber – ebenfalls auf Antrag – für einen sich abschmelzenden verminderten Verschonungsabschlag entscheiden (sog. **Abschmelzmodell**).

> **Hinweis**
>
> Die beiden **Optionen** sind **ausgeschlossen**, soweit der Erwerber begünstigtes Vermögen i. S. des § 13b Abs. 2 ErbStG aufgrund einer letztwilligen Verfügung des Erblassers oder einer rechtsgeschäftlichen Verfügung des Erblassers oder Schenkers auf einen Dritten übertragen muss, oder wenn ein Erbe im Rahmen

der Teilung des Nachlasses begünstigtes Vermögen auf einen Dritten überträgt. Der Dritte, der dafür nicht begünstigtes Vermögen hingibt, wird dabei so gestellt, als habe er von Anfang an begünstigtes Vermögen erhalten (§ 13a Abs. 5 ErbStG, § 28a Abs. 1 ErbStG).

Alternativ zur individuellen Verschonungsbedarfsprüfung des § 28a ErbStG kann der Erwerber bei Überschreiten der Prüfschwelle das sog. **Abschmelzmodell** beantragen. Danach verringert sich der Verschonungsabschlag nach § 13a Abs. 1 ErbStG (Regelverschonung) oder der Abschlag nach § 13a Abs. 10 ErbStG (Verschonungsoption) um jeweils einen Prozentpunkt für jede vollen 750.000 EUR, die der Wert des begünstigten Vermögens den Betrag von 26 Mio. EUR übersteigt (§ 13c Abs. 1 ErbStG). Damit verringert sich der Verschonungsabschlag mit steigendem Wert des erworbenen begünstigten Vermögens.

Ab einem Erwerb von begünstigtem Vermögen i. S. des § 13b Abs. 2 ErbStG in Höhe von 90 Mio. EUR wird kein Verschonungsabschlag mehr gewährt (§ 13b Abs. 1 Satz 2 ErbStG).

Für die Bestimmung des Verschonungsabschlags sind alle Erwerbe von derselben Person innerhalb eines Zehnjahreszeitraums zusammenzurechnen (§ 13c Abs. 2 ErbStG).

Auch die Gewährung des Abschlags nach dem Abschmelzmodell ist an die Erfüllung der Lohnsummenregelung und die Einhaltung der Behaltensvoraussetzungen geknüpft (§ 13c Abs. 2 Satz 1 ErbStG i. V. m. § 13a Abs. 3 bis 9 ErbStG).

> **Hinweis**
>
> Der **Antrag** auf das **Abschmelzmodell** ist als unwiderruflicher Antrag ausgestaltet und schließt einen Antrag auf eine Verschonungsbedarfsprüfung nach § 28a ErbStG aus (§ 13c Abs. 2 Satz 5 ErbStG).

Bei Erwerben von begünstigtem Betriebsvermögen oberhalb der Prüfschwelle kann auf Antrag eine individuelle Prüfung durchgeführt werden. Danach kann die auf das begünstigte Vermögen entfallende Steuer bei Vorliegen der Voraussetzungen erlassen werden, soweit der Erwerber nachweist, dass er persönlich nicht in der Lage ist, die Steuer aus seinem verfügbarem Vermögen zu begleichen (§ 28a Abs. 1 Satz 1 ErbStG). Gem. § 28a Abs. 2 ErbStG umfasst das **verfügbare Einkommen** 50 % der Summe der gemeinen Werte (Nettovermögen nach Abzug von Schulden und Lasten) des

- mit der Erbschaft oder Schenkung zugleich übergegangenen Vermögens, das nicht zum begünstigten Vermögen i. S. des § 13b Abs. 2 ErbStG gehört und
- dem Erwerber im Zeitpunkt des Erwerbs gehörenden Vermögens, das nicht zum begünstigten Vermögen i. S. des § 13b Abs. 2 ErbStG gehören würde.

Damit ist nach dem Gesetzeswortlaut auch **Privatvermögen** in die Verschonungsbedarfsprüfung **miteinzubeziehen.**

Hinweis

Der Erlass der Erbschaftsteuer ist nicht möglich, wenn ein Antrag auf das Abschmelzmodell gestellt wurde (§ 28a Abs. 8 ErbStG).

Die Gewährung des (teilweisen) Steuererlasses setzt die Einhaltung nachfolgender Bedingungen voraus (auflösende Bedingung):

- Einhaltung bestimmter Lohnsummenfristen,
- Einhaltung von Behaltensbedingungen innerhalb einer siebenjährigen Behaltensfrist,
- kein weiterer Erwerb von verfügbaren Vermögen innerhalb einer Frist von 10 Jahren durch Schenkung oder von Todes wegen (aber erneuter Antrag auf Verschonungsbedarfsprüfung möglich) (§ 28a Abs. 4 Nr. 3 ErbStG).

Zur Erfüllung dieser Voraussetzungen muss der Erwerber die Anzeigepflichten des § 28a Abs. 5 ErbStG einhalten, ebenso die Zahlungsverjährungsfrist gem. § 28a Abs. 6 ErbStG.

Neben dem (teilweisen) Erlass aufgrund der Verschonungsbedarfsprüfung enthält die Neuregelung eine **Stundungsmöglichkeit.** Danach kann die Steuer i. S. des § 28a Abs. 1 Satz 1 ErbStG ganz oder teilweise bis zu sechs Monate gestundet werden, wenn die Einziehung bei Fälligkeit eine erhebliche Härte für den Erwerber bedeuten würde und der Anspruch nicht gefährdet erscheint (§ 28a Abs. 3 Satz 1 ErbStG). Die Stundung ist bei Erwerben von Todes wegen zinslos. Eine **erhebliche**

Härte liegt insbesondere dann vor, wenn der Erwerber einen Kredit aufnehmen oder verfügbares Vermögen i. S. des § 28a Abs. 2 ErbStG veräußern müsste, um die Steuer entrichten zu können (§ 28a Abs. 3 Satz 2 ErbStG). Unberührt davon bleiben die bisherigen allgemeinen Stundungsmöglichkeiten nach § 222 AO und § 28 ErbStG (§ 28a Abs. 3 Satz 4 ErbStG).

> **Hinweis**
>
> Die neue Verschonungsbedarfsprüfung gilt gem. § 28a Abs. 7 ErbStG entsprechend für die **Erbersatzsteuer bei Familienstiftungen** (§ 1 Abs. 1 Nr. 4 ErbStG).

§ 13a Abs. 9 ErbStG sieht eine besondere **Steuerbefreiung** vor. Dabei wird für begünstigtes Vermögen i. S. des § 13b Abs. 2 ErbStG ein Abschlag in Höhe von maximal 30 % bei der Bestimmung des Unternehmenswerts gewährt, sofern der Gesellschaftsvertrag oder die Satzung **kumulativ** folgende Bestimmungen enthält:

- Die Entnahme oder Ausschüttung ist auf höchstens 37,5 % des um die auf den Gewinnanteil oder die Ausschüttung aus der Gesellschaft entfallenden Steuern vom Einkommen gekürzten Betrags des steuerrechtlichen Gewinns begrenzt; Entnahmen zur Begleichung der auf den Gewinnanteil oder die Ausschüttungen aus der Gesellschaft entfallenden Steuern vom Einkommen bleiben von der Beschränkung der Entnahme oder Ausschüttung unberücksichtigt.

- Verfügungen über die Beteiligung an einer Personengesellschaft oder den Anteil an einer Kapitalgesellschaft sind nur zugunsten von Mitgesellschaftern, von Angehörigen i. S. des § 15 AO oder von einer Familienstiftung zulässig.

- Für den Fall des Ausscheidens aus der Gesellschaft ist eine Abfindung vorgesehen, die unter dem gemeinen Wert der Beteiligung an der Personengesellschaft oder des Anteils an der Kapitalgesellschaft liegt.

Gelten die genannten Bestimmungen nur für einen Teil des begünstigten Vermögens i. S. des § 13b Abs. 2 ErbStG, ist der Abschlag auch nur für diesen Teil des begünstigten Vermögens zu gewähren.

> **Hinweis**
>
> Die Steuerbefreiung entfällt mit Wirkung für die Vergangenheit, wenn die genannten Voraussetzungen nicht über einen Zeitraum von **zwei Jahren vor** dem Zeitpunkt der Entstehung der Steuer **und 20 Jahren danach** eingehalten werden.

7.1.4 Anspruch auf Steuerstundung

Die Stundungsregelungen wurden gegenüber der bisherigen geltenden Rechtslage verschärft. Gem. § 28 Abs. 1 ErbStG ist dem Erwerber die im Erbfall auf das begünstigte Vermögen entfallende Steuer nur noch bis zu **sieben Jahre** (statt bisher zehn Jahre) zu stunden. Ferner erfolgt nur die Stundung auf den im ersten Jahr nach der Festsetzung der Steuer fälligen Jahresbetrag zinslos. Für die weiteren zu entrichtenden Jahresbeträge fällt eine Verzinsung i. H. v. 6 % p. a. gem. der entsprechenden Regelungen der AO an, dies unabhängig davon, nach welcher Maßgabe (Regelverschonung, Abschmelzregelung des Verschonungsabschlags oder Verschonungsbedarfsprüfung) eine Steuer auf das begünstigte Vermögen entfällt.

> **Hinweis**
>
> Die Stundung ist zu beantragen und von der Einhaltung bestimmter Lohnsummen- und Behaltensregelungen abhängig. Die Stundung endet, sobald der Erwerber den Betrieb oder den Anteil daran überträgt oder aufgibt.

7.1.5 Änderungen bei der Lohnsummenregelung

Die bisherige Lohnsummenregelung wurde im Grunde beibehalten. Neben der Aufnahme einer Vorschrift für die Behandlung von **Betriebsaufspaltungen** wurde der vom BVerfG kritisierten bisherigen Herausnahme der Mehrzahl der Betriebe aus der Lohnsummenregelung durch ein **Absenken der maßgeblichen Arbeitnehmerzahl** mit einem Stufenmodell Rechnung getragen.

Um Missbräuchen durch die Begründung von Betriebsaufspaltungen vorzubeugen, sind nach der Neuregelung die Lohnsummen und die Anzahl der Beschäftigten der

Besitzgesellschaft und der Betriebsgesellschaft zusammenzuzählen (§ 13a Abs. 3 Satz 13 ErbStG). Für die Verschonung der Besitzgesellschaft ist somit die Lohnsumme der Betriebsgesellschaft (mit) maßgeblich.

Die **Grenze für die Arbeitnehmerzahl**, bei der Betriebe von der Einhaltung der Lohnsummenregelung ausgenommen sind, wurde von 20 auf 5 Arbeitnehmer abgesenkt (§ 13a Abs. 3 Satz 3 Nr. 2 ErbStG). Saisonmitarbeiter bleiben dabei außer Ansatz (§ 13a Abs. 3 Satz 7 Nr. 5 ErbStG).

Betriebe mit 6 bis 15 Arbeitnehmern sind zwar nicht wie bisher ganz von der Lohnsummenregelung ausgenommen, profitieren aber von einer **flexiblen Lohnsummenregelung**.

Danach ist bei der Regelverschonung (fünfjährige Lohnsummenfrist) für Betriebe mit 6 bis 10 Arbeitnehmern an die Stelle der Mindestlohnsumme von 400 % eine Mindestlohnsumme von 250 % getreten (§ 13a Abs. 3 Satz 4 Nr. 1 ErbStG). Für Betriebe mit 11 bis 15 Arbeitnehmern kommt eine Mindestlohnsumme von 300 % zur Anwendung (§ 13a Abs. 3 Satz 4 Nr. 2 ErbStG).

Bei der Optionsverschonung (siebenjährige Lohnsummenfrist) sind für Betriebe mit 6 bis 10 Arbeitnehmern eine Mindestlohnsumme von 500 % und für Betriebe mit 11 bis 15 Arbeitnehmern eine Mindestlohnsumme von 565 % maßgeblich (anstatt 700 % für Betriebe mit mehr als 15 Arbeitnehmern) (§ 13a Abs. 10 Nr. 4 und 5 ErbStG).

> **Hinweis**
>
> Im Vergleich zum Referentenentwurf des ErbStAnpG wurde die Flexibilisierung der Lohnsummenregelung damit auf Betriebe bis 15 Arbeitnehmer ausgedehnt, wobei für Betriebe mit 11 bis 15 Arbeitnehmern Modifikationen aufgenommen wurden.

7.1.6 Änderung des Bewertungsgesetzes

Der für das vereinfachte Ertragswertverfahren zugrunde zu legende Kapitalisierungsfaktor wurde mit 13,75 festgelegt (§ 203 Abs. 1 BewG). Allerdings wird das BMF ermächtigt, durch Rechtsverordnung mit Zustimmung des Bundesrats den Kapitalisierungsfaktor an die Entwicklung der Zinsstrukturdaten anzupassen (§ 203 Abs. 2 BewG).

> **Hinweis**
>
> In der Version des ErbStAnpG vor dem Ergebnis des Vermittlungsausschusses war der Kapitalisierungsfaktor noch auf einen Bereich von 10 bis maximal 12,5 begrenzt worden.

7.1.7 Anwendungsregelung

Das Gesetz ist mit Wirkung vom 1.7.2016 in Kraft getreten (Art. 3 ErbStAnpG). Die geänderten Vorschriften im ErbStG finden grundsätzlich Anwendung auf Erwerbe, für die die Steuer nach dem 30.6.2016 entsteht (§ 37 Abs. 11 Satz 1 ErbStG). Der Wegfall der bereits gewährten Steuerbefreiungen bei früheren Erwerben von derselben Person innerhalb von zehn Jahren (§ 13c Abs. 2 Satz 3 bis 5 ErbStG und § 13a Abs. 1 Satz 3 und 4 ErbStG) ist ebenfalls erst für frühere Erwerbe anzuwenden, für die die Steuer nach dem 30.6.2016 entsteht (§ 37 Abs. 11 Satz 2 und 3 ErbStG).

> **Hinweis**
>
> Die Änderungen des Bewertungsgesetzes in § 203 BewG sind auf Bewertungsstichtage nach dem 31.12.2015 anzuwenden (§ 205 Abs. 11 BewG).

7.2 Schenkung unter Gebietsfremden

Bei einem Vermögensanfall von Inlandsvermögen kann sich der Erwerber auf Antrag wie ein unbeschränkt erb- bzw. schenkungsteuerpflichtiger Erwerber besteuern lassen, wenn er oder der Erblasser bzw. Schenker innerhalb der EU/des EWR seinen Wohnsitz hat (§ 2 Abs. 3 ErbStG). Infolge des Antrags werden anstelle des geringen Freibetrags von 2.000 EUR (§ 16 Abs. 2 ErbStG) die hohen Freibeträge des § 16 Abs. 1 ErbStG gewährt. Das FG Düsseldorf gewährt diese hohen Freibeträge auch ohne den nach dem Wortlaut des § 2 Abs. 3 ErbStG geforderten Antrag (FG Düsseldorf, Urteil v. 13.7.2016, 4 K 488/14 Erb).

Das FG folgt damit dem EuGH, der die Antragsregelung als europarechtswidrig ansieht (EuGH, Urteil v. 8.6.2016, C-479/14, BFH/NV 2016 S. 1244). Der EuGH begründete das u. a. damit, dass in solchen Fällen Erwerbe über einen Zeitraum von 20 Jahren (10 Jahre vor bis 10 Jahre nach Vermögensanfall) zusammengerechnet werden müssen. Im Unterschied dazu können im Inland wohnhafte Schenker bzw. Erwerber die hohen Freibeträge alle zehn Jahre in Anspruch nehmen. Die Frage, ob auch Ansässige in Drittstaaten von den höheren Freibeträgen profitieren können, ließ der EuGH – da nicht entscheidungserheblich – letztlich unbeantwortet.

Hinweis

Im konkreten Fall übertrug eine in Großbritannien wohnhafte Mutter ihren hälftigen Miteigentumsanteil an einem in Deutschland belegenen Grundstück jeweils hälftig auf ihre ebenfalls in Großbritannien lebenden Töchter. Das FG gewährte der Mutter, die vertraglich die Schenkungsteuer übernahm, für beide Schenkungen den bei unbeschränkter Steuerpflicht gegenüber Kindern geltenden Freibetrag i. H. v. 400.000 EUR.

7.3 Steuerermäßigung bei mehrfachem Erwerb desselben Vermögens

Für Vermögen, das innerhalb von zehn Jahren mehrfach an Personen der Steuerklasse I vererbt wird, sieht § 27 ErbStG eine Ermäßigung der Erbschaftsteuer vor. Die Ermäßigung ist jedoch an die Bedingung geknüpft, dass der Vorerwerb bereits der deutschen Erbschaftsteuer unterlegen hat.

Zu der Frage, ob die Voraussetzung eines nach deutschem Erbschaftsteuergesetz besteuerten Vorerwerbs mit EU-Recht vereinbar ist, äußerte sich der EuGH mit Urteil v. 30.6.2016 (C-123/15, BFH/NV 2016 S. 1244). Im Streitfall hatte ein in Deutschland ansässiger Steuerpflichtiger aufgrund einer in Österreich entrichteten Erbschaftsteuer eine Steuerermäßigung nach § 27 ErbStG verlangt. Der Fiskus verweigerte ihm diese Steuerermäßigung – zu Recht, wie der EuGH nun befand. Zwar stellt § 27 ErbStG nach Auffassung des EuGH eine Beschränkung der EU-rechtlich geschützten Kapitalverkehrsfreiheit dar. Allerdings hält der EuGH diese Beschränkung vor dem Hintergrund des unmittelbaren Zusammenhangs zwischen dem fraglichen Steuervorteil und der früheren Besteuerung bzw. der Kohärenz des deutschen Erbschaftsteuergesetzes für gerechtfertigt. Die mit der Vorschrift verfolgte

Zielsetzung, eine Doppelbesteuerung desselben Vermögens innerhalb kurzer Zeit in Deutschland zu vermeiden, wird aus Sicht des EuGH mit § 27 ErbStG erreicht.

> **Hinweis**
>
> Die im Ergebnis für den Steuerpflichtigen nachteilige Entscheidung zeigt einmal mehr, was für eine große Bedeutung der Rechtsprechung des EuGH (auch) im Bereich der Vermögensnachfolgeplanung zukommt.

7.4 Verdeckte Einlage eines Gesellschaftsanteils

Die Auffassungen von Finanzverwaltung und Rechtsprechung zum Verhältnis der verdeckten Einlage eines Gesellschaftsanteils zur Schenkungsteuer weichen auch weiterhin voneinander ab. Regelmäßig umstritten ist in solchen Fällen die Anwendung des § 7 Abs. 7 ErbStG, wonach auch der auf dem Ausscheiden eines Gesellschafters beruhende Anteilsübergang auf die anderen Gesellschafter oder die Kapitalgesellschaft als Schenkung gilt, soweit der **Anteilswert** den **Abfindungsanspruch übersteigt**.

Im dem BFH-Urteil v. 20.1.2016 (II R 40/14, BFH/NV 2016 S. 848) zugrunde liegenden Fall waren Ehepartner alleinige Gesellschafter einer GmbH. Die Ehefrau übertrug im Jahr 2004 ihren Geschäftsanteil auf die GmbH zu einem erheblich unter dessen gemeinen Wert liegenden Preis.

Die Finanzverwaltung sah zwar keine gemischte freigebige Zuwendung i. S. des § 7 Abs. 1 Nr. 1 ErbStG, bejahte aber die Anwendung des § 7 Abs. 7 ErbStG im Verhältnis zur GmbH, auch wenn keine freigebige Zuwendung vorliegt.

Auch nach Meinung des BFH lag keine gemischte freigebige Zuwendung i. S. des § 7 Abs. 1 Nr. 1 ErbStG an die GmbH vor, da der Erwerb einer Kapitalgesellschaft durch gemischte verdeckte Einlage des Anteils i. S. des § 17 Abs. 1 Satz 2 EStG einer solchen per se entgegen steht. Allerdings verneint der BFH entgegen der Auffassung der Finanzverwaltung die Anwendung des § 7 Abs. 7 ErbStG (BFH, Urteil v. 20.1.2016, II R 40/14, BFH/NV 2016 S. 848).

> **Hinweis**
>
> Der BFH bleibt damit bei seiner Auffassung, wonach § 7 Abs. 7 ErbStG auf die Veräußerung eines Gesellschaftsanteils unter Lebenden grundsätzlich nicht anwendbar sei. Ob das im Rahmen des BilMoG eingefügte Bilanzierungsverbot für eigene Anteile die Annahme einer verdeckten Einlage in Zukunft ausschließt, konnte im Streitfall offen bleiben. Zudem kann aus dem Urteil nicht gefolgert werden, dass die Anwendung des Schenkungsteuerrechts bei gesellschaftsrechtlichen Vorgängen grundsätzlich ausgeschlossen ist.

7.5 Grunderwerbsteuer bei Erbauseinandersetzung um Gesellschaftsanteile

Der Erwerb eines zum Nachlass gehörigen Grundstücks durch Miterben zur **Teilung des Nachlasses** ist von der Grunderwerbsteuer befreit (§ 3 Nr. 3 GrEStG). Diese Ausnahme von der Besteuerung soll jedoch nicht bei einer **Anteilsvereinigung** durch Erwerb von Gesellschaftsanteilen im Rahmen einer Erbauseinandersetzung gelten. Das entschied der BFH für einen Fall, in dem es zu einer Vereinigung von Anteilen an einer grundbesitzenden Kapitalgesellschaft nach § 1 Abs. 3 Nr. 1 GrEStG kam (BFH, Urteil v. 25.11.2015, II R 35/14, BStBl 2016 II S. 234).

> **Hinweis**
>
> Für die Steuerbefreiung nach § 3 Nr. 3 GrEStG muss laut BFH ein Grundstück zum ungeteilten Nachlass gehören und den Erben in gesamthänderischer Verbundenheit zustehen. Der Erwerb von Anteilen an einer Gesellschaft mit Grundvermögen i. S. des § 1 Abs. 3 Nr. 1 GrEStG sei hingegen nicht erfasst. Denn in diesem Fall liege grunderwerbsteuerrechtlich kein Erwerb von der Erbengemeinschaft, sondern ein Erwerb von der grundbesitzenden Kapitalgesellschaft vor.

8 Änderungen für die Öffentliche Hand

8.1 Wahlmöglichkeit zur Umsatzbesteuerung öffentlicher Einrichtungen bis 31.12.2016

Die Unternehmereigenschaft juristischer Personen des öffentlichen Rechts wurde in § 2b UStG durch das StÄndG 2015 v. 2.11.2015 (BGBl. I 2015, S. 1834) neu geregelt. Diese Vorschrift ist jedoch erst ab dem 1.1.2017 anzuwenden. Bis dahin gilt die bisherige Regelung des § 2 Abs. 3 UStG weiter. Öffentliche Einrichtungen können bis zum 31.12.2016 eine Optionserklärung beim Finanzamt abgeben, um für einen **Übergangszeitraum** von vier Jahren, d.h. bis zum 31.12.2020, die alte Rechtslage weiter anwenden zu können.

> **Hinweis**
>
> Das hierzu veröffentlichte BMF-Schreiben v. 19.4.2016 (BStBl 2016 I S. 481) enthält Näheres dazu, wie zu optieren ist. Die **Option** ist dabei spätestens bis zum 31.12.2016 abzugeben. Das BMF weist darauf hin, dass die Option gem. § 27 Abs. 22 Satz 6 UStG in dem Übergangszeitraum auch widerruflich ist.

8.2 Umsatzsteuerliche Behandlung von Zytostatika

Bei der Abgabe von Zytostatika durch Krankenhausapotheken stellt sich neben der ertragsteuerlichen Seite auch die Frage, ob die Umsätze umsatzsteuerfrei oder umsatzsteuerpflichtig zu behandeln sind.

Im Krankenhaus erbrachte ärztliche Heilbehandlungen sind grundsätzlich umsatzsteuerfrei (§ 4 Nr. 14 Buchst. b UStG). Unter die **Umsatzsteuerfreiheit** fallen auch damit **eng verbundene Umsätze**. Dazu zählt die Finanzverwaltung nun in Reaktion auf das BFH-Urteil v. 24.9.2014 (V R 19/11, BStBl 2016 II S. 781) auch die Abgabe von **individuell** für den Patienten **hergestellten Arzneimitteln** durch die Krankenhausapotheke für eine in diesem Krankenhaus ambulant erbrachte ärztliche Heilbehandlung, und zwar unabhängig von der sozialrechtlichen Ermächtigungsnorm (BMF, Schreiben v. 28.9.2016, BStBl 2016 I S. 1043). Eine Behandlung im selben Gebäude oder Standort desselben Unternehmers ist dabei nicht erforderlich.

Weiter als **umsatzsteuerpflichtig** behandelt werden dagegen die Abgabe von nicht patientenindividuellen Zubereitungen und **Fertigarzneimitteln**, auch wenn diese als Begleitmedikamente verabreicht werden sowie die Abgabe von nicht in der Krankenhausapotheke selbst hergestellten patientenindividuellen Zubereitungen im Rahmen der ambulanten Behandlung.

> **Hinweis**
>
> Die neuen Grundsätze, die in den Abschnitt 4.14.6 UStAE eingearbeitet wurden, sind in allen offenen Fällen anzuwenden. Für vor dem 1.4.2017 ausgeführte Umsätze besteht eine Übergangsregelung (**Nichtbeanstandungsregelung**).

Steuerausblick

1 Das betrifft alle Steuerpflichtigen

1.1 Anhebung des Grundfreibetrags

Durch das Gesetz zur Umsetzung der Änderungen der EU-Amtshilferichtlinie und von weiteren Maßnahmen gegen Gewinnkürzungen und -verlagerungen (CbCR-Umsetzungsgesetz), das am 1.12.2016 vom Bundestag beschlossen wurde, wird der Grundfreibetrag in der Einkommensteuer von 8.652 EUR (2016) im Jahr 2017 auf **8.820 EUR** und ab dem Jahr 2018 auf **9.000 EUR** erhöht.

> **Hinweis**
>
> Gleichzeitig erfolgt zum Abbau der sog. Kalten Progression eine Rechtsverschiebung der Eckwerte des Einkommensteuer-Tarifs ab 2017 um 0,73 % und ab 2018 um weitere 1,65 %.

1.2 Erhöhung des Kinderfreibetrags

Ebenfalls durch das CbCR-Umsetzungsgesetz wird der Kinderfreibetrag in zwei Schritten von 2.304 EUR (2016) auf **2.358 EUR** (2017) bzw. **2.394 EUR** (2018) erhöht.

Gleichzeitig erhöht sich ab dem 1.1.2017 und ab dem 1.1.2018 das monatlich ausgezahlte Kindergeld:

	Kindergeld pro Monat		
	2016	**ab 2017**	**ab 2018**
für das 1. + 2. Kind	190 EUR	192 EUR	194 EUR
für das 3. Kind	196 EUR	198 EUR	200 EUR
ab dem 4. Kind	221 EUR	223 EUR	225 EUR

1.3 Änderungen im Besteuerungsverfahren

Das am 22.7.2016 im Bundesgesetzblatt veröffentlichte Gesetz zur Modernisierung des Besteuerungsverfahrens (Steuermodernisierungsgesetz – StModG –) v. 18.7.2016 (BGBl 2016 I S. 1679) enthält zahlreiche Änderungen, die das Besteuerungsverfahren betreffen. U. a. möchte der Gesetzgeber durch den Einsatz moderner IT-Verfahren einen zeitgemäßen Steuervollzug sicherstellen.

> **Hinweis**
>
> Einzelne Änderungen waren bereits am Tag nach der Verkündung des Gesetzes wirksam (s. Kapitel Rückblick Tz. 1.11 und Tz. 2.3.6). Grundsätzlich tritt das Steuermodernisierungsgesetz aber am 1.1.2017 in Kraft.

1.3.1 Einsatz automationsgestützter Risikomanagementsysteme

Um die Quote vollständig maschinell bearbeiteter Steuererklärungen zu erhöhen, wurde mit dem Steuermodernisierungsgesetz der Einsatz von Risikomanagementsystemen (RMS) im Besteuerungsverfahren durch Neufassung des § 88 Abs. 5 und des § 155 Abs. 4 AO gesetzlich verankert. Zukünftig können automationsgestützte Systeme (Risikomanagementsysteme) eingesetzt werden, um zu bewerten, **ob** für Steuersachverhalte **weitergehende Ermittlungen und Prüfungen** durch einen Amtsträger **erforderlich** sind. Besteht kein Anlass für eine personelle Prüfung des Sachverhalts, können die Finanzbehörden Steuerfestsetzungen sowie die damit verbundene Anrechnung von Steuerabzugsbeträgen und Abrechnung von Vorauszahlungen automatisch vornehmen, berichtigen, zurücknehmen, widerrufen, aufheben und ändern (§ 155 Abs. 4 AO). Gleiches kann u. U. für damit verbundene Verwaltungsakte gelten. Einzelheiten des RMS, bspw. über Funktionsweise und Filterparameter, werden nicht veröffentlicht, damit Steuerpflichtige ihr Erklärungsverhalten nicht danach ausrichten können.

> **Hinweis**
>
> Durch eine Eingabe im sog. „qualifizierten Freitextfeld" kann der Steuerpflichtige jedoch eine Prüfung des Steuerfalls durch einen Amtsträger erreichen (§ 150 Abs. 7 AO).

1.3.2 Abgabefristen für Steuererklärungen

Die allgemeine Frist zur Abgabe der Steuererklärung wurde mit dem Steuermodernisierungsgesetz um zwei Monate verlängert und beträgt künftig **sieben Monate** anstatt wie bisher fünf. Damit **endet** die Abgabefrist regelmäßig **am 31.7.** des auf das Kalenderjahr folgenden Jahres oder sieben Monate nach dem gesetzlich bestimmten Zeitpunkt. D. h. **nicht beratene Steuerpflichtige**, die zur Abgabe einer Steuererklärung verpflichtet sind, müssen ihre Erklärung bis 31.7. des Folgejahres abgeben.

Sofern im Gesetz abschließend aufgezählte **Steuererklärungen durch steuerliche Berater** gefertigt werden, sind Erklärungen vorbehaltlich einer Vorabanforderung (§ 149 Abs. 4 AO; nachfolgend Tz. 1.3.3) und einer „Kontingentierung" (§ 149 Abs. 6 AO; s. nachfolgend Tz. 1.3.4) gem. § 149 Abs. 3 AO bis zum **letzten Tag** des Monats **Februar des Zweitfolgejahres** abzugeben. Damit finden die bislang in den Erlassen der obersten Finanzbehörden der Länder getroffenen Regelungen zu Fristverlängerungen für die Abgabe von Steuererklärungen von fachkundig vertretenen Steuerpflichtigen ihren gesetzlichen Niederschlag.

> **Hinweis**
>
> Bislang gewährte die Finanzverwaltung auf Grundlage der sog. „Fristenerlasse" bei begründeten Einzelanträgen eine Fristverlängerung über den 31.12. des Folgejahres hinaus. Die generelle Fristverlängerung bis 28.2. des Zweitfolgejahres für sog. Beraterfälle wurde bereits seit 2009 im Rahmen eines Pilotprojekts im Bundesland Hessen getestet. Die neuen gesetzlichen Abgabefristen gelten erstmals für Besteuerungszeiträume (bzw. -zeitpunkte), die nach dem 31.12.2017 beginnen bzw. liegen.

1.3.3 Vorabanforderung

Bei **fachkundig vertretenen Steuerpflichtigen** kann die Finanzverwaltung die Abgabe der Steuererklärung unter den Voraussetzungen des § 149 Abs. 4 AO schon vor Ablauf der regulären Frist verlangen.

Gründe für eine solche Vorabanforderung können z. B. sein, wenn

- **Vorauszahlungen** außerhalb einer Veranlagung **herabgesetzt** wurden,
- eine **Außenprüfung** vorgesehen ist,
- für den vorangegangenen Besteuerungszeitraum **Erklärungen** nicht oder **verspätet abgegeben** worden sind oder
- eine automationsgestützte **Zufallsauswahl** dies verlangt.

> **Hinweis**
>
> Die Erklärungen sind innerhalb von vier Monaten nach Bekanntgabe der Vorabanforderung abzugeben.

1.3.4 Kontingentierung

Künftig können Angehörige steuerberatender Berufe mit der Finanzverwaltung Vereinbarungen über einen bestimmten **prozentualen Anteil an Steuererklärungen** treffen, die bis zu einem vereinbarten Stichtag einzureichen sind (§ 149 Abs. 6 AO). Mit dieser Kontingentierung soll ein kontinuierlicher Eingang der Steuererklärungen erreicht werden. Soweit Steuererklärungen davon erfasst werden, scheidet eine zufallsgesteuerte Vorabanforderung aus.

> **Hinweis**
>
> Die Teilnahme an dem Verfahren steht im Ermessen der Finanzverwaltung und kann von den Angehörigen steuerberatender Berufe nicht eingefordert werden.

1.3.5 Verschärfungen für Fristverlängerungen

Mit der Verlängerung der Fristen zur Abgabe von Steuererklärungen in § 149 Abs. 3 AO sind Änderungen bei den Voraussetzungen für Fristverlängerungen verbunden. **Nicht steuerlich beratene Steuerpflichtige** können (auch rückwirkend) eine Fristverlängerung für die Abgabe der Steuererklärung erreichen (§ 109 Abs. 1 AO).

Für **fachkundig vertretene Steuerpflichtige** ergeben sich durch das Steuermodernisierungsgesetz deutliche Einschränkungen bei den Möglichkeiten zur Verlängerung von Fristen nach § 109 AO. Die bislang auch rückwirkend zulässige Verlängerung behördlicher Fristen ist nach § 109 Abs. 2 AO nur dann möglich, wenn der Steuerpflichtige **ohne Verschulden** gehindert ist oder war, die Steuererklärungsfrist einzuhalten. Das Verschulden eines Vertreters oder Erfüllungsgehilfen wird dem Steuerpflichtigen zugerechnet.

Ausweislich der Gesetzesbegründung gelten für die Regelung die **Voraussetzungen** für eine **Wiedereinsetzung in den vorigen Stand**. Für die Beurteilung, ob Steuerpflichtige ein Verschulden trifft, werden Finanzbehörde und Gerichte daher voraussichtlich die von der Rechtsprechung zur Wiedereinsetzung entwickelten Grundsätze zur „unverschuldeten Verhinderung" heranziehen. Es ist davon auszugehen, dass dementsprechend bei einer Arbeitsüberlastung eines Angehörigen der steuerberatenden Berufe in der Regel keine Fristverlängerung gewährt wird. **Sammelanträge auf Fristverlängerungen** kommen künftig ebenfalls nicht in Frage, da es auf die unverschuldete Verhinderung des jeweiligen Steuerpflichtigen ankommt. Für Fristverlängerungsanträge fachkundig vertretener Steuerpflichtiger besteht damit künftig nahezu keine Aussicht auf Erfolg.

Hinweis

Die erhöhten Hürden für Fristverlängerungen, die auf nach dem 31.12.2017 beginnende Besteuerungszeiträume anzuwenden sind, gelten auch bei **Vorabanforderung** durch das Finanzamt (§ 149 Abs. 4 AO).

1.3.6 Automatisierter Verspätungszuschlag

Das Steuermodernisierungsgesetz sieht auch für die Festsetzung des Verspätungszuschlags strengere Regelungen vor (§ 152 Abs. 2 AO). In bestimmten, gesetzlich definierten Anwendungsfällen erfolgt künftig eine **Festsetzung automatisiert**, d.h.

ohne eine **Ermessensentscheidung** des zuständigen Finanzbeamten. Persönliche Gründe für eine verspätete Abgabe der Steuererklärung finden keine Berücksichtigung mehr. Die Festlegung eines Verspätungszuschlags kann nur unterbleiben, sofern die Abgabefrist für die Steuererklärung (ggf. rückwirkend) verlängert wurde. **Fachkundig vertretene Steuerpflichtige** dürfte dies vor dem Hintergrund der verschärften Voraussetzungen für Fristverlängerungen nach § 109 Abs. 2 AO jedoch voraussichtlich selten betreffen. Durch die Neuregelung reduziert sich der Aufwand auf Seiten der Finanzverwaltung, da künftig streitanfällige Ermessensentscheidungen hinsichtlich der Festlegung des Verspätungszuschlags entfallen.

Für die Ermittlung des Verspätungszuschlags enthält § 152 Abs. 5 AO detaillierte Vorgaben: Grundsätzlich werden für jeden angefangenen Verspätungsmonat **0,25 % der festgesetzten Steuer** fällig, mindestens jedoch 10 EUR pro Verspätungsmonat. Bezieht sich die Steuererklärung auf ein Kalenderjahr oder einen gesetzlich festgelegten Zeitpunkt, beträgt der Verspätungszuschlag ebenfalls 0,25 % der um festgesetzte Vorauszahlungen und anzurechnende Steuerabzugsbeträge verringerten festgesetzten Steuer, mindestens aber 25 EUR für jeden angefangenen Monat der eingetretenen Verspätung. Die maximale Höhe ist auf 25.000 EUR gedeckelt.

Hinweis

Die Neuregelung zum automatisierten Verspätungszuschlag ist auf Steuererklärungen anzuwenden, die nach dem 31.12.2018 abzugeben sind. Falls bis dahin erkennbar ist, dass es noch an den technischen oder organisatorischen Voraussetzungen für die Umsetzung fehlt, kann das BMF mit Zustimmung des Bundesrats per Rechtsverordnung einen abweichenden erstmaligen Anwendungszeitpunkt bestimmen.

1.3.7 Elektronische Bekanntgabe von Steuerbescheiden

Das Steuermodernisierungsgesetz ermöglicht künftig nicht nur einen **digitalisierten Erlass** von Steuerbescheiden, sondern auch dessen **elektronische Bekanntgabe** an Steuerpflichtige. Mit Zustimmung des Steuerpflichtigen können die Finanzbehörden Steuerbescheide dem Steuerpflichtigen oder einem von ihm benannten Dritten über ELSTER zum Datenabruf bereitstellen. Für Steuerverwaltungsakte gilt die **Bekanntgabe** am **dritten Tag nach Absendung** der elektronischen Benachrichtigung an den Abrufberechtigten als erfolgt (§ 122a Abs. 4 AO).

> **Hinweis**
>
> Neben der Schaffung einer Rechtsgrundlage für die Bekanntgabe von Steuerverwaltungsakten durch Datenfernübertragung in § 122a AO wurden parallel entsprechende Voraussetzungen im Sozialrecht (§ 31a SGB X) und allgemeinen Verwaltungsrecht (§ 35a VwVfG) geschaffen.

1.3.8 Automatische Übernahme vorhandener Daten

Die bislang in unterschiedlichen Einzelgesetzen bestehenden Vorschriften zu elektronischen Datenübermittlungspflichten hinsichtlich personenbezogener Daten einzelner Steuerpflichtiger sind künftig **in einer Norm zusammengefasst** (§ 93c AO), um eine Vereinheitlichung bezüglich Form, Rechten und Pflichten mitteilungspflichtiger Stellen sowie Fristen zu erreichen. Weiterhin können jedoch auch spezielle Regelungen als Ergänzung oder Ersatz in Einzelgesetzen verankert werden.

Informationen, die der Finanzverwaltung bereits durch die entsprechenden Stellen mitgeteilt wurden, müssen vom Steuerpflichtigen nicht mehr in der Steuererklärung angegeben werden. Zur Automation des Besteuerungsverfahrens können die Finanzbehörden die Steuerfestsetzung basierend auf den von mitteilungspflichtigen Stellen übermittelten Daten und den ergänzenden Angaben des Steuerpflichtigen ausschließlich automationsgestützt vornehmen. Neben der automatisierten Datenübernahme hat der Steuerpflichtige jedoch auch zukünftig die Möglichkeit, in der Steuererklärung Angaben zu machen, die von den übermittelten Daten abweichen. Für solche Fälle ist weiterhin eine individuelle Überprüfung durch einen Amtsträger vorgesehen.

> **Hinweis**
>
> Um möglichen Fehlern im für Besteuerungszeiträume nach 2016 geltenden Datenübermittlungsverfahren begegnen zu können, wurde neben einer Vorschrift zur Ablaufhemmung (§ 171 Abs. 10a AO) auch eine **neue Korrekturvorschrift** eingeführt (§ 175b AO). Werden von mitteilungspflichtigen Stellen Daten an die Finanzbehörden übermittelt, die im Rahmen der Steuerbescheide nicht oder nur unzutreffend berücksichtigt werden, oder fehlt es für die Datenübermittlung an einer Einwilligungserklärung des Steuerpflichtigen, ist der

Steuerbescheid nach § 175b AO aufzuheben oder zu ändern. Nach Eingang der Daten bei der Finanzbehörde endet die Festsetzungsfrist nicht vor Ablauf von zwei Jahren (§ 171 Abs. 10a AO).

1.3.9 Wandlung von Vorlagepflichten in Vorhaltepflichten

Als Erleichterung für den Steuerpflichtigen müssen **Zuwendungsbestätigungen** über **Spenden und Mitgliedsbeiträge** dem Finanzamt ab dem 1.1.2017 künftig nur noch nach Aufforderung vorgelegt werden. Ansonsten genügt eine Aufbewahrung, wobei die **Aufbewahrungsfrist** für diese Belege **ein Jahr** beträgt (§ 50 Abs. 8 EStDV).

Eine Vorlage- bzw. Aufbewahrungspflicht für Zuwendungsbestätigungen entfällt nach § 50 Abs. 2 EStDV vollständig, wenn der Steuerpflichtige den Zuwendungsempfänger ermächtigt, der zuständigen Finanzbehörde die Zuwendungsbestätigung nach amtlich vorgeschriebenem Datensatz nach Maßgabe des § 93c AO zu übermitteln.

Die Gewährung des **Behinderten-Pauschbetrag**s wird ebenfalls durch verminderte Nachweispflichten erleichtert. Außer bei der erstmaligen Geltendmachung des Pauschbetrags sind gültige Unterlagen lediglich vorzuhalten und erst auf Verlangen des Finanzamts vorzulegen.

> **Hinweis**
>
> Erforderliche Nachweise werden künftig elektronisch von der für die Feststellung der Behinderung zuständigen Stelle an die Finanzbehörden übermittelt (§ 65 Abs. 3a EStDV), um die maschinelle Bearbeitung von Steuererklärungen zu erleichtern.

1.3.10 Änderungsmöglichkeit bei Rechen- und Schreibfehlern

Bislang sah die Abgabenordnung grundsätzlich keine Berichtigungsmöglichkeit für Schreibfehler, Rechenfehler oder Ähnliches vor, die dem Steuerpflichtigen bei Erstellung der Steuererklärung unterliefen und die für das Finanzamt nicht erkennbar waren. Besonders bei vollständig elektronischer Einreichung der Steuererklärung unter Verzicht auf Übersendung gesonderter ergänzender Unterlagen in

Papierform sind unzutreffende Werte für die Finanzbehörden nicht ersichtlich. Da sich das Finanzamt diese Fehler daher bislang nicht zu eigen machen konnte, schied eine Änderung des Steuerbescheids nach § 129 AO aus. Lediglich Schreib- und Rechenfehler bzw. offenbare Unrichtigkeiten, die den Finanzbehörden selbst bei Erlass des Verwaltungsakts unterliefen, waren einer Fehlerkorrektur zugänglich.

Sofern Steuerpflichtige in ihrer Steuererklärung **falsche Angaben** machen und diese **klar und eindeutig auf Rechen- oder Schreibfehler zurückzuführen** sind, kann die Steuerfestsetzung künftig bis zum Ablauf der Festsetzungsfrist nach § 173a AO geändert werden. Dies gilt nur in solchen Fällen, in denen ausgeschlossen werden kann, dass der Fehler auf einer unzutreffenden Tatsachenwürdigung, einem Rechtsirrtum oder einem Rechtsanwendungsfehler basiert. Die Festsetzungsfrist für den Fall des § 173a AO wird durch eine Ablaufhemmung ergänzt, so dass sie insoweit nicht vor Ablauf eines Jahres nach Bekanntgabe des aufgrund der fehlerhaften Steuererklärung ergangenen Steuerbescheids endet.

Hinweis

Laut Gesetzesbegründung fallen Übertragungs- oder Eingabefehler bei elektronischer Übermittlung der Steuererklärung nicht unter die Neuregelung.

1.3.11 Bearbeitungsfrist für die Erteilung verbindlicher Auskünfte

Bisher enthielt die Abgabenordnung keine Frist für die Bearbeitung von Anträgen auf Erteilung einer verbindlichen Auskunft durch die Finanzbehörden. Mit dem Steuermodernisierungsgesetz ist eine Bearbeitungsfrist von **sechs Monaten** in das Gesetz aufgenommen worden (§ 89 Abs. 2 Satz 4 AO i. d. F. des StModG). Die neue Bearbeitungsfrist gilt erstmals für nach dem 31.12.2016 bei der zuständigen Behörde eingegangene Anträge auf verbindliche Auskünfte (Art. 97 § 25 Abs. 2 Satz 1 AEAO).

> **Hinweis**
>
> Für eine wirksame Durchsetzung der Bearbeitungsfrist für Anträge auf Erteilung einer verbindlichen Auskunft **fehlt** es im Steuermodernisierungsgesetz an einer **Sanktionierung** der Finanzbehörden **bei Verstößen** gegen diese Frist. Das Gesetz sieht lediglich vor, dass die Finanzbehörde – falls sie die Bearbeitungsfrist von sechs Monaten nicht einhalten kann – dies dem Antragsteller unter Angabe von Gründen mitteilen muss.

1.4 Geplante Verschärfung von Anzeigepflichten

Mit dem geplanten neuen **Steuerumgehungsbekämpfungsgesetz** soll Transparenz über „beherrschende" Geschäftsbeziehungen inländischer Steuerpflichtiger zu sog. **Domizilgesellschaften** außerhalb von EU und EFTA geschaffen werden. Das BMF hat am 1.11.2016 einen entsprechenden Referentenentwurf vorgelegt.

Der Referentenentwurf sieht **neue Transparenzpflichten** und **Sanktionsmöglichkeiten** in der Abgabenordnung vor, u. a.:

- Verschärfung der Anzeigepflicht über den Erwerb von qualifizierten Beteiligungen an ausländischen Gesellschaften nach § 138 Abs. 2 Satz 1 Nr. 3 AO-E.

- Anzeigepflicht für Geschäftsbeziehungen zu unmittelbar oder mittelbar beherrschten Personengesellschaften, Körperschaften, Personenvereinigungen oder Vermögensmassen in Drittstaaten (§ 138 Abs. 3 AO-E). Bei Missachtung drohen eine Anlaufhemmung der steuerlichen Festsetzungsfrist sowie ein Bußgeld von bis zu 25.000 EUR.

- Mitteilungspflicht der Finanzinstitute an die Finanzbehörden über von ihnen hergestellte oder vermittelte Geschäftsbeziehungen inländischer Steuerpflichtiger zu Drittstaat-Gesellschaften (§ 138b AO-E). Die Finanzinstitute sollen andernfalls für verursachte Steuerausfälle haften und mit einem Bußgeld von bis zu 50.000 EUR bestraft werden können.

- Abschaffung des sog. steuerlichen Bankgeheimnisses nach § 30a AO.

> **Hinweis**
>
> Der Gesetzentwurf enthält darüber hinaus Anpassungen im Einkommen- bzw. Erbschaftsteuerrecht zur Umsetzung einiger EuGH-Entscheidungen in nationales Recht. Dies betrifft den einkommensteuerlichen Sonderausgabenabzug für bestimmte Versorgungsleistungen sowie erbschaftsteuerliche Freibeträge jeweils für beschränkt Steuerpflichtige.
>
> Das formelle Gesetzgebungsverfahren soll noch vor Jahresende von der Bundesregierung eröffnet werden. Zum Zeitpunkt des Redaktionsschlusses (2.12.2016) lag der Regierungsbeschluss noch nicht vor. Mit dem Abschluss des Verfahrens ist bis Sommer 2017 zu rechnen.

1.5 Geplante Änderungen bei der betrieblichen Altersversorgung

Am 4.11.2016 hat das BMF den Referentenentwurf eines **Betriebsrentenstärkungsgesetz**es veröffentlicht, mit dem der Gesetzgeber die Verbreitungshemmnisse der betrieblichen Altersversorgung (bAV) insbesondere in kleinen Unternehmen abbauen sowie die Eigenvorsorge stärken will. Zu diesem Zweck sollen umfangreiche arbeits- und sozialversicherungsrechtliche sowie auch einige steuerliche Anpassungen vorgenommen werden.

Arbeitsrechtlich sieht der Referentenentwurf diverse Neuregelungen vor. U. a. soll neben den bekannten fünf Durchführungswegen der bAV ein neues Konstrukt – das sog. **Sozialpartnermodell** oder auch **Tarifrente** – eingeführt werden. Tarifvertragsparteien erhalten die Möglichkeit, eine reine Beitragszusage zu regeln. Der Arbeitgeber sagt im Modell der reinen Beitragszusage zwar Beitragszahlungen an einen Pensionsfonds, eine Pensionskasse oder eine Direktversicherung zu, aber keine festen Mindestleistungen in der Rentenphase. Bei diesem Modell soll der Arbeitgeber – so der Entwurf – nicht mehr subsidiär für die Erfüllung der Versorgungsansprüche einstehen müssen.

Im Gegenzug werden die Anwartschaften sofort unverfallbar und die Überschussbeteiligung ist zwingend. Allerdings wird die konkrete „Durchführung und Steuerung" bei diesem Modell nur mit Beteiligung der Tarifvertragsparteien möglich sein, was etwaige künftige Anpassungen verkomplizieren wird. Zugleich soll per Tarifvertrag ein Modell der Entgeltumwandlung eingeführt werden können, bei dem diese „automatisch" stattfindet, sofern der Arbeitnehmer nicht widerspricht („Optionssystem").

Steuerlich kommt es für die gesamte bAV zur Ausweitung des Förderrahmens nach § 3 Nr. 63 EStG. Zukünftig sollen bis zu 7 % der Beitragsbemessungsgrenze (BBG) der allgemeinen Rentenversicherung steuerfrei in den Aufbau einer bAV fließen können. Dafür entfällt der bisherige steuerfreie Aufstockungsbetrag von 1.800 EUR. Eine korrespondierende Anhebung des sozialversicherungsfreien Betrages von 4 % auf 7 % der BBG in der allgemeinen Rentenversicherung gem. § 1 Abs. 1 Nr. 9 SvEV ist jedoch nicht vorgesehen.

Das Betriebsrentenstärkungsgesetz sieht darüber hinaus einen Förderbetrag für arbeitgeberfinanzierte Versorgungen für Niedrigverdiener („**bAV-Förderbetrag**") vor. Zudem wird die Riester-Grundzulage von 154 EUR auf 165 EUR angehoben. Für diese und andere steuerliche Fördermaßnahmen schätzt das BMF die jährliche Fördersumme auf 345 Mio. EUR.

Hinweis

Das Gesetzgebungsverfahren soll voraussichtlich im Laufe des ersten Halbjahrs 2017 abgeschlossen werden. Das Gesetz soll grundsätzlich am 1.1.2018 in Kraft treten.

1.6 Neue Doppelbesteuerungsabkommen

1.6.1 Neues DBA mit Australien

Deutschland und Australien haben im Laufe des Jahres 2016 jeweils die innerstaatlichen Voraussetzungen zur Ratifizierung des am 12.11.2015 unterzeichneten neuen DBA geschaffen. Ob die Ratifikationsurkunden noch im Jahr 2016 ausgetauscht wurden, war zum Zeitpunkt des Redaktionsschlusses (2.12.2016) nicht bekannt, wurde nach Aussage der Bundesregierung aber angestrebt. Bei rechtzeitiger Ratifizierung noch im Jahr 2016 würde das neue Abkommen damit in 2016 in Kraft treten und wäre grundsätzlich zum 1.1.2017 anwendbar. Es löst das bisher geltende DBA aus dem Jahr 1972 ab. Die Hauptmerkmale des neuen DBA sind u. a.:

- reduzierte **Quellensteuersätze** auf Dividenden (0,5 bzw. 15 %), Zinsen (0 bzw. 10 %) und Lizenzgebühren (5 %),
- eine überarbeitete **Betriebsstättendefinition**,
- erweiterte Regelungen zu **Verständigungs- und Schiedsverfahren**,
- ein umfassender **Informationsaustausch**.

> **Hinweis**
>
> Laut seiner Präambel soll mit dem neuen Abkommenstext ein Abkommen zur Beseitigung der Doppelbesteuerung auf dem Gebiet der Steuern vom Einkommen und vom Vermögen geschlossen werden, ohne dadurch Möglichkeiten zur Nicht- oder Niedrigbesteuerung durch Steuerverkürzung oder -umgehung zu schaffen.

1.6.2 Neues DBA mit China

Das am 28.3.2014 in Berlin unterzeichnete neue DBA mit der Volksrepublik China ist nach erfolgter Ratifikation am 6.4.2016 in Kraft getreten. Es ist damit grundsätzlich zum 1.1.2017 anwendbar.

Für Dividenden erlaubt das Abkommen grundsätzlich einen **Quellensteuersatz** von höchstens 10 % (15 % bei bestimmten Investmentvehikeln, z. B. REITs). Ist der Nutzungsberechtigte der Dividende eine Kapitalgesellschaft, die an der ausschüttenden Kapitalgesellschaft unmittelbar zu mindestens 25 % beteiligt ist, reduziert sich der Quellensteuersatz auf höchstens 5 %. Zinsen und Lizenzen können nach dem Abkommen grundsätzlich mit einem Quellensteuersatz von maximal 10 % besteuert werden.

> **Hinweis**
>
> Das Abkommen enthält entgegen der üblichen Abkommenspolitik Deutschlands nicht den Authorised OECD Approach (AOA) zur **Abgrenzung** von Gewinnen zwischen **Stammhaus und Betriebsstätte**. Eine Betriebsstätte liegt nach dem DBA u. a. dann vor, wenn ein Unternehmen innerhalb von 12 Monaten an mehr als 183 Tagen mithilfe von Angestellten in dem anderen Vertragsstaat Dienstleistungen (inkl. Beratungsleistungen) erbringt (sog. echte **Dienstleistungsbetriebsstätte**).

1.6.3 Neues DBA mit Israel

Am 9.5.2016 ist das neue DBA mit Israel in Kraft getreten. Das am 21.8.2014 unterzeichnete Abkommen ersetzt das Vorgängerabkommen, das im Jahr 1977 zuletzt geändert wurde. Neuerungen sind u. a.:

- Senkung der **Quellensteuersätze** für Dividenden, Zinsen und Lizenzgebühren.
- Wegfall der Anrechnung fiktiver israelischer Steuern.
- Erweiterte Klausel zum **Austausch steuerlicher Informationen** nach dem OECD-Standard 2005.

> **Hinweis**
>
> Das neue DBA Israel ist ab dem 1.1.2017 anwendbar.

1.6.4 Neues DBA mit Japan

Deutschland und Japan haben das am 17.12.2015 unterzeichnete Doppelbesteuerungsabkommen (DBA) zum 28.9.2016 ratifiziert (bzw. sich gegenseitig den Abschluss der innerstaatlichen Voraussetzungen notifiziert). Damit tritt es am 28.10.2016 in Kraft und wird grundsätzlich ab dem 1.1.2017 anwendbar sein.

Wesentliche Inhalte des DBA sind u. a.:

- die Abschaffung der **Quellensteuern** auf Zinsen, Lizenzgebühren und qualifizierte Dividenden,
- die Aufnahme des Authorized OECD Approach (AOA) zur Abgrenzung der **Betriebsstätteneinkünfte** sowie
- die Ergänzung des in Doppelbesteuerungsfällen möglichen Verständigungsverfahrens um ein Schiedsverfahren.

> **Hinweis**
>
> Die konkreten Anwendungsregeln eines Doppelbesteuerungsabkommens ergeben sich erst nach erfolgter Ratifikation aus der Bekanntgabe des Datums des Inkrafttretens.

1.6.5 Änderungsprotokoll zum DBA mit den Niederlanden

Zu dem erst am 1.12.2015 in Kraft getretenen neuen DBA mit den Niederlanden haben Deutschland und die Niederlande bereits am 11.1.2016 ein Änderungsprotokoll unterzeichnet. Dieses trat am 31.12.2016 in Kraft und ist zum 1.1.2017 anwendbar. Wesentliche Inhalte sind:

- Änderung der Zuordnung des Besteuerungsrechts für Vergütungen für an Bord von Seeschiffen und Luftfahrzeugen im internationalen Verkehr sowie an Bord von Schiffen im Binnenverkehr ausgeübte unselbstständige Arbeit (Besteuerung des sog. **Bordpersonals**).
- Aktualisierung der **Territorialklauseln** beider Vertragsstaaten.
- Aufnahme einer erläuternden Regelung zu **Ruhegehältern und Renten**.

> **Hinweis**
>
> Das Umsetzungsgesetz erhält ergänzend eine Verordnungsermächtigung, nach der das BMF mit Zustimmung des Bundesrats bestimmte Gebiete als grenzüberschreitende Gewerbegebiete i. S. des Abkommens erklären kann.

1.7 Auswirkungen des Brexit

Mit dem Referendum vom 23.6.2016 entschied sich Großbritannien (UK) als Mitglied aus der Europäischen Union (EU) auszuscheiden. Die Dauer der daraus folgenden Verhandlungen und eine anschließende Umsetzung des Austritts lassen sich allerdings kaum abschätzen. Ebenfalls ist noch offen, welchen Status UK gegenüber der EU nach dem Ausstieg einnehmen wird. Denkbar wäre, dass sich UK entsprechend dem Norwegischen Modell dem Europäischen Wirtschaftsraum (EWR) und der Europäischen Freihandelsassoziation (EFTA) anschließt oder den Status als Drittstaat (mit der Möglichkeit des Abschlusses bilateraler, sektorieller Abkommen) vorzieht (entspräche dem Schweizer Modell).

Sofern UK in Zukunft als Drittstaat anzusehen sein wird, gehen diverse begünstigende Regelungen in fast allen Steuergebieten mangels Anwendungsmöglichkeit ins Leere. Hierzu zählen insbesondere die indirekten Steuern wie Umsatzsteuer, aber auch umwandlungssteuerliche Fälle sowie Ausnahmen bei der Entstrickungs- oder Wegzugsbesteuerung. Ebenfalls entfallen spezifische übergreifende Vorschriften wie die Europarechtlichen Grundfreiheiten mit Ausnahme der Kapitalverkehrsfreiheit oder die EU-Richtlinien (Mutter-Tochter-Richtlinie, Zins- und Lizenzrichtlinie etc.)

> **Hinweis**
>
> Es ist damit zu rechnen, dass Art. 50 EUV (Regelung zum formellen Austrittsverfahren) bis spätestens Ende März 2017 ausgelöst sein wird und dann eine längstens zweijährige Verhandlungsperiode anschließt.

1.8 Reform der Grundsteuer

Nach vielen Jahren der Diskussion haben Hessen und Niedersachsen am 23.9.2016 zwei Gesetzentwürfe zur Reform der Grundsteuer im Bundesrat eingebracht. Der Bundesrat hat beide Entwürfe am 4.11.2016 zur weiteren Beratung an die Bundesregierung und den Bundestag überwiesen und damit das Gesetzgebungsverfahren angestoßen. Denn Länder und Gemeinden fürchten, dass das Bundesverfassungsgericht die derzeit genutzten **Grundvermögenswerte** aus den Hauptfeststellungen von **1964 bzw. 1935** nicht mehr lange akzeptieren wird. Der Bundesfinanzhof hatte bereits verfassungsrechtliche Bedenken für Bewertungsstichtage ab dem 1.1.2009 geäußert (BFH, Urteil v. 22.10.2014, II R 16/13, BStBl 2014 II S. 957).

Zentrum der Initiative ist deshalb eine Neufassung des Bewertungsgesetzes. Neues Bewertungsziel für **Grundvermögen** soll künftig der sog. **Kostenwert** anstelle des gemeinen Werts sein. Für unbebaute Grundstücke soll sich der Kostenwert nach den Bodenrichtwerten bestimmen, für Gebäude nach den Pauschalherstellungskosten. In einer begleitenden Änderung des Grundgesetzes sollen die Länder die Möglichkeit erhalten, landesspezifische Steuermesszahlen einzuführen.

Der Bundestag kann den Entwurf der Länder nach Bedarf anpassen, bevor die Länder abschließend zustimmen müssen. Es gilt aber als fraglich, ob das Gesetzgebungsverfahren noch vor der Bundestagswahl im September 2017 abgeschlossen werden kann.

> **Hinweis**
>
> Die Anwendung der neuen Grundsteuerregeln ist laut Gesetzentwurf nicht vor 2027 realistisch.

2 Änderungen für Unternehmen

2.1 Gewerbesteuer

2.1.1 Wegfall der 100 %igen Schachtelprivilegierung im gewerbesteuerlichen Organkreis

Der Gesetzgeber reagierte mit dem „Gesetz zur Umsetzung der Änderungen der EU-Amtshilferichtlinie und von weiteren Maßnahmen gegen Gewinnkürzungen und -verlagerungen" (CbCR-Umsetzungsgesetz), das am 2.12.2016 vom Bundestag beschlossen wurde, auf die BFH-Rechtsprechung aus dem Jahr 2014, wonach von einer Organgesellschaft bezogene Schachteldividenden i. S. des § 9 Nr. 7 Satz 1 GewStG nicht nur in Höhe von 95 %, sondern **in voller Höhe gewerbesteuerfrei** vereinnahmt werden können (BFH, Urteil v. 17.12.2014, I R 39/14, BStBl 2015 II S. 1052). Um die gewerbesteuerliche Besserstellung der Schachteldividenden gegenüber Nicht-Organschaftsfällen künftig zu vermeiden, wird eine Sonderregelung in § 7a GewStG aufgenommen.

Danach wird künftig für Fälle, in denen im Gewinn einer Organgesellschaft

1. Gewinne aus Anteilen i. S. des § 9 Nr. 2a, 7 oder 8 GewStG oder

2. in den Fällen der Nr. 1 auch Aufwendungen, die im unmittelbaren Zusammenhang mit diesen Gewinnen aus Anteilen stehen,

enthalten sind, § 15 Satz 1 Nr. 2 Sätze 2 bis 4 KStG und § 8 Nr. 1, 5 sowie § 9 Nr. 2a, 7 und 8 GewStG bei der Ermittlung des Gewerbeertrags der Organgesellschaft entsprechend angewandt (§ 7a Abs. 2 Satz 1 GewStG n. F.).

Die Neuregelung ist entsprechend auch anwendbar, wenn sich die Freistellung der von der Organgesellschaft bezogenen Dividenden nicht aus § 8b KStG, sondern aufgrund einer DBA-Regelung ergibt (§ 7a Abs. 3 GewStG n.F.).

> **Hinweis**
>
> Vorbehaltlich der Zustimmung des Bundesrats zum CbCR-Umsetzungsgesetz am 16.12.2016, ist die neue Regelung des § 7a GewStG erstmals auf Gewinne aus (Schachtel-)Anteilen anzuwenden, die nach dem 31.12.2016 zufließen, und auf Aufwendungen, die im unmittelbaren Zusammenhang mit diesen Gewinnen aus Anteilen stehen und nach dem 31.12.2016 gewinnwirksam werden (§ 36 Abs. 2b GewStG).

Die Finanzverwaltung hat das BFH-Urteil im Bundessteuerblatt v. 31.12.2015 veröffentlicht (BStBl 2015 II S. 1052). Sie wendet es daher über den entschiedenen Einzelfall hinaus in allen noch offenen Fällen vor Inkrafttreten der Neuregelung an, vgl. Kapitel Rückblick Tz. 2.4.5.

2.1.2 Gewerbesteuerliche Behandlung der AStG-Hinzurechnungsbeträge

Passive Einkünfte, die einem inländischen Unternehmen als Gesellschafter einer ausländischen Zwischengesellschaft nach § 10 Abs. 1 Satz 1 AStG hinzuzurechnen sind, sind zunächst Bestandteil des Gewerbeertrags nach § 7 GewStG. Nach Auffassung des BFH greift für diese Hinzurechnungsbeträge die Kürzungsnorm des § 9 Nr. 3 Satz 1 GewStG (Kürzung um die auf eine nicht im Inland belegene Betriebsstätte entfallenden Gewerbeerträge). Im Ergebnis bleiben nach Auffassung des BFH diese Hinzurechnungsbeträge damit gewerbesteuerfrei (BFH, Urteil v. 11.3.2015, I R 10/14, BStBl 2015 II S. 1049).

Nachdem die Finanzverwaltung auf das BFH-Urteil mit einem Nichtanwendungserlass reagierte (gleich lautende Erlasse der Obersten Finanzbehörden der Länder v. 14.12.2015), reagiert der Gesetzgeber mit dem CbCR-Umsetzungsgesetz, das am 1.12.2016 vom Bundestag beschlossen wurde, ebenfalls auf diese BFH-Rechtsprechung. Danach gelten künftig die Hinzurechnungsbeträge i. S. des § 10 Abs. 1 AStG per gesetzlicher Definition als Einkünfte, die in einer inländischen Betriebsstätte anfallen (§ 7 Satz 7 GewStG n. F.).

Auch der Wortlaut des § 9 Nr. 3 Satz 1 GewStG wird mit Wirkung ab 1.1.2017 dahingehend geändert, dass nur Gewerbeerträge von der Kürzungsnorm umfasst sind, die auf eine nicht im Inland belegene **Betriebsstätte** „dieses Unternehmens" entfallen (§ 9 Nr. 3 Satz 1 GewStG n. F.). Bisher erforderte der Wortlaut nur „eine" nicht im Inland belegene Betriebsstätte. Hintergrund ist auch hier das o. g. Urteil des BFH, nach dessen Auffassung der bisherige Wortlaut des § 9 Nr. 3 Satz 1 GewStG nur „eine", aber nicht zwingend eine Betriebsstätte „des inländischen Steuerpflichtigen" erforderte.

Bei Einkünften i. S. des § 20 Abs. 2 Satz 1 AStG (Ausweitung der Zwischeneinkünfteregel auf ausländische Betriebsstättengewinne) wurde für gewerbesteuerliche Zwecke eine Fiktion aufgenommen, nach der solche Einkünfte als in einer inländischen Betriebsstätte erzielt gelten (§ 7 Satz 8 GewStG n. F.). Damit soll eine Gleichbehandlung von Sachverhalten mit einer ausländischen Zwischengesellschaft und solchen mit einer ausländischen Betriebsstätte sichergestellt werden. Eine **Ausnahmeregelung** gilt gem. § 7 Satz 9 GewStG n. F. für den Fall des Nachweises einer **tatsächlichen wirtschaftlichen Tätigkeit** (§ 8 Abs. 2 AStG).

> **Hinweis**
>
> Die Fiktion soll sogar dann gelten, wenn der Anwendungsbereich des § 20 AStG in Ermangelung eines DBA gar nicht eröffnet ist, und auch unabhängig von der im DBA angeordneten Methode, wie die Doppelbesteuerung vermieden wird (§ 7 Satz 8, 2. Halbsatz GewStG n.F.). Die Neuregelung des § 7 Satz 8 GewStG n. F. (Fiktion des Inlandsbezug der Einkünfte i. S. des § 20 Abs. 2 AStG) ist erstmals für den Erhebungszeitraum 2017 anzuwenden (§ 36 Abs. 2a GewStG n. F.). Vgl. dazu auch die Ausführungen im Kapitel Rückblick Tz. 2.4.6.

2.2 Ausweitung der Rückfallregelung des § 50d Abs. 9 EStG

Die Anwendung der Freistellungsmethode auf bestimmte von einem DBA erfasste Einkünfte eines unbeschränkt Steuerpflichtigen ist zur Verhinderung der Nicht- oder Geringbesteuerung dieser Einkünfte von deren Besteuerung im anderen Staat abhängig (§ 50d Abs. 9 Satz 1 EStG).

Nach dem derzeitigen Wortlaut der Vorschrift ist die Anwendung der Freistellungsmethode in Deutschland ausgeschlossen, wenn

- die Einkünfte aufgrund der (unterschiedlichen) Anwendung eines DBA durch den anderen Staat von einer dortigen Besteuerung ausgenommen oder nur zu einem durch das Abkommen begrenzten Steuersatz besteuert werden können (Nr. 1), oder

- der Steuerpflichtige im anderen Staat mit den Einkünften aufgrund einer dort nur beschränkten Steuerpflicht nicht besteuert wird (Nr. 2).

Mit dem Gesetz zur Umsetzung der Änderungen der EU-Amtshilferichtlinie und von weiteren Maßnahmen gegen Gewinnkürzungen und -verlagerungen (CbCR-Umsetzungsgesetz) ersetzt der Gesetzgeber das Wort „wenn" durch das Wort „soweit" in § 50d Abs. 9 Satz 1 EStG.

> **Hinweis**
>
> Mit dieser Änderung des Gesetzeswortlauts reagiert der Gesetzgeber auf die BFH-Rechtsprechung, nach der die bisher geltende Rückfallklausel des § 50d Abs. 9 EStG nicht zur Anwendung kommt, wenn der andere Vertragsstaat das ihm abkommensrechtlich zugewiesene Besteuerungsrecht nur für einen Teil der betroffenen Einkünfte in vollem Umfang wahrnimmt (BFH, Urteile v. 20.5.2015, I R 68/14, I R 69/14 und BFH, Urteil v. 21.1.2016, I R 49/14). Der Gesetzgeber will damit sicherstellen, dass die Rückfallklausel, falls Einkünfte im anderen Staat nur teilweise nicht besteuert werden oder nur teilweise einer geringen Besteuerung unterliegen, auf diesen Teil Anwendung findet.

In § 50d Abs. 9 EStG wird ein neuer Satz 4 angefügt, der eine entsprechende Auslegungsregel für DBA-Klauseln enthält, die die Einbeziehung von Teilen von Einkünften nicht bereits ausdrücklich vorsehen.

> **Hinweis**
>
> Die neu gefasste Rückfallklausel tritt – vorbehaltlich der Zustimmung des Bundesrats zum CbCR-Umsetzungsgesetz am 16.12.2016 – am 1.1.2017 in Kraft (Art. 12 Abs. 2 des CbCR-Umsetzungsgesetzes).

2.3 Neue Entwicklungen beim „Base Erosion and Profit Shifting" („BEPS")

2.3.1 Dreistufige Verrechnungspreisdokumentation und Country by Country Reporting

Deutschland setzt mit dem Gesetz zur Umsetzung der Änderungen der EU-Amtshilferichtlinie und von weiteren Maßnahmen gegen Gewinnkürzungen und -verlagerungen (CbCR-Umsetzungsgesetz) die im finalen BEPS-Bericht zu Aktionspunkt 13 empfohlenen Mindeststandards einer dreiteiligen Verrechnungspreisdokumentation um und kommt damit zugleich der jüngsten Änderung der EU-Amtshilferichtlinie nach, die am 3.6.2016 im Amtsblatt der EU veröffentlicht wurde.

Die in Deutschland bereits bestehenden Aufzeichnungspflichten werden modifiziert, so dass sich die Verrechnungspreisdokumentation künftig aus drei Bestandteilen zusammensetzt. Dies umfasst zum einen die Erstellung neuer **länderbezogener Berichte**, sog. „Country by Country Reports (CbCR)". Zusätzlich werden auch die landesspezifische bzw. **unternehmensbezogene Angemessenheitsdokumentation** („Local File") und die **Stammdokumentation** („Master File"), welche bisher noch nicht explizit normiert waren, gesetzlich verankert. Die Begriffe Local File und Master File tauchen allerdings im Gesetzestext selbst nicht auf, sondern werden lediglich in der Gesetzesbegründung genannt.

Die Erstellung einer Stammdokumentation (Master File) ist damit in Deutschland für Unternehmen vorzunehmen, die

- gewerbliche Einkünfte i. S. des § 15 Abs. 1 Satz 1 Nr. 1 EStG erzielen,
- über zumindest eine Geschäftsbeziehung i. S. des § 1 Abs. 4 AStG verfügen und
- im vorangegangen Wirtschaftsjahr mindestens einen Umsatz von 100 Mio. EUR erzielt haben (§ 90 Abs. 3 Satz 3 AO).

Um nachvollziehbar sicher zu stellen, dass der Steuerpflichtige den **Fremdvergleichsgrundsatz** für die Bestimmung der Verrechnungspreise sachgerecht vornimmt, wird auch die Erstellung der Angemessenheitsdokumentation (Local File) gesetzlich verankert (§ 90 Abs. 3 Satz 2 AO).

> **Hinweis**
>
> Der neue § 90 Abs. 3 AO ist erstmals für Wirtschaftsjahre anzuwenden, die nach dem 31.12.2016 beginnen. Der Referentenentwurf hatte noch auf Wirtschaftsjahre abgestellt, die nach dem 31.12.2015 beginnen.

Durch den neuen § 138a AO werden die Erstellungsvoraussetzungen und der Umfang des CbCR durch die **Mitteilungspflichten** multinationaler Unternehmen eingefügt. Ein länderbezogener Report ist demnach nur von einer ultimativen Konzernobergesellschaft in Deutschland abzugeben, sofern deren Konzernabschluss mindestens ein ausländisches Unternehmen oder eine ausländische Betriebsstätte umfasst und die im Konzernabschluss ausgewiesenen, konsolidierten Umsatzerlöse mindestens 750 Mio. EUR im vorangegangenen Wirtschaftsjahr betragen haben (§ 138a Abs. 1 Satz 1 AO).

Ein CbCR hat quantitative Daten zu den folgenden Kriterien auszuweisen (§ 138a Abs. 2 AO):

- Umsatzerlöse und sonstige Erträge aus Geschäftsvorfällen mit nahe stehenden Unternehmen,
- Umsatzerlöse und sonstige Erträge aus Geschäftsvorfällen mit fremden Unternehmen,
- die Summe aus den Umsatzerlösen und sonstigen Erträgen gemäß den beiden obigen Positionen,
- die in diesem Wirtschaftsjahr gezahlten und zurückgestellten Ertragsteuern,
- das Jahresergebnis vor Ertragsteuern,
- das Eigenkapital,
- der einbehaltene Gewinn,
- die Zahl der Beschäftigten
- und die materiellen Vermögenswerte.

Des Weiteren sollen alle konzerninternen Unternehmenseinheiten (inklusive Betriebsstätten) nach Steuerhoheitsgebieten aufgelistet und deren wesentliche Unternehmensaktivitäten beschrieben werden.

Ein nicht öffentliches CbCR ist erstmalig für Wirtschaftsjahre zu erstellen, die nach dem 31.12.2015 beginnen (Art. 97 Satz 1 i. V. m. § 27 EGAO). Aus den Ausnahmeregelungen für inländische Konzerngesellschaften („secondary mechanism") ergibt sich eine Erstellung erst für Wirtschaftsjahre nach dem 31.12.2016.

Hinweis

Das CbCR ist spätestens 12 Monate nach Ablauf des berichtspflichtigen Wirtschaftsjahres an das BZSt zu übermitteln. Die Übermittlung erfolgt elektronisch (§ 138a Abs. 6 AO). Bei Nichtvorlage, nicht vollständiger oder nicht rechtzeitiger Übermittlung liegt eine Ordnungswidrigkeit vor, welche mit bis zu 5.000 EUR geahndet werden kann (§ 379 Abs. 2 Nr. 1c AO).

2.3.2 ATAD-Richtlinie der EU

Zur Bekämpfung von Steuervermeidungspraktiken im Sinne des OECD BEPS-Projekts hat die EU die sog. Anti-Steuervermeidungsrichtlinie, genauer „Richtlinie 2016/1164 zur Bekämpfung von Steuervermeidungspraktiken mit unmittelbaren Auswirkungen auf das Funktionieren des Binnenmarkts" beschlossen (veröffentlicht im EU Amtsblatt am 19.7.2016). Die Richtlinie wird nach der englischen Bezeichnung „Anti Tax Avoidance Directive" auch „ATAD" abgekürzt.

Grundsätzlich haben die EU-Mitgliedstaaten die ATAD bis spätestens 31.12.2018 in nationales Recht umzusetzen und die Vorschriften ab dem 1.1.2019 anzuwenden. Für die Wegzugsbesteuerung gilt eine Frist bis zum 31.12.2019 bzw. 1.1.2020. Die Zinsschrankenregelung kann in Mitgliedstaaten, welche bereits über vergleichbare nationale Vorschriften verfügen, bis spätestens zum 1.1.2024 umgesetzt werden. Nach den Planungen der Bundesregierung soll die Umsetzung in Deutschland erst in der kommenden Legislaturperiode ab Ende 2017 erfolgen. Bis zum Sommer 2017 soll ein Referentenentwurf vorliegen.

Beschränkung der Abzugsfähigkeit von Zinszahlungen (Artikel 4)

Artikel 4 der Richtlinie sieht eine **Zinsschranke** vor, wie sie schon im Grundsatz in Deutschland bekannt ist. Mit Hilfe der Zinsschranke soll verhindert werden, dass Unternehmen (Finanzunternehmen können durch die Mitgliedstaaten ausgenommen werden) steuerlich abzugsfähige Zinsaufwendungen zur Gewinnverlagerung und -minimierung nutzen.

Übertragung von Vermögenswerten und Wegzugsbesteuerung (Artikel 5)

Zur Vermeidung einer Verlagerung von Steuersubstrat sieht die Richtlinie in Artikel 5 umfangreiche Vorschriften für die Besteuerung im Fall einer nicht nur temporären grenzüberschreitenden Übertragung von Vermögenswerten bzw. bei der Verlegung des Steuersitzes oder der ausgeübten Geschäftstätigkeit von einem Mitgliedstaat in einen anderen EU-Mitgliedstaat oder in einen Drittstaat vor.

Allgemeine Vorschriften zur Verhinderung von Missbrauch (Artikel 6)

In Anlehnung an eine bereits verpflichtend umzusetzende Anti-Missbrauchsregelung im Rahmen der Mutter-Tochter Richtlinie schreibt die ATAD in Artikel 6 die Einführung einer allgemeinen Anti-Missbrauchsregelung vor. Diese besagt, dass eine unangemessene Gestaltung oder eine Abfolge von unangemessenen Gestaltungen, deren wesentliche/r Zweck/e darin bestehen/t, einen steuerlichen Vorteil zu erlangen, der dem Ziel oder Zweck des geltenden Steuerrechts zuwiderläuft, bei der Besteuerung nicht zu berücksichtigen ist.

Hinzurechnungsbesteuerung (Artikel 7 und 8)

Mit Hilfe der Richtlinie soll zudem verhindert werden, dass inländische Unternehmen Einkünfte auf niedrig besteuerte, beherrschte ausländische Gesellschaften oder Betriebstätten verlagern. Diese Einkünfte sollen, vergleichbar den deutschen AStG-Regelungen, einer Hinzurechnungsbesteuerung unterworfen werden.

Hybride Gestaltungen (Artikel 9)

Aufgrund von Unterschieden in der rechtlichen Einordnung von Finanzinstrumenten oder Unternehmen kann es zum doppelten Abzug von Zahlungen oder zu einem Abzug bei gleichzeitiger Nichtbesteuerung des Ertrags kommen. Durch die Richtlinie sollen diese 'hybriden' Strukturen in Konzernen bzw. im Rahmen strukturierter Vereinbarungen neutralisiert werden. Die Korrekturmechanismen gelten derzeit nur für Strukturen und Gestaltungen innerhalb der EU. Wie am 17.6.2016 vom ECOFIN (EU-Finanzministerrat) angefordert, hat die EU-Kommission am 25.10.2016 den Entwurf einer ergänzenden Richtlinie vorgelegt, mit der die Regelung auf hybride Gestaltungen im Zusammenhang mit Drittstaaten ausgeweitet werden soll. Es ist davon auszugehen, dass diese Erweiterung in den kommenden Monaten auf EU-Ebene beschlossen wird.

2.3.3 Unternehmensteuer-Reformpaket der EU

Als Paket zur Reform der Unternehmensbesteuerung hat die EU-Kommission am 25.10.2016 vier neue Richtlinienentwürfe vorgelegt, die in engem Zusammenhang mit der BEPS-Diskussion stehen. Sämtliche Entwürfe sollen nun das EU-Gesetzgebungsverfahren durchlaufen und müssten anschließend national umgesetzt werden.

Gemeinsame Konsolidierte Körperschaftsteuer-Bemessungsgrundlage (GKKB)

Größter Bestandteil des Reformpakets ist ein neuer Anlauf bei der GKKB. Die GKKB soll zunächst nur als Gemeinsame Körperschaftsteuer-Bemessungsgrundlage (GKB) ohne Konsolidierung eingeführt werden. Dieser erste Richtlinienentwurf beschreibt eine einheitliche steuerliche Gewinnermittlung für Körperschaften in der EU. Schon in diesem Schritt sieht der Richtlinienentwurf die Möglichkeit eines (eingeschränkten) grenzüberschreitenden Verlustausgleichs vor. Konzeptionell ist eine vollständige grenzüberschreitende Verlustverrechnung eigentlich erst in der GKKB (inkl. Konsolidierung) enthalten. Neu gegenüber dem früheren Entwurf für eine GKKB (2011) sind insbesondere eine Forschungsförderung in Form eines erhöhten Betriebsausgabenabzugs sowie ein fiktiver Zinsabzug für neues Eigenkapital. Für Großunternehmen ab einem weltweiten Gruppenumsatz von 750 Mio. EUR sollen die Regeln verpflichtend sein, kleinere Unternehmen können sich optional dafür entscheiden.

In einem auf der GKB aufbauenden zweiten Richtlinienentwurf hat die EU-Kommission eine GKKB mit vollständiger Konsolidierung des steuerlichen Ergebnisses bei der Muttergesellschaft vorgelegt. Die körperschaftsteuerliche Bemessungsgrundlage soll anschließend mittels einer Formel auf alle EU-Mitgliedstaaten verteilt werden, in denen das Unternehmen aktiv ist. Die Formel verteilt die Bemessungsgrundlage nach den Faktoren Vermögenswerte, Arbeit und Umsatz. Die Staaten wenden auf ihren Anteil ihren jeweiligen Steuersatz an.

> **Hinweis**
>
> Die EU-Kommission hat mit den Entwürfen einen sehr ehrgeizigen Zeitplan verkündet, nach dem die GKB ab 2019 und die GKKB ab 2021 in den Mitgliedstaaten angewendet werden soll. Nach den Erfahrungen der Vergangenheit scheint dieser Zeitplan insbesondere für die GKKB unrealistisch.

Verbindlicher Streitbeilegungsmechanismus für Doppelbesteuerungsfälle

Inspiriert von BEPS Aktionspunkt 14 schlägt die Kommission außerdem einen verbindlichen zwischenstaatlichen Streitbeilegungsmechanismus für Doppelbesteuerungsfälle vor. Der Mechanismus soll ein breites Spektrum an Fällen erfassen und für die Mitgliedstaaten konkrete Fristen vorschreiben, innerhalb derer sie sich über die Zuweisung des Besteuerungsrechts einigen müssen.

Erweiterung der EU-Anti-Steuervermeidungsrichtlinie (ATAD)

Wie im Juni angekündigt, liegt mit dem Reformpaket auch die Erweiterung der EU-Anti-Steuervermeidungsrichtlinie (ATAD) auf hybride Gestaltungen im Zusammenhang mit Drittstaaten vor. Die bis Ende 2018 umzusetzende ATAD hatte hybride Gestaltungen bisher nur innerhalb der EU geregelt (s. hierzu Kapitel Ausblick Tz. 3.1).

2.3.4 Multilaterales Instrument der OECD

Ein wesentlicher Teil der BEPS-Ergebnisse muss über Änderungen an bestehenden Doppelbesteuerungsabkommen (DBA) umgesetzt werden. Dies soll koordiniert über das sog. Multilaterale Instrument (MI) erfolgen. Das MI ist ein völkerrechtlicher Rahmenvertrag, unter dessen Dach die teilnehmenden Staaten Ergänzungen an ihren DBA vereinbaren sollen. Die Verhandlungen über das MI wurden am 24.11.2016 erfolgreich abgeschlossen. Für die konkrete Umsetzung sollen die teilnehmenden Staaten als nächstes klären, welche ihrer DBA sie in welcher Form an die BEPS-Standards anpassen wollen. Das MI bietet den Staaten dabei die Wahl zwischen diversen inhaltlichen Optionen. Im Juni 2017 soll eine erste Gruppe von Staaten so weit sein und das MI unterzeichnen. Anschließend folgen die bei internationalen Abkommen üblichen Ratifikationsverfahren. Die OECD erwartet, mit dem MI ca. 2.000 der weltweit mehr als 3.000 DBA an die neuen BEPS-Standards anpassen zu können.

> **Hinweis**
>
> Dem Vernehmen nach hat Deutschland angekündigt, das Multilaterale Instrument nicht in der Umsetzung von Aktionspunkt 7 hinsichtlich der Begründung einer Vertreter-Betriebsstätte (Art. 5 Abs. 5, 6 OECD-MA) anwenden zu wollen. Es würde dann hinsichtlich dieses Punktes bei den bestehenden DBA bleiben.

2.4 EU-Initiativen für ein öffentliches Country by Country Reporting

Seit dem 12.4.2016 existiert ein EU-Richtlinienvorschlag für ein umfassendes öffentliches Country by Country Reporting (CbCR), welches von der deutschen Wirtschaft sowie vom deutschen Finanzminister allerdings bisher entschieden abgelehnt wird. Innerhalb der EU ist ein solcher Ansatz nichts grundlegend Neues, da in der Vergangenheit bspw. für den Bankensektor ähnliche Mechanismen geschaffen wurden.

2.4.1 Richtlinienentwurf der EU-Kommission v. 12.4.2016

Die EU-Kommission hat am 12.4.2016 einen Richtlinienentwurf (2016/0107 zur Änderung der Richtlinie 2013/34/EU) zur **Veröffentlichung eines länderbezogenen Ertragsteuerinformationsberichts** durch Unternehmen mit einem konsolidierten Konzernumsatz über 750 Mio. EUR vorgelegt. Die geforderten Informationen ähneln denen des nicht öffentlichen CbCR, sind aber etwas weniger umfangreich. Die Daten sollen einzeln für alle EU-Staaten, in denen das betroffene Unternehmen aktiv ist, sowie aggregiert für alle Drittstaaten angegeben werden. Die länderspezifische Berichterstattung wäre auf der Internetseite des betroffenen Unternehmens bzw. der betroffenen Einheit zu veröffentlichen und soll im Zuge der Abschlussprüfung überprüft werden. Unter dem Einfluss der Panama Papers-Diskussion ist zudem vorgesehen, die Zahlenangaben auch für nicht kooperative Staaten („**Steueroasen**") vorzuschreiben. Die EU wird dazu eine **Liste der nicht kooperativen Staaten** erstellen.

> **Hinweis**
>
> Das öffentliche CbCR soll in die EU-Rechnungslegungsrichtlinie (2013/34/EU v. 26.6.2013) aufgenommen werden. Anders als im Steuerbereich reicht damit zur Beschlussfassung eine qualifizierte Mehrheit anstelle der Einstimmigkeit. Der Legal Service des EU-Rates ist allerdings zu der Auffassung gekommen, dass die Richtlinie im Steuerbereich angesiedelt sein müsste. Allerdings gibt es derzeit noch Widerstand gegen ein öffentliches CbCR, insbesondere von Deutschland. Es kann daher noch nicht sicher gesagt werden, ob, wann und auf welche technische Weise das öffentliche CbCR tatsächlich umgesetzt wird.

2.4.2 Initiative des EU-Parlaments

Ergänzend zum Vorstoß der EU-Kommission hat das EU-Parlament die Einführung eines öffentlichen Country by Country Reportings vorgeschlagen. In ihrem Beschluss v. 8.7.2015 favorisieren die EU-Parlamentarier die Aufnahme in die EU-Aktionärsrechte-Richtlinie (2007/36/EU). Die Erfolgsaussichten dieser Initiative sind aus heutiger Sicht ungewiss.

> **Hinweis**
>
> Das System eines länderbezogenen öffentlichen CbCR ist innerhalb der EU kein grundlegend neuer Vorstoß. Vielmehr ergänzt dieser Vorschlag bereits existierende Transparenzanforderungen, welche im Bankensektor durch die Richtlinie über den Zugang zur Tätigkeit von Kreditinstituten und die Beaufsichtigung von Kreditinstituten und Wertpapierfirmen (Richtlinie 2013/36/EU v. 26.6.2013) oder für die Rohstoffindustrie bzgl. Zahlungen an staatliche Stellen durch die Rechnungslegungsrichtlinie (2013/34/EU v. 26.6.2013) gelten. Diese Regelungen haben allerdings einen geringeren Umfang als das aktuell diskutierte öffentliche CbCR.

2.5 Automatischer Informationsaustausch über „Tax Rulings" zwischen den EU-Mitgliedstaaten (EU-Transparenzpaket)

Schon seit Ende 2015 sieht die EU-Amtshilferichtlinie einen verpflichtenden und automatischen Austausch steuerlicher Informationen über grenzüberschreitende Tax Rulings zwischen den Mitgliedstaaten sowie in eingeschränkter Form gegenüber der EU-Kommission vor. Das Gesetz zur Umsetzung der Änderungen der EU-Amtshilferichtlinie und von weiteren Maßnahmen gegen Gewinnkürzungen (CbCR-Umsetzungsgesetz) setzt auch diesen innereuropäischen Informationsaustausch von Tax Rulings über teils umfassende Änderungen der §§ 2 bis 7 sowie 20 und 21 des EU-Amtshilfegesetzes (EUAHiG) um.

Erfasst werden davon **grenzüberschreitende Steuervorbescheide** und **Vorabvereinbarungen** über **Verrechnungspreise** (APA). Der Gesetzgeber versteht unter dem Begriff eines grenzüberschreitenden Steuervorbescheids ausweislich der Gesetzesbegründung insbesondere

- verbindliche Auskünfte i. S. des § 89 Abs. 2 AO,
- verbindliche Zusagen gem. § 204 AO und
- unilaterale Vorabzusagen über Verrechnungspreise i. S. des § 178a Abs. 1 AO.

Letztere werden auf der Grundlage von Doppelbesteuerungsabkommen zur Erteilung verbindlicher Vorabzusagen über Verrechnungspreise zwischen international verbundenen Unternehmen erteilt (s. APA-Merkblatt v. 5.10.2006, BStBl 2006 I S. 594). Nicht erfasst werden nach § 7 Abs. 6 EUAHiG Fälle, in denen ein grenzüberschreitender Vorbescheid ausschließlich die Steuerangelegenheiten einer oder mehrerer natürlicher Personen betrifft.

Mit dem Gesetz werden laut Gesetzgeber zugleich die Verpflichtungen zum Austausch bestimmter Tax Rulings aus BEPS-Aktionspunkt 5 umgesetzt, soweit sie den Austausch mit anderen EU-Staaten betreffen.

Vom Informationsaustausch erfasst werden grundsätzlich alle grenzüberschreitenden Vorbescheide und Vorabverständigungen über die Verrechnungspreisgestaltung, die nach dem 31.12.2016 erteilt, getroffen, verändert oder erneuert werden (§ 7 Abs. 3 EUAHiG). Ergänzt wird dies durch eine rückwirkende Anwendung auf Tax Rulings, die innerhalb eines Zeitraums von fünf Jahren vor dem 1.1.2017 erteilt, getroffen, geändert oder erneuert wurden. Nach § 7 Abs. 4 EUAHiG gilt dies einschränkend für Tax Rulings, die zwischen dem 1.1.2012 und dem 31.12.2013 erteilt, getroffen, geändert oder erneuert wurden, nur dann, wenn diese am 1.1.2014 noch gültig waren. Überdies nimmt die gleiche Vorschrift Tax Rulings aus der Zeit vor dem 1.4.2016 zu kleinen und mittlere Unternehmen mit einem gruppenweiten Jahresnettoumsatzerlös von weniger als 40 Mio. EUR (im Jahr vor dem Tax Ruling) vom rückwirkenden Informationsaustausch aus. Diese Ausnahme soll jedoch nicht gelten für Tax-Rulings für bestimmte Personen oder eine Gruppe von Personen, die hauptsächlich Finanz- und Investitionstätigkeiten ausüben.

Hinweis

Der automatische Informationsaustausch zu Tax Rulings soll erstmals ab dem 1.1.2017 erfolgen (§ 21 Abs. 1 Nr. 3 EUAHiG). § 5 Abs. 2 und 3 EUAHiG regelt zusätzlich Details für den Zeitpunkt des Informationsaustauschs von Tax Rulings aus künftigen und zurückliegenden Jahren.

2.6 Austausch länderbezogener Berichte

Mit dem nationalen Zustimmungsgesetz zur Mehrseitigen Vereinbarung vom 27. Januar 2016 zwischen den zuständigen Behörden über den Austausch länderbezogener Berichte v. 19.10.2016 (BGBl 2016 II S. 1178) hat Deutschland die Voraussetzungen zur Ratifikation dieser am 27.1.2016 unterzeichneten, internationalen Vereinbarung geschaffen. In dieser Mehrseitigen Vereinbarung verpflichten sich die teilnehmenden Staaten, wie unter BEPS-Aktionspunkt 13 vereinbart, länderbezogene Berichte („Country by Country Reports") **zwischen den Steuerbehörden der Vertragsstaaten auszutauschen.**

> **Hinweis**
>
> Die Mehrseitige Vereinbarung ist aus deutscher Sicht für den Informationsaustausch mit Drittstaaten (nicht-EU-Staaten) relevant. Innerhalb der EU ist ein deckungsgleicher, verbindlicher Informationsaustausch über die EU-Amtshilferichtlinie eingeführt worden.

2.7 Gesetz gegen Manipulation an Kassensystemen

Der Gesetzgeber sieht in den mit der fortschreitenden Technisierung einhergehenden Manipulationsmöglichkeiten an digitalen Grundaufzeichnungen ein ernsthaftes Problem für den gleichmäßigen Steuervollzug, da digitale Daten (bspw. in elektronischen Registrierkassen) unerkannt gelöscht oder geändert werden können. Durch das Gesetz zum Schutz vor Manipulationen an digitalen Grundaufzeichnungen („Ex Insika") soll das Verfahrensrecht rechtlich und technisch weiterentwickelt und die Unveränderbarkeit digitaler Grundaufzeichnungen sichergestellt werden. Das Gesetzgebungsverfahren war zum Zeitpunkt des Redaktionsschlusses (2.12.2016) noch nicht abgeschlossen. Der Bundestagsbeschluss war für Mitte Dezember 2016 angekündigt. Das Gesetz soll den rechtsstaatlichen Erfordernissen des Steuervollzugs dienen und die Gleichmäßigkeit der Besteuerung sicherstellen. Die Neuregelungen sind grundsätzlich erstmals anzuwenden für Kalenderjahre, die nach dem 31.12.2019 beginnen.

> **Hinweis**
>
> Für Steuerpflichtige, die nach dem 25.11.2010 und vor dem 1.1.2020 Registrierkassen erworben haben, welche mit den Anforderungen des BMF-Schreibens v. 26.11.2010 (BStBl 2010 I S. 1342) konform sind, aber bauartbedingt nicht an die neuen Anforderungen des § 146a AO-E angepasst werden können, soll eine verlängerte Übergangsfrist bis zum 31.12.2022 eingeführt werden.

2.7.1 Zertifizierte technische Sicherheitseinrichtung in einem elektronischen Aufzeichnungssystem

Mit einer Ergänzung von § 146 Abs. 1 Satz 1 AO um das Kriterium der **Einzelaufzeichnungspflicht** sollen Buchungen und sonst erforderliche Aufzeichnungen künftig einzeln, vollständig, richtig, zeitgerecht und geordnet vorzunehmen sein. Allerdings wurde zuletzt eine Ausnahme von der Einzelaufzeichnungspflicht bei Verkauf von Waren an eine Vielzahl von nicht bekannten Personen gegen Barzahlungen diskutiert. Darüber hinaus ist auch eine Verpflichtung zur täglichen Erfassung der Kasseneinnahmen und -ausgaben vorgesehen. Ausweislich der Gesetzesbegründung betrifft dies elektronische oder computergestützte Systeme wie bspw. Registrierkassen. Das Gesetz sieht außerdem eine Verpflichtung vor, wonach elektronische Aufzeichnungssysteme sowie entsprechende digitale Aufzeichnungen durch eine zertifizierte technische Sicherheitseinrichtung zu schützen sind. Bestandteile der zertifizierten technischen Sicherheitseinrichtung sollen ein Sicherheitsmodul, ein Speichermedium und eine einheitliche digitale Schnittstelle sein (§ 146a Abs. 1 Satz 3 AO-E).

> **Hinweis**
>
> Bestehende elektronische Aufzeichnungssysteme sind entweder umzurüsten oder durch neue zu ersetzen.

Werden aufzeichnungspflichtige Geschäftsvorfälle erfasst, ist den Beteiligten am Geschäftsvorfall – üblicherweise den Kunden – ein Beleg auszustellen (§ 146a Abs. 2 AO-E). Von dieser Belegausgabepflicht sind jedoch Ausnahmen möglich. Das BMF wird ermächtigt, mit Zustimmung durch den Bundesrat und im Einvernehmen mit dem BMI (Bundesministerium des Innern) und dem BMWi (Bundesministerium für Wirtschaft und Energie) durch Rechtsverordnung zu bestimmen, welche elektronischen Aufzeichnungssysteme über eine zertifizierte technische Sicherheitseinrichtung verfügen müssen und technische Anforderungen an die Protokollierung der digitalen Daten sowie deren Speicherung festzulegen (§ 146a Abs. 3 AO-E).

> **Hinweis**
>
> Künftig wird der **Kassensicherungsverordnung** (KassenSichV) zu entnehmen sein, welche elektronischen Aufzeichnungssysteme durch eine zertifizierte technische Sicherheitseinrichtung zu schützen sind. Nutzer elektronischer Aufzeichnungssysteme i. S. der KassenSichV werden künftig verpflichtet, die aufgezeichneten Vorgänge zu speichern und für eine Überprüfung verfügbar zu halten. Dies betrifft auch sog. „andere Vorgänge", bspw. Stornierungen, erstellte Angebote oder Trainingsbuchungen.

2.7.2 Kassen-Nachschau

Als neues eigenständiges Verfahren wird eine Kassen-Nachschau eingeführt (§ 146b AO-E). Zur zeitnahen Aufklärung steuererheblicher Sachverhalte kann der zuständige Amtsträger **ohne Vorankündigung** und außerhalb einer Außenprüfung die Ordnungsmäßigkeit der Daten zu Kasseneinnahmen und -ausgaben sowie den Einsatz des elektronischen Aufzeichnungssystems überprüfen. Dabei darf er zur Verhütung dringender Gefahren für die öffentliche Sicherheit und Ordnung sogar die Wohnräume des Steuerpflichtigen betreten.

> **Hinweis**
>
> Falls im Rahmen der Kassen-Nachschau entsprechende Feststellungen gemacht werden sollten, kann der Finanzbeamte ohne vorherige Prüfungsanordnung zu einer Außenprüfung übergehen (§ 146b Abs. 3 AO-E).
> Die Kassen-Nachschau soll nach letztem Stand bereits ab 1.1.2018 möglich sein.

2.7.3 Sanktionierung von Verstößen

Flankiert werden die geplanten Regelungen für digitale Grundaufzeichnungen von neuen Steuergefährdungstatbeständen (§ 379 Abs. 1 Satz 1 Nr. 4 bis 6 AO-E). Demnach handelt künftig ordnungswidrig, wer ein System nutzt, das nicht den Anforderungen des § 146a Abs. 1 Satz 1 AO-E genügt bzw. gar kein solches System verwendet. Ordnungswidrig wäre es ebenfalls, die Daten nicht durch die erforderliche Sicherheitseinrichtung zu schützen. Anbieter bzw. Verkäufer von Kassensystemen dürfen Kassensysteme nicht bewerben oder in den Verkehr bringen, die den neuen gesetzlichen Bestimmungen nicht entsprechen.

> **Hinweis**
>
> Für derartige Ordnungswidrigkeiten ist ein Bußgeld von bis zu 25.000 EUR vorgesehen (§ 379 Abs. 4 AO-E).

2.8 Anhebung der umsatzsteuerlichen Pauschalierungsgrenzen für Rechnungen über Kleinbeträge

Bei Kleinbetragsrechnungen kann gem. § 33 UStDV auf gewisse Pflichtangaben verzichtet werden. Der Grenzwert für eine Kleinbetragsrechnung nach § 33 Satz 1 UStDV beträgt bislang 150 EUR. Mit dem Zweiten Bürokratieentlastungsgesetz soll die Grenze des § 33 Satz 1 UStDV auf 200 EUR angehoben werden, um die Preissteigerungen der vergangenen Jahre auszugleichen.

> **Hinweis**
>
> Die Neuregelung soll erstmals für ab dem 1.1.2017 ausgestellte Rechnungen gelten. Das Gesetzgebungsverfahren war aber zum Zeitpunkt des Redaktionsschlusses (2.12.2016) noch nicht abgeschlossen.

2.9 Anhebung der Grenzbeträge zur Abgabe der Lohnsteuer-Anmeldung

Insbesondere für Arbeitgeber mit ein oder zwei Beschäftigten sieht die geplante Änderung des § 41a Abs. 2 Satz 2 EStG in der Fassung des Zweiten Bürokratieentlastungsgesetzes (Regierungsentwurf v. 3.8.2016) eine Erleichterung bei der Lohnsteuer-Anmeldung vor. Anstatt einer monatlichen Abgabe verlängert sich der Lohnsteuer-**Anmeldungszeitraum** auf ein **Kalendervierteljahr**, wenn die abzuführende Lohnsteuer für das vorangegangene Kalenderjahr mehr als 1.080 EUR, aber weniger als (bislang) 4.000 EUR betragen hat. Die Grenze für die vierteljährliche Abgabe von Lohnsteuer-Anmeldungen soll nun laut Regierungsentwurf zum Zweiten Bürokratieentlastungsgesetz von bisher 4.000 EUR auf **5.000 EUR** angehoben werden.

> **Hinweis**
>
> Der Abschluss des Gesetzgebungsverfahrens ist derzeit für das 1. Kalendervierteljahr 2017 vorgesehen. Das Zweite Bürokratieentlastungsgesetz soll am 1.1.2017 in Kraft treten.

2.10 Änderungen bei der Besonderen Ausgleichsregelung nach EEG 2017

Das neue EEG 2017 (Änderung des Erneuerbare Energien-Gesetzes) v. 13.10.2016 (BGBl 2016 I S. 2258) tritt grundsätzlich am 1.1.2017 in Kraft. Für große Abnehmer, wie Industriekunden, bringt das EEG 2017 zum Teil wesentliche Änderungen mit sich, insbesondere im Zusammenhang mit der Inanspruchnahme der Besonderen Ausgleichsregelung für stromkostenintensive Unternehmen. Ab 2017 wird die Umlage 6,88 Cent pro kWh betragen (2016: 6,354 Cent pro kWh).

> **Hinweis**
>
> Die Änderungen betreffen u. a. die Antragstellung auf Begrenzung der EEG-Umlage durch Unternehmen nach Liste 1 der Anlage 4 EEG und die Definition der „Umwandlung" sowie der „neu gegründeten Unternehmen".

2.11 Schrittweise Anhebung der Steuersätze von Erd- und Flüssiggasen zur Nutzung als Kraftstoff

Mit Datum v. 26.4.2016 hat das BMF den Entwurf eines „Zweiten Gesetzes zur Änderung des Energiesteuer- und des Stromsteuergesetzes" veröffentlicht. Er sieht umfangreiche Neuregelungen sowohl im Energiesteuergesetz als auch im Stromsteuergesetz vor. Vorrangig dient der Entwurf dabei der Umsetzung eines konkreten Gesetzgebungsauftrags des Bundestags im Hinblick auf die bald auslaufende steuerliche Begünstigung von Erdgas und Flüssiggasen zur Nutzung als Kraftstoff. Hierzu sieht der Entwurf eine schrittweise Anhebung der derzeit geltenden Steuersätze vor.

Zudem enthält der Entwurf Neuregelungen im Bereich der steuerlichen Förderung von Stromerzeugungsanlagen sowie KWK-Anlagen. Dabei erfahren insbesondere die Regelungen zur eingangs- und ausgangsseitigen Steuerentlastung bei entwurfsgleicher Umsetzung umfangreiche Änderungen. Auch die Möglichkeiten zur Entlastung im Rahmen der „besonderen Prozesse und Verfahren" nach dem Energie- und Stromsteuergesetz sollen, teilweise bedingt durch jüngste Rechtsprechung, durch den vorliegenden Entwurf einigen Änderungen unterzogen werden.

> **Hinweis**
>
> Nach derzeitiger Planung soll das Gesetz im Frühjahr 2017 in Kraft treten.

3 Änderungen für Personengesellschaften

3.1 Hybride Gestaltungen / § 4i EStG

Mit dem Gesetz zur Umsetzung der Änderungen der EU-Amtshilferichtlinie und von weiteren Maßnahmen gegen Gewinnkürzungen (CbCR-Umsetzungsgesetz), das am 1.12.2016 im Bundestag beschlossen wurde, wird § 4i neu in das EStG aufgenommen. Danach dürfen Aufwendungen eines Gesellschafters einer Personengesellschaft im Inland nicht als Sonderbetriebsausgaben abgezogen werden, soweit diese Aufwendungen auch die **Steuerbemessungsgrundlage in einem anderen Staat mindern.** Dieses Prinzip kommt nur dann nicht zur Anwendung, soweit diese Aufwendungen Erträge desselben Steuerpflichtigen mindern, die bei ihm sowohl der inländischen Besteuerung als auch nachweislich der tatsächlichen Besteuerung im anderen Staat unterliegen.

> **Hinweis**
>
> Laut Gesetzesbegründung gilt das Abzugsverbot auch, wenn der Abzug im anderen Staat in einem vorhergehenden oder einem nachfolgenden Veranlagungszeitraum, Steuerjahr, Wirtschaftsjahr oder Kalenderjahr erfolgt. Gleiches gilt für die korrespondierende doppelte Besteuerung der Erträge.
>
> Das Abzugsverbot des neuen § 4i EStG, das erstmals für den Veranlagungszeitraum 2017 anzuwenden ist, steht im Zusammenhang mit dem BEPS-Projekt

der OECD/G20 (Aktionspunkt 2, Hybride Gestaltungen), sollte jedoch als Sofortmaßnahme unabhängig von der Umsetzung der OECD-Empfehlungen umgesetzt werden.

3.2 Präzisierung des Bankenprivilegs nach § 3 Nr. 40 Satz 3 EStG

Entsprechend dem für Körperschaften normierten Bankenprivileg (§ 8b Abs. 7 KStG) greift die 40 %ige einkommensteuerliche Befreiung für Beteiligungserträge nicht für bestimmte von Kredit- und Finanzdienstleistungsinstituten bzw. Finanzunternehmen gehaltene Anteile (§ 3 Nr. 40 Satz 3 EStG).

Durch das CbCR-Umsetzungsgesetz werden die Voraussetzungen für das Bankenprivileg weiter präzisiert sowie der Anwendungsbereich für Finanzunternehmen eingeschränkt (§ 3 Nr. 40 Satz 3 EStG n. F.), vgl. ausführlicher zu der entsprechenden Änderung in § 8b Abs. 7 KStG Kapitel Ausblick Tz. 4.1.

> **Hinweis**
>
> Die Änderungen des Bankenprivilegs sind – vorbehaltlich der Zustimmung des Bundesrats zum CbCR-Umsetzungsgesetz am 16.12.2016 – für Kredit- und Finanzdienstleistungsinstitute erstmals für den Veranlagungszeitraum 2017 anzuwenden. Für Finanzunternehmen ist die neugefasste Regelung auf Anteile anzuwenden, die nach dem 31.12.2016 dem Betriebsvermögen zugehen (§ 52 Abs. 4 Satz 7 EStG n. F).

4 Änderungen für Kapitalgesellschaften

4.1 Präzisierung des Bankenprivilegs nach § 8b Abs. 7 KStG

Die grundsätzliche 95 %ige körperschaftsteuerliche Befreiung für Beteiligungserträge gilt nicht für bestimmte von Kredit- und Finanzdienstleistungsinstituten bzw. Finanzunternehmen gehaltene Anteile (§ 8b Abs. 7 Satz 1 KStG; sog. Bankenprivileg).

Bisher ist für die Abgrenzung, auf welche Anteile eines Kredit- bzw. Finanzdienstleistungsinstituts die Ausnahme anzuwenden ist, auf die Zuordnung zum Handelsbuch im Sinne des Kreditwesengesetzes und damit auf aufsichtsrechtliche Grundsätze abzustellen. Durch eine Änderung durch das CbCR-Umsetzungsgesetz ist künftig der Ausweis als Handelsbestand i. S. des § 340e Abs. 3 HGB entscheidend (§ 8b Abs. 7 Satz 1 KStG n. F.).

> **Hinweis**
>
> Da das Handelsrecht – im Unterschied zum Aufsichtsrecht – grundsätzlich keine Umgliederung von Anteilen in und aus dem Handelsbestand vorsieht, sollen mit Bezugnahme auf die handelsrechtlichen Grundsätze laut der Gesetzesbegründung Gestaltungen zur Nutzung des Bankenprivilegs vermieden werden.

In der Neufassung der Regelung ist eine in dem bisherigen Wortlaut enthaltene Legaldefinition von Kredit- und Finanzdienstleistungsinstituten nicht mehr enthalten.

Bei Finanzunternehmen ist künftig die zutreffende Zuordnung der Anteile zum Anlage- oder Umlaufvermögen im Zeitpunkt des Zugangs zum Betriebsvermögen maßgebend. Das bisherige Erfordernis der Absicht der kurzfristigen Erzielung eines Eigenhandelserfolgs entfällt damit. Vom Bankenprivileg profitieren danach nur Anteile, die zum Zeitpunkt des Zugangs zum Betriebsvermögen als Umlaufvermögen auszuweisen sind (§ 8b Abs. 7 Satz 2 KStG n. F.).

Darüber hinaus wird der Anwendungsbereich für Finanzunternehmen eingeschränkt. Künftig fallen unter die Ausnahme von der Beteiligungsertragsbefreiung nur noch diejenigen Finanzunternehmen i. S. des Kreditwesengesetzes, an denen Kreditinstitute oder Finanzdienstleistungsinstitute unmittelbar oder mittelbar zu mehr als 50 % beteiligt sind (§ 8b Abs. 7 Satz 2 KStG n.F.). Damit sollen laut Gesetzesbegründung künftig nur Finanzunternehmen aus dem Bankensektor unter die Regelung fallen, da auch nur diese aufsichtsrechtlich zur Absicherung ihrer Geschäfte mit Aktien verpflichtet sind.

> **Hinweis**
>
> Die Neuregelung ist – vorbehaltlich der Zustimmung des Bundesrats zum CbCR-Umsetzungsgesetz am 16.12.2016 – für Kredit- und Finanzdienstleistungsinstitute erstmals für den Veranlagungszeitraum 2017 anzuwenden. Für Finanzunternehmen ist die neugefasste Regelung auf Anteile anzuwenden, die nach dem 31.12.2016 dem Betriebsvermögen zugehen (§ 34 Abs. 5 Satz 2 KStG n. F.).

5 Änderungen für Arbeitnehmer

5.1 Grenzüberschreitende Abfindungszahlungen

Mit dem Gesetz zur Umsetzung der Änderungen der EU-Amtshilferichtlinie und von weiteren Maßnahmen gegen Gewinnkürzungen (CbCR-Umsetzungsgesetz) wird ein neuer § 50d Abs. 12 EStG eingeführt. Er enthält eine Auslegungsregel für Abfindungszahlungen, die anlässlich der Beendigung eines Dienstverhältnisses gezahlt werden. Wenn ein DBA Anwendung findet, sind sie danach bei der Anwendung dieses Abkommens wie nachträgliches Entgelt für die frühere Tätigkeit zu behandeln.

Die Regelung ist eine Reaktion auf die BFH-Rechtsprechung, der zufolge eine dem Art. 15 OECD-MA entsprechende DBA-Klausel das deutsche Besteuerungsrecht an Abfindungszahlungen ausschließt, wenn der Empfänger nicht mehr in Deutschland ansässig im Sinne des DBA ist. Ohne die Regelung können bislang weiße Einkünfte entstehen, weil der BFH in diesem Punkt sowohl von der Auslegung des OECD-Musterkommentars als auch von der in anderen Ländern üblichen Anwendung der Vorschrift abweicht. Etwaige DBA-Sonderregeln für Abfindungen gehen der Auslegungsregel zudem vor, § 50d Abs. 12 Satz 2 EStG n. F. Im Falle eines negativen Qualifikationskonflikts lebt das deutsche Besteuerungsrecht wieder auf (§ 50d Abs. 12 Satz 3 EStG n. F. i.V.m. Abs. 9 Satz 1 Nr. 1 EStG).

> **Hinweis**
>
> Die neue Regelung tritt – vorbehaltlich der Zustimmung des Bundesrats zum CbCR-Umsetzungsgesetz am 16.12.2016 – am 1.1.2017 in Kraft (Art. 19 Abs. 2 CbCR-Umsetzungsgesetz).

6 Änderungen für Kapitalanleger

6.1 Systemwechsel bei der Fondsbesteuerung

Mit dem am 26.7.2016 veröffentlichten Gesetz zur Reform der Investmentbesteuerung v. 19.7.2016 (BGBl 2016 I S. 1730) wurden zwei voneinander unabhängige Besteuerungssysteme für Publikums-Investmentfonds und Spezial-Investmentfonds eingeführt.

Grundgedanke des neuen Besteuerungssystems für Investmentfonds ist die getrennte Besteuerung von Investmentfonds und Anleger. In den Anwendungsbereich des neuen Systems fallen neben Investmentvermögen i. S. des Kapitalanlagegesetzbuches (KAGB) auch Organismen für gemeinsame Anlagen mit vertraglicher Einschränkung auf einen Anleger sowie Kapitalgesellschaften, die keine unternehmerische Tätigkeit ausüben dürfen und keiner Ertragsteuer unterliegen. Personengesellschaften fallen grundsätzlich nicht mehr unter das Investmentsteuergesetz.

> **Hinweis**
>
> Die durch die Reform neu gefassten Vorschriften sind grundsätzlich ab 1.1.2018 anwendbar. Davon ausgenommen sind u. a. die Regelungen zur Vermeidung von **Cum/Cum-Geschäften** (s. Kapitel Rückblick Tz. 1.14).

6.1.1 Behandlung von Publikums-Investmentfonds

Bei Publikumsfonds wurde das bislang gültige **Transparenzprinzip abgeschafft**. Auf Anlegerebene ist nun ein pauschaliertes Besteuerungsverfahren vorgesehen, wonach Ausschüttungen des Investmentfonds, Vorabpauschalen (als Ersatz für die bisher steuerpflichtigen ausschüttungsgleichen Erträge) und Gewinne aus der Veräußerung von Investmentanteilen steuerpflichtig sind.

> **Hinweis**
>
> Im Zusammenhang mit den jährlichen Vorabpauschalen entsteht für **Anleger mit Inlandsdepot** künftig eine sog. **Nachschusspflicht**. Anders als bei einer Ausschüttung fließt bei der jährlichen Vorabpauschale kein Geld. Der Anleger muss daher dafür sorgen, dass bei der Depotbank ausreichend Mittel vorhanden sind, damit diese die auf die Pauschale anfallende Steuer an den Fiskus abführen kann. Anderenfalls ist die Depotbank berechtigt, Fondsanteile zu veräußern, um ausreichend Liquidität für die Abführung der Steuer zu generieren.

Je nach Fondskategorie unterliegen die Erträge einer bestimmten Teilfreistellungsquote. Erträge aus Aktienfonds, die fortlaufend mindestens 51 % in Aktien investieren, werden zu 30 % steuerfrei sein, bei gemischten Fonds (mindestens 25 % in Aktien) sind 15 % steuerfrei. Immobilienfonds kommen bei einem Investment überwiegend (mindestens 51 %) in inländische Immobilien auf eine 60 %ige Steuerfreiheit, in ausländische Immobilien auf eine 80 %ige Steuerfreiheit.

> **Hinweis**
>
> Die gewährten Teilfreistellungsquoten sollen den Wegfall der bislang vorhandenen Anrechnungsmöglichkeit der auf Fondsebene angefallenen Quellensteuern kompensieren.

6.1.2 Behandlung von Spezial-Investmentfonds

Anleger, die in Spezialfonds investiert sind, werden weiterhin anhand einer einheitlichen und gesonderten Feststellung der Besteuerungsunterlagen, die künftig auch positive und negative steuerliche Vorträge umfasst, transparent besteuert. Die Möglichkeit der Ermittlung eines Ertragsausgleichs entfällt künftig. Außerdem muss der Anleger nicht ausgeschüttete Veräußerungsgewinne grundsätzlich nach 15 Jahren versteuern. Soweit bereits auf Fondsebene eine Besteuerung der Erträge erfolgte, sind bei inländischen Beteiligungserträgen 60 % und bei sonstigen inländischen Erträgen (z. B. Immobilienerträgen) 20 % auf Anlegerebene steuerbefreit.

6.1.3 Kappungsgrenze für sog. Alt-Fondsanteile

Im Zuge der Systemumstellung erfolgt zum 31.12.2017 zunächst ein fiktiver steuerpflichtiger Verkauf bestimmter Fondsanteile. Die Anteile gelten anschließend als zum 1.1.2018 angeschafft. Den aus dem fiktiven Verkaufsvorgang ermittelten Gewinn muss der Anleger erst bei tatsächlicher Veräußerung dieser Anteile versteuern. Eine Ausnahme gilt für sog. Alt-Fondsanteile, die vor dem 1.1.2009 erworben wurden: Ihr fiktiver Verkauf zum 31.12.2017 ist steuerfrei und für Wertsteigerungen, die solche Alt-Fondsanteile ab dem 1.1.2018 erfahren, kann ein Freibetrag von 100.000 EUR in Anspruch genommen werden.

> **Hinweis**
>
> Die Abwicklung erfolgt bei inländischen Depots regelmäßig durch die depotführende Stelle, für den Privatanleger ergibt sich hieraus zunächst grundsätzlich kein Handlungsbedarf.

Stichwortverzeichnis

Abschlagszahlung Werkleistung ... 44
Abschmelzmodell ErbSt 137
Abspaltung Beteiligung 34
Änderungsmöglichkeit Rechen-/
   Schreibfehler 156
Aktienkaufoptionen 127
Alterseinkünfte, Besteuerung 22
Altersversorgungsverpflichtung,
   ErbSt 134
Altersvorsorgeaufwendungen 22
Alt-Fondsanteile 188
Anschaffungsnahe
   Herstellungskosten 131
Anteil an Komplementär-GmbH . 106
Anteilseignerwechsel 113, 114
Anteilskaufvertrag 95
Anteilstausch
   qualifizierter 61
   § 21 UmwStG 59
Anteilsverkauf 117
Anti Tax Avoidance Directive
   (ATAD) 171
Antragsfrist Energiesteuererst. 97
Anzeigepflicht
   Erwerb qualifizierter Beteiligung
     an ausl. Gesellschaft 158
   Geschäftsbeziehung zu Ges.
     in Drittstaat 158
Arbeitnehmer
   Dienstjubiläum 125
   Geburtstagsfeier 126
   Lohnsummenregel ErbSt 142
   Umzugskosten 124
   WK-Abzug Geburtstagsfeier .. 126
Arbeitnehmerfreibetrag 15
Arbeitszeitkonto 43

Arbeitszimmer
   Arbeitsecke 20
   gemeinsame Nutzung 22
   zwei Haushalte 22
ATAD-Richtlinie
   Hinzurechnungsbesteuerung . 172
   hybride Gestaltung 172, 173
   Wegzugsbesteuerung 171
   Zinsschranke 171
Aufbewahrungsfrist 25
Aufbewahrungspflicht Zuwendungs-
   bestätigung 156
Ausfuhrlieferung 76
Auskunftsersuchen an Dritte 25
Ausländische Immobilienkapital-
   gesellschaft 48
Ausschüttungssperre
   Beteiligungserträge 117
   Pensionsrückstellung 37
Austausch länderbezogener
   Berichte 177
Authorized OECD Approach 68
Automatisierter Verspätungs-
   zuschlag 153

Badwill 61
Bankenprivileg
   Finanzdienstleistungsinstitut . 184
   Körperschaft 184
Bankgeheimnis 158
Base Erosion and Profit
   Shifting 168
Basiszinssatz 24
Bautätigkeit Betriebsvorrichtung ... 85
Bebauungsrecht 45
Begünstigtes Vermögen, ErbSt .. 133

Behaltensvoraussetzungen,
   ErbSt 138
Behinderten-Pauschbetrag 156
Beleg
   Vorhaltepflicht 156
   Aufbewahrungspflicht 25
Benennungsrecht 95
BEPS 168
Berichtigungsanzeige 35
Betreutes Wohnen 17
Betriebliche Altersversorgung ... 159
Betriebsaufspaltung,
   Lohnsummenregelung ErbSt . 141
Betriebsrentenstärkungsgesetz ... 159
Betriebsstätte
   Begriffsauslegung 54
   CbCR 166, 169
   DBA Australien 160
   DBA China 161
   DBA Japan 162
   DBA Niederlande 28
   DBA Vereinigtes Königreich ... 29
   Finalität Verluste 67
   Gewinnaufteilungsverordnung . 68
   Kürzung GewSt 166
Betriebsveranstaltung 71
Betriebsverpachtung 67
Betriebsvorrichtung, Bautätigkeit .. 85
Bilanzberichtigung, Sperrung 46
Bilanzrichtlinie-Umsetzungsgesetz
   (BilRUG) 116
Billigkeitsmaßnahme, Widerrufs-
   vorbehalt 27
Bonusleistung Krankenkasse 16
Bordpersonal, DBA Niederlande . 163
Brexit 163
Buchwertprivileg 103
CbCR, nicht öffentliches 169

CbCR-Umsetzungsgesetz
Bankenprivileg § 3 Nr. 40
   Satz 3 EStG 184
Bankenprivileg § 8b
   Abs. 7 KStG 185
GewSt-Hinzurechnung 166
GewSt-Schachtelprivileg 165
Rückfallklausel § 50d EStG .. 167
Verrechnungspreis-
   dokumentation 168
Country by Country Reports
   (CbCR) 168, 174, 177
Cum/Cum-Geschäft 26
Datenaustausch Finanzkonten .. 130
Datenübermittlungspflicht 155
DBA Australien 160
DBA China 161
DBA Frankreich 29
DBA Israel 162
DBA Japan 162
DBA mit dem Vereinigten
   Königreich 28
DBA Niederlande 27, 163
Dienstjubiläum 125
Dienstleistungsbetriebsstätte 161
Digitale Grundaufzeichnungen .. 180
Direktversicherung, LSt 73
Doppelbesteuerungsabkommen 27, 160
Drittstaatenverschmelzung 58
E-Bilanz-Taxonomie 36
EEG 2017 182
Einbringung
   Anteile 59
   Badwill 61
   Einschränkung § 50i EStG ... 111
   WG in PersGes 104

Stichwortverzeichnis

Einbringungsgewinn II 59
Einfuhrumsatzsteuer 89
Einlagenrückgewähr Drittstaaten-
  gesellschaft 33
Einlagenrückzahlung
  EU-Gesellschaft 32
EK 02-Bestand 123
Elektromobilität, Förderung 69
Energiesteuer
  Erstattung 97
  Begünstigung 98
Energie- und Stromsteuer 182
EnSTransV 98
Erbauseinandersetzung,
  GrErwSt 146
Erbersatzsteuer, Familienstiftung . 140
Erbschaftsteuer
  Abschmelzmodell 137
  Begünstigtes Vermögen 133
  Behaltensvoraussetzungen . . . 138
  besondere Steuerbefreiung . . . 140
  Familienstiftung 140
  Finanzmittel 135
  Finanzmittel, junge 135
  Freibeträge beschr. Stpfl. 159
  Investitionsklausel 135
  Lohnsummenfrist 139
  Lohnsummenregelung . . . 138, 141
  Lohnsummenregelung,
    flexible 142
  mehrfacher Erwerb 144
  Prüfschwelle BV 138
  Schulden 136
  Sonderausgabenabzug
    beschr. Stpfl. 159
  Stundungsmöglichkeit 139
  Verbundvermögensaufstellung 136
  verfügbares Vermögen 139

Verschonungsbedarfsprüfung,
  individuelle 137
Verwaltungsvermögenskatalog 134
Verwaltungsvermögen,
  unschädliches 136
Zehnjahreszeitraum 137, 138
Erfüllungsübernahme 39
Ertragswertverfahren, vereinf. 24
Escape-Klausel 122
Essensmarken 72
Ex Insika 178

Finanzkonten-Informations-
  austauschgesetz 130
Finanzmittel, ErbSt 135
Finanzmittel (junge), ErbSt 135
Firmenwert 116
Freibeträge, ErbSt 159
Freistellungsbetriebsstätte 67
Freistellungsmethode
  Betriebsstätte 67
  DBA 30, 167
Frist, Steuererklärung 151
Fristverlängerung
  Verschärfung 153
  Sammelantrag 153
Führungsholding, USt 92

GAP-Reform 2003 46
Gebäude auf fremdem Grund
  und Boden 44
Gebrochene Beförderung/
  Versendung 77
Geburtstagsfeier 126
Gemeinkosten 117
Gemeinsame Konsolidierte
  Körperschaftsteuer-Bemessungs-
  grundlage (GKKB) 172

Geschäftsführer-Klausel,
  DBA Niederlande 28
Geschäftsveräußerung im Ganzen
  Bauträger 74
  teilweise Fortführung 74
Geschäftswert, BilRUG 116
Gesellschafter-Fremdfinanzierung 122
Gesellschafter-Geschäftsführer
  beherrschender 121
  Zeitwertkonto 120
Gesellschafterwechsel, PersGes ... 109
Gesellschaftsanteil, Abtretung,
  GrErwSt 95
Gewerbebetrieb
  Abgr. Vermögensverwaltung ... 50
  Beginn GewSt-Pflicht 49
  Personengesellschaft 110
  Verpachtung 67
Gewerbesteuer
  Anrechnung 62, 109
  Beginn GewSt-Pflicht 49
  Betriebsausgabe 57
  Erw. Gundstückskürzung 55
  Hinzurechnung 50
  Hinzurechnungsbeträge AStG . 166
  Kürzung 53
  negative Hinzurechnung 51
  Vermietung Einkaufszentrum .. 50
Gewinnrealisierung
  Abschlagszahlung 44
Grenzgängerregelung DBA
  Frankreich 29
Grenzüberschreitende Patronats-
  erklärung 98
Grenzüberschreitende Vorteils-
  gewährung im Konzern 99
Grunderwerbsteuer
  Abtretung Gesellschaftsanteil .. 95

Anteilsvereinigung 146
Erbauseinandersetzung
  Gesellschaftsanteile 146
  Steuerbefreiung 146
Treuhandvereinbarung
  Kommanditanteil 96
Grundfreibetrag 14, 149
Grundsteuer 164
GuV, E-Bilanz 36

Häusliches Arbeitszimmer 20
  Arbeitsecke 20
  gemeinsame Nutzung 22
  gemischt genutzter Raum 21
Haushaltsnahe Dienstleistung
  Betreutes Wohnen 17
  BMF-Anwendungsschreiben .. 19
Haushaltsnahe Handwerkerleistung
  BMF-Anwendungsschreiben .. 19
  Polsterarbeiten 18
  Herstellungskosten 40
Hinzurechnung
  AStG-Beträge 53, 166
  fiktive n.a. Betriebsaugabe 52
  Gewerbeertrag 58
  Gewerbesteuer 50, 51, 108
  negative Einlagezinsen 55
Hinzurechnungsbesteuerung
  ATAD-Richtlinie 172
  Grenzüberschreit. Darlehen ... 99
  Grenzüberschreit. Patronats-
    erklärung 98
  Sperrwirkungsrechtsprechung 100
  Substanzanforderungen 101
  Verhältnis zu Drittstaaten ... 101
Hinzurechnungsbetrag
  AStG 166
  § 8 Nr. 1 GewStG 51

Hotelparkplatz, USt 94
Hotelsteuer 94
Hybride Gestaltung . . . 172, 173, 183

Immaterieller Vermögenswert . . . 116
Immaterielles Wirtschaftsgut
    Förderanspruch 46
    Mandantenstamm 47
Indexoption 127
Informationsaustausch
    DBA Australien 160
    DBA Israel 162
    Finanzkonten 130
    länderbezogene Berichte 177
    Tax Rulings 176
Innerbetriebliches Kontrollsystem . 35
Innergemeinschaftliche Lieferung . 76
Innergemeinschaftliches Verbringen 76
Investitionsabzugsbetrag 47
Investitionsklausel, ErbSt 135
Investmentbesteuerung, Reform . 186

Kalte Progression 14, 149
Kapitalanlagegesellschaft 118
Kapitaleinkünfte, WK 129
Kapitalertragsteuer
    Anrechnung 26
    Einbehalt 26
    Entlastung 31
    Erhebung 128
Kapitalgesellschaft
    Anteilseignerwechsel 113
    Anteilsverkauf 117
    Ausschüttungssperre 117
    BilRUG 116
    Erleichterungen JA 117
    KiStAM-Abfrage 124
    Nachbelastung EK 02 123

Sanierungsklausel 115
Verlustvortrag 114
Wertpapiergeschäft 119
Zeitwertkonto GGF 120
Kapitalkonto, Kommanditist 104, 108
Kappungsgrenze, Alt-Fondsanteile 188
Kassenmanipulation 178
Kassen-Nachschau 180
Kassensicherungsverordnung . . . 180
Kinderfreibetrag 14, 149
Kindergeld 14
Kirchensteuerabzugsverfahren . . 124
Kleinbetragsrechnung 181
Knock-out-Zertifikat 128
Körperschaftsteuer
    GKKB 172
    Richtlinien 2015 112
    Sanierungsklausel 115
    Verlustverrechnung 114
Kommanditist, Kapitalkonto . . . 109
Kontingentierung Steuererkl. . . . 152
Kürzung, GewSt 54

Leasing
    Bestelleintritt, USt 82
    Fahrzeug 42
Local File 169
Lohnsteuer-Anmeldung 181
Lohnsteuer-Freibetrag 15
Lohnsteuer-Pauschalierung 70
Lohnsummenfrist, ErbSt 139
Lohnsummenregelung, flexible,
    Erbschaftsteuer 142
Lohnsummenregelung, ErbSt 138, 141

Mahlzeiten
    App 73
    Zuschuss 72

Mandantenstamm 46
Mantelverordnung 78
Master File 169
Mehrfacher Erwerb, ErbSt 144
Mindesthaltedauer, KapESt 26
Missbrauchsvermeidungsvorschrift
   § 50d Abs. 3 EStG 2007 31
   Umwandlungssteuer 60
Miteigentumsanteil-Übertragung,
   USt 84
Mitteilungspflicht Finanzinstitut . 158
Multilaterales Instrument 174

Nachlassteilung, GrErwSt 146
Nachschusspflicht Inlandsdepot . . 187
Negative Einlagezinsen 128
Negative pauschale Lohnsteuer . . . 73
Negativer Geschäftswert 61
Nettoverwaltungsvermögen, ErbSt 134
Non-Performing-Loans 83
Nutzungsausfallentschädigung 66

Option, USt 75, 147
Option, verfallene 127

Parkplatzüberlassung, USt 81
Pauschale Lohnsteuer, negative . . . 73
Pensionsrückstellung 37
   Auflösung 38
Pensionszusage, Schuldnerwechsel 121
Personengesellschaft
   Anteil Komplementär-GmbH . 106
   Anwendungsbereich § 50i EStG 111
   Bankenprivileg 184
   Einbringung von WG 104
   Finanzplandarlehen 109
   Gesellschafterwechsel 109
   gewerbliche Prägung 110

gleitende Generationen-
   nachfolge 103
Hybride Gestaltung 183
Organschaft USt 91
Realteilung 102
teilentgeltl. Übertragung WG . 105
Währungsverlust Liquidation
   Untergesellschaft 108
Zinsen Investitionsdarlehen . . 107
Progressive Darlehensverzinsung . . 41
Prüfschwelle BV, ErbSt 138
Publikums-Investmentfond 187

Qualifizierter Anteilstausch 61
Quellensteuer, ausländische 64
Quellensteuersatz
   DBA Australien 160
   DBA China 161
   DBA Frankreich 29
   DBA Israel 162
   DBA Japan 162
   Niederlande 28

Realteilung 46, 102
Rechen- und Schreibfehler 156
Rechnung, ordnungsmäßige 87
Rechnungsabgrenzungsposten,
   passiver 42
Rechnungskorrektur, Rückwirkung 87
Reihengeschäft 78
Rente, DBA Niederlande 163
Risikogeschäft
   GmbH 119
   VGA 119
Risikomanagementsystem 150
Rückfallregelung, IStR 31
Rückfallregelung § 50d Abs. 9 EStG 167
Rückstellung, Abzinsung 116

Sachzuwendung, LSt 70
Sale-and-lease-back 83, 85
Sanierungsklausel 115
Schachteldividende, GewSt 52
Schachtelprivileg, GewSt
    Organkreis 165
Schenkung, gebietsfremde 143
Schenkungsteuer
    Erwerb eigener Anteile 145
    Verdeckte Einlage Gesellschafts-
      anteil 145
Schönheitsreparatur 131
Schuldbeitritt 39
Schulden, ErbSt 136
Schuldzinsenabzugsbeschränkung 107
Selbstanzeige 35
Solidaritätszuschlag 23
Sonderausgabenabzug 15, 16
Sonderausgabenabzug, ErbSt 159
Sonderbetriebsvermögen 103
Sonderbetriebsvermögen II 106
Spediteurbescheinigung 78
Spende, Vorhaltepflicht 156
Sperrfristverletzung 59
Spezial-Investmentfonds 188
Spin-off 34
Steuerbefreiung, GrErwSt 146
Steuerbescheid, digitalisiert 154
Steuererklärung
    Abgabe-Frist 151
    autom. Datenübernahme 155
    Belegvorhaltepflicht 156
    Fristverlängerung 153
    Kontingentierung 152
    Verspätungszuschlag 153
    Vorabanforderung 152
Steuermodernisierungsgesetz 24
    Aktivierungswahlrecht HK 40

autom. Datenübernahme . . . 155
digitalisierter Erlass 154
Frist Steuererklärung 151
Fristverlängerung 153
Kontingentierung 152
Rechen-/Schreibfehler 156
Risikomanagementsystem . . . 150
Verbindliche Auskunft 157
Verspätungszuschlag 153
Vorabanforderung StErkl . . . 152
Zuwendungsbestätigung 156
Steueroasen 175
Steuerumgehungsbekämpfungs-
    gesetz 158
Steuervorbescheid, grenzüber-
    schreitend 176
Streitbeilegungsmechanismus . . . 173
Stromsteuerbegünstigung 98
Stundung, ErbSt 139, 141
subject to tax-Klausel,
    DBA Niederlande 28

Taxonomie E-Bilanz 36
Tax Compliance 35
Tax Rulings 176
Teilentgeltliche Übertragung WG 105
Teilwertabschreibung
    Korrektur 100
    Zinsforderung 118
Teilwerterlass 36
Termingeschäft 65
Treaty Override 29
Treuhandvereinbarung
    Wertpapiervermögen 43
    Kommanditanteil 96

Umgekehrte Steuerschuldnerschaft 85
Umsatzserlös, BilRUG 116

Umsatzsteuer
  Ausfuhr 76
  Bestelleintritt Leasing 82
  Formulare 2017 95
  geänderter Bescheid 86
  gebrochene Beförderung/
    Versendung 77
  Geschäftsveräuß. im Ganzen ... 74
  Hotelparkplatz 94
  Identifikationsnummer 77
  i.g. Lieferung 76
  Option 147
  Optionsausübung 75
  ordnungsmäßige Rechnung ... 87
  Organschaft 91
  Parkplatzüberlassung 81
  Rechnungskorrektur 87
  sale-and-lease-back 83, 85
  Spediteurbescheinigung 78
  Übertragung Miteigentumsanteil 84
  Umgekehrte Steuerschuldner-
    schaft 85
  Vermietung und
    Verpachtung 79, 80
  Versicherungsvermittlungs-
    leistung 78
  zahlungsgestörte Forderung ... 83
  Zolllager 89
  Zwangsrabatt Pharmahersteller . 93
  Zytostatika 147
Umsatzsteuerbefreiung, privates
  Krankenhaus 81
Umwandlungssteuer
  Anteilstausch 61
  Aufwärtsverschmelzung 59
  Drittstaatenverschmelzung 58
  Einbringungen 61
  Missbrauchsvermeidung 60

Umzugskosten 124
Unbillige Härte 35
Unterhaltszahlung 15

Veräußerungsgewinn 117
  DBA Frankreich 29
Veräußerungskosten 129
Verbindliche Auskunft
  Gebühr-Erhebung 24
  Bearbeitungsfrist 157
Verbundvermögensaufstellung,
  ErbSt 136
Verdeckte Einlage, Gesellschafter-
  anteil 145
Verdeckte Gewinnausschüttung
  Teilwert-AfA Zinsforderung . 118
  Zeitwertkonto 121
Vereinfachtes Ertragswertverfahren 142
Verfügungsmacht, Merkmal 89
Verlust
  betriebliches Termingeschäft .. 66
  verfallene Option 127
Verlustausgleichbeschränkung,
  Kommanditist 108
Verlustberücksichtigung, grenzüber-
  schreitend 67
Verlustnutzungsbeschränkung,
  Termingeschäft 65
Verlustrücktrag, § 8c KStG 113
Verlustverrechnung, KSt 114
Verlustvortrag, fortführungs-
  gebundener 114
Vermietung und Verpachtung,
  Nebenleistung, USt 80
Vermietung und Verpachtung, USt 79
Vermögensverwaltung, Abgrenzung
  Gewerbebetrieb 50
Verpächterwahlrecht 67

196

Verpflichtungsübernahme 39
Verrechnungspreise
　Dokumentation 168
　Fremdvergleichsgrundsatz ... 169
　Vorabvereinbarung 176
Verschonungsbedarfsprüfung,
　individuelle 137
Versicherungsvermittlungsleistung . 78
Verspätungszuschlag,
　automatisiert 153
Verwaltungsvermögenskatalog ... 134
Verwaltungsvermögen,
　unschädliches 136
Vorabanforderung Steuererklärung 152
Vorläufigkeitsvermerk, Nichtabzieh-
　barkeit GewSt 57
Vorsteuerabzug
　Führungsholding 92
　ordnungsmäßige Rechnung ... 87
　Zolllager 89
Vorsteueraufteilung, gemischt
　genutztes Gebäude 90
Vorsteuerberichtigung 90
Vorsteuerkorrektur 90

Währungsverlust 108
Wahlrecht
　Aktivierung HK 40
　Betriebsverpachtung 67
　LSt-Pauschalierung 70
　Pensionsrückstellung 38
Wegzugsbesteuerung 171

Werbungskosten
　Dienstjubiläum 125
　Geburtstagsfeier 126
　Umzugskosten 124
Wertaufholungsgebot 37
Wertpapiergeschäft, VGA 119
Wertpapier, Treuhandvereinbarung 43
Widerruf, LSt-Pauschalierungs-
　wahlrecht 70
Widerrufsvorbehalt 27
Wiedereinsetzung in den vorigen
　Stand 153

Zahlungsgestörte Forderung 83
Zehnjahreszeitraum ErbSt 138
Zeitwertkonto 120
Zinsrückstellung 41
Zinsschranke
　ATAD-Richtlinie 171
　Gesellschafter-Fremd-
　finanzierung 122
　Verfassungsmäßigkeit 34
Zinszahlungsverpflichtung 41
Zolllager 89
Zuschuss
　Mahlzeiten 72
　öffentlicher 42
Zuwendungsbestätigung 156
Zwangsrabatt Pharmahersteller ... 93
Zweites Bürokratieentlastungs-
　gesetz 25, 181
Zytostatika 147

Für Notizen

… Für Notizen

… Für Notizen